Alf Jasinski, Christa Laib-Jasinski

Thalus von Athos:

Hüter und Schöpfer

Buch 9

Grundsatzerklärung:

Autoren und Verlag respektieren alle Menschen und Religionen und lehnen deshalb jede Art von rassistischen Voreingenommenheiten und Propaganda ab, komme diese von konfessioneller, politischer oder ideologischer Seite. Autor und Verlag lehnen jede Verantwortung gegenüber Missverständnissen bzw. Anklagen ab, die aus oberflächlicher, unvollständiger oder voreingenommener Lektüre dieses Buches entstehen könnte.

Lektorat:	Marie-Luise Stettler, www.lebensharmonie.ch
Umschlaggestaltung:	Gerhard Laib, GartenWEden Verlag
Titelbild:	Jörg Lehmann, www.jörg-lehmann.de
Layout:	Gerhard Laib, GartenWEden Verlag

Bibliografische Informationen der Deutschen Nationalbibliothek
Die Deutsche Nationalbibliothek verzeichnet diese Publikation in der Deutschen Nationalbibliografie; detaillierte bibliografische Daten sind im Internet über http://dnb.d-nb.de abrufbar.

ISBN 978-3-946504-17-7 (Buch 9)

1. Auflage: September 2019
2. Auflage: Dezember 2020

Die »Thalus von Athos«-Reihe im GartenWEden Verlag:

Buch 1: Die Offenbarung	(ISBN 978-3-946504-00-9)
Buch 2: Das Portal	(ISBN 978-3-946504-04-7)
Buch 3: Kreuzfeldplanet	(ISBN 978-3-946504-06-1)
Buch 4: Kosmischer Mensch	(ISBN 978-3-946504-07-8)
Buch 5: Befreiung	(ISBN 978-3-946504-08-5)
Buch 6: Entfaltung	(ISBN 978-3-946504-11-5)
Buch 7: Wandel	(ISBN 978-3-946504-13-9)
Buch 8: Seelenentscheidung	(ISBN 978-3-946504-15-3)
Buch 9: Hüter und Schöpfer	(ISBN 978-3-946504-17-7)

Weitere Bücher von Alf Jasinski:
Protokolle der Menschen über die Engel (ISBN 978-3-946504-09-2)
Affentheater - Der ganz normale Wahnsinn (ISBN 978-3-946504-14-6)

EBook:
Thalus of Athos – Disclosure (Amazon ISBN 978-3-946504-05-4)

Die meisten unserer Bücher sind auch als EBook verfügbar.

Katja Pesch:
Amalia – Die letzten Schritte sind Flügelschläge (978-3-946504-10-8)

Thalusforum: www.ThalusForum.de

TV Auftritte:
Bewusst.tv mit Jo Conrad und auch mit Dagmar Neubronner
FreeSpirit-tv.ch mit Bruno Würtenberger
Querdenken.tv mit Prof. Mag. Dr. phil. Michael Friedrich Vogt
Cine12.ch mit Heino

Live-Vorträge auf www.GartenWEden-Verlag.de

Inhalt »Hüter und Schöpfer«

Widmung

Dieses Buch widme ich meinem Mann und Verleger Gerhard Laib. Als ich ihn kennen lernte, schrieb ich an Buch 2 „Das Portal" und ich wusste noch nicht, wie ich die Bücher unter die Menschen bringe. Gerhard kündigte kurzerhand seinen gutbezahlten Job und sprang ins kalte Wasser und gründete den GartenWEden-Verlag, um mich dabei zu unterstützen. Ohne ihn, wäre mir alles viel schwerer gefallen zu bewältigen, was seitdem auf mich eingebrochen ist. Gerhard war stets für mich der Fels in der Brandung, auf den ich mich immer verlassen konnte. Ich bin ihm unendlich dankbar für alles, was er dazu getan hat, dass der Inhalt der Bücher viele Menschen berührt hat und zum Handeln anregte. Ich danke dir dafür von ganzem Herzen, lieber Gerhard!

Christa Laib-Jasinski

Vorwort 1 zum Buch 9

Der Titel dieses Buches ist Hüter und Schöpfer, weil beides sehr viel miteinander zu tun hat. Jede Seele, die einen neuen Inkarnationszyklus beginnt, sucht sich einen entsprechenden Planeten aus, auf dem sie einen ganzen Zyklus lang inkarnieren wird. Und dabei bindet sie sich an den Planeten, auf dem sie inkarnieren wird. Sie wird dabei gleichzeitig Hüter des Planeten und Schöpfer, der das Umfeld des Planeten gestaltet – Gottes Gaben vollkommen macht.

Oft lese ich, dass irgendwelche anderen Spezies Hüter der Erde sein sollen. Wie sollte eine Spezies, die nicht auf der Erde lebt, die nicht ihre Pflanzen berührt und mit ihnen lebt, die nicht die Luft der Erde einatmet und ihr Wasser trinkt, Hüter der Erde sein können? Das können nur die Menschen, deren Seele sich an die Erde gebunden haben.

Dass hier so viele Menschen leben, für die die Erde ein fremder Planet ist, liegt daran, dass die Erde zu einem Touristenplaneten mutiert ist – einem, sicher sehr interessanten, schönen und spannenden Planeten, aber auch einem Planeten mit dem man scheinbar umgehen kann, wie man will, einem Planeten, den es sich lohnt auszubeuten und dessen Menschen es den Besatzern bisher sehr leicht machten, sie zu versklaven.

Egal, ob es sich um „Touristen“ handelt oder um Ausbeuter des Planeten – die Energie in unserem Universum hat sich gewandelt und alle Menschen spüren immer stärker den Ruf ihres ursprünglichen Planeten, dem Planeten, an den sich die Seele im jetzigen Zyklus gebunden hatte. Deshalb wissen so viele Menschen auch, dass sie nicht wirklich von der Erde sind: die Planeten rufen!

Die echten Erdlinge spüren immer stärker ihre Anbindung an Mutter Erde und sie sind dabei, alles daran zu setzen, aus unserem wunderschönen Planeten wieder ein irdisches Paradies zu gestalten. Sie haben damit begonnen, ihren ureigenen Weg zu gehen und lassen sich durch nichts mehr von diesem Weg abbringen.

Einen großen Raum nehmen in diesem Buch Themen ein, die uns aufzeigen, wie sehr alle aufbauenden Energien der Erde uns in unserem Tun unterstützen. Wir können darauf bauen, dass Mutter Erde uns alle Wege ebnet, die zum Ziel führen. Die Erde ist eine starke Wesenheit und sie steht uns mit unendlich vielen Möglichkeiten aufbauend zur Seite. Wir sind dabei und nehmen sie immer mehr wahr. Dieses Buch zeigt auf, wie selbstverständlich die innerirdischen Bewohner mit Naturwesen, Flora und Fauna umgehen und wie diese auf den Menschen reagieren. Uns steht nun an, dass wir wieder unsere Sinne dafür stärken und diese Hinweise aufnehmen.
Man hat uns bewusst von der Natur entfernt, damit wir sie nicht mehr für uns nutzen. Es wird alles dafür getan, dass die Menschen sich immer weiter von der Natur entfernen und selbst das bisschen Natur, das noch in den Städten vorhanden ist, wird immer weiter zurückgedrängt. Je künstlicher das Umfeld der Menschen ist, umso geringer ist ihr Zugang zu den Naturwesen.
Kommen wir jedoch wieder in einen echten Kontakt mit der Natur, werden wir spüren, was die Natur ausmacht und was sie alles für uns tun kann. Es geht hier tatsächlich ausschließlich ums Spüren. Alle Sinne aktivieren ist hier angebracht. Auch hiervon wurden wir entfernt, als man uns den Intellekt als alleinseligmachend darstellte. Und wir haben alles geglaubt, ansonsten wären wir heute nicht so weit von der Natur entfernt, dass viele Menschen nicht einmal mehr wissen, was ein Naturwesen überhaupt ist – geschweige denn, dass es existiert.

In Buch 9 ist auch immer wieder von Omen die Rede, die wir selber sehen können. Die Menschen zu wedischen Zeiten konnten Vorhersagen – Omen – erstellen, und zwar jeder einzelne für sich! Es ging dabei um Vorhersagen, die aufzeigen, was passiert, wenn man

etwas macht. Auf diese Weise gelebt und gesehen, war die Fehlerquote der Menschen enorm gering. Wenn ich voraussehe, welche Folgen mein Handeln hat, weil ich es sofort vor meinem inneren Auge sehe, dann wird sich mein Handeln entweder sofort ändern oder ich handele in der Sicherheit, dass das, was ich mache, aufbauend, sowohl für den Menschen, als auch für die Natur, ist.
Leider trauen die wenigsten Menschen heute ihren Fähigkeiten. Ein Omen oder ein Kontakt zur Natur wird in den Bereich von Fabelwelten gesteckt, anstatt es als gegeben anzunehmen und erste Erfolge damit zu erzielen. Unsere Welt ist wunderbar und erst in voller Gänze zu entdecken, wenn man nicht zwei Drittel von ihr ausschließt – nämlich die feinstofflichen und den geistigen Bereich. Lernen wir es, alles gemeinsam wieder als ein großes Ganzes anzunehmen und wir werden begeistert sein über die Möglichkeiten, die sich uns dadurch erschließen.
Wir werden entdecken, dass wir andere Menschen ohne Telefon erreichen können – über die Telepathie, die jeder Mensch von Natur aus beherrscht. Wir werden entdecken, dass wir über die feinstofflichen Felder, die heute als morphische Felder beschrieben werden, mit allen Naturwesen, Pflanzen und Tieren kommunizieren können. Unsere Vorfahren bezeichneten diese Felder als Äther. Sind wir etwa dümmer als sie, die das alles noch konnten?
Dümmer vielleicht nicht, aber so programmiert, dass die meisten Menschen so etwas niemals mehr für möglich halten können, wenn sie es nicht schaffen, diese Programmierung wieder zu überschreiben, indem sie neue Erfahrungen machen.

Wir können so unendlich viel – erobern wir uns wieder unsere Fähigkeiten, die latent immer vorhanden waren. Lassen Sie sich von diesem Buch anregen, was wir alles tun können. Ich wünsche Ihnen viel Freude und Inspiration an diesem Buch!

Christa Laib-Jasinski

Vorwort 2 zum Buch 9

Es ist uns eine Ehre, dem Wunsch von Christa und Gerhard nachzukommen, das Vorwort zum 9. und letzten Band der „Thalus von Athos"-Buch-Reihe zu schreiben.

Hier auf unserem Familien-Landsitz mit Gästehaus auf Mallorca haben wir Christa und Gerhard persönlich kennen- und lieben gelernt, hier wurden die letzten Kapitel des 9. Bandes fertiggestellt. Wir sind sehr dankbar für diese Wahrheiten, Erkenntnisse und Eindrücke der „Blauen Bücher", wie wir sie nennen. Das Lesen der Anastasia Bücher von Wladimir Megre, der Bücher von Dr. Joe Dispenza und der „Blauen Bücher" hat uns in unserer Vision, das Wedische zu leben, tief berührt und zur Realisation inspiriert und ermächtigt.

So haben wir alle Bücher, voller Staunen und Wertschätzung gelesen. Welch eine Offenbarung!

Wieviel Liebe, wieviel Weisheit, wieviel Menschlichkeit und kosmisches Wissen ist in all den Gesprächen und Beschreibungen zu fühlen.

Das wedische Leben mit der Natur und den Naturwesen, den Tieren und allem was ist, berührt uns Menschen und auch andere Spezies so sehr, da auf unserem Planeten Erde zurzeit noch das Chaos und der Kampf toben. Es wird mit allen Mitteln versucht, uns von unserem wahren Schöpfersein fernzuhalten und unsere Individualität letztendlich zu zerstören.

Jetzt liegt es an uns. Der Weg ist vorbereitet und wir können ihn jetzt beschreiten. Es ist an der Zeit!

Mit den „Thalus von Athos"-Büchern haben wir jetzt alles, was wir brauchen, um die reale Vision „Hüter und Schöpfer" zu sein zu leben. Jeder wird seinen ganz individuellen Weg finden.

Wir wissen jetzt, wie viele wundervolle Wesen im Kosmos uns liebevoll zur Seite stehen. Die Dunkelmächte haben ausgedient. Es ist der Endkampf und jeder ist gefragt, seinen Beitrag zu leisten.

„Liebe das Böse gut, lehren tiefe Seelen" (Christian Morgenstern).

Mögen diese Bücher viele Herzen berühren, neue Türen öffnen und Licht und Erkenntnisse in unser Bewusstsein bringen, so dass das Wedische in seiner Liebe und Weisheit im Sinne der „Göttlichen Schöpfung" geschieht und unser großartiger Planet mit allen Wesen wieder in seiner wahren Bestimmung erblüht.

Mit großem Dank an alle Mitwirkenden dieser Buchreihe

Christiane von Blücher & Peter Albert-von Blücher
Mallorca/Stuttgart
www.sonnenberginstitut.de

1. Lebensdauerreduzierung

02.04.2009 Einfahrt – Gespräch mit Ulluer

»Woran liegt es, dass wir Erdenmenschen nur so wenig Lebensjahre zur Verfügung haben und andere Spezies so viel älter werden?«, fragte ich Ulluer.

Er sah mich ernst an und meinte dann: »Ich könnte jetzt sagen, es liegt an der Energie des irdischen Kreuzfeldes, aber das wäre nur die halbe Wahrheit. Ihr könntet trotzdem einige Jahrhunderte leben. Euch wurde der biologische Alterungsprozess beschleunigt, indem dafür auf der Erde stationierte oder natürliche Uranvorkommen der Erde in eine Gitternetzform verteilt wurden. Ursprünglich wurdet ihr 600 bis 1.000 Jahre alt – aber das mussten die Kollektiven soweit verringern, um euch in den Griff zu bekommen. Sie schufen konzentrierte radioaktive Streuzentren, indem sie radioaktive Materialien gezielt über gewisse Linien verteilten – ihr sagt Leylines dazu. Die alten Völker wussten noch davon und neutralisierten diese todbringenden Knotenpunkte, indem sie darauf verschiedene Kristalle verteilten, die diese Energien in die Erde lenkten oder darüber Erz- und Salzhügel erstellten und darauf kleine Mahnmale setzten. Doch diese Knotenpunkte wurden immer wieder von den Kollektivspezies weggesprengt. Und sie setzten an diese Orte ihre Bauten, die als Heiligtum deklariert wurden. Alle Versuche der Erdenmenschen, die darüber Kenntnisse besaßen und das wieder in den ursprünglichen Zustand setzen wollten, wurden als Freveltaten und Sakrilege bezeichnet. Mittels der Konstruktionen von Religionen und Kraftorten gelang es schließlich den Kollektiven, euch gänzlich zu packen. In vielen eurer alten Überlieferungen findest du Hinweise darauf. Und letztlich haben es sich die Religionsfürsten zu eigen gemacht, auf diesen Knotenpunkten Kirchen, Moscheen und andere

Heiligtümer zu bauen, natürlich unter vorheriger Entfernung aller Neutralisierungsmechanismen.«

Er sah mich nochmals direkt an und fuhr fort:
»Im Laufe der Jahrtausende nahm die Bestrahlung kontinuierlich zu, so dass eure Lebensspanne sich über die Generationen verkürzte, euer Denken träger wurde und ihr das Leiden als von Gott gegeben angenommen habt. Vor 13.000 Jahren fand deswegen ein Krieg zwischen uns und den Kollektivspezies statt, der für keine Seite wirklich zu gewinnen war – am allerwenigsten für euch Erdlinge. Während im Sonnensystem ein fast 800 Jahre langer Krieg wütete, haben einige von euch wieder begonnen, die Leylines zu neutralisieren, so dass ihr wieder einige hundert Jahre alt werden konntet. Doch letztlich war die Mehrzahl der Erdenmenschen bereits so konditioniert, dass sie nach den Tempeln und Heiligtümern lechzten, in der Annahme, damit wieder Gott gefällig zu sein, so dass diese Kriege im Sonnensystem endlich aufhören. Das gab den Ausschlag, dass die Kollektiven wieder die Oberhoheit erhielten. Alle unsere Einwände wurden abgewiesen. Die oberirdischen Erdenmenschen wollten in der Mehrzahl gottgefällig ihr Leiden tragen.«

»Der blanke Wahnsinn!«, keuchte ich.

»Es ist der selbsterwählte Wahnsinn«, nickte Ulluer. »Einige Völker zogen sich in weniger bestrahlte Gebiete zurück. Aber auch sie wurden noch höchstens 150 Jahre alt. Die Schaffung von immer mehr *Heiligtümern* vernetzte innerhalb von 1.000 Jahren fast die gesamte Erde. Die Menschen wurden um diese Tempelstätten konzentrierter angesiedelt – es entstanden große Stadtstaaten, in denen die Menschen gefügiger wurden. Nach und nach erhielten diese Ballungszentren eine völkische Idee eingetrichtert, dass sie die besseren Menschen gegenüber anderen Völkern seien. So wurde die Idee der Völkerkriege geboren, alles unter dem Deckmantel *in Gottes Namen und Ehre.* Mittlerweile ist es so, dass man euch einredet, mittels Radioaktivität heilen zu können, es entstehen immer mehr radioaktive Waffenarsenale, Kernkraftwerke und radioaktive Endlagerstätten, die in Salzstöcken gelagert werden - ein fieser Trick, die letzten Wissenden in einer Art Sicherheit zu wiegen, dass man ja nur Gutes wolle.«

»Warum habt ihr mir über die wirklichen Hintergründe der ganzen Atompolitik bisher noch nichts gesagt?«

»Du hast bisher nicht danach gefragt«, folgerte er.

Mir wird nun einiges klar und das muss ich erst mal sacken lassen.

»Wird Innererde davon ebenfalls berührt?«, fragte ich nach einer kleinen Pause.

»Logisch – durch die Gezeitenströme, aber nicht so krass wie ihr«, nickte er. »Und Innererde neutralisiert eine große Menge dieser unnatürlichen Radioaktivität, so dass wir dort einigermaßen unbelastet sind.«

Ich war wieder eine Weile sprachlos, doch dann führte er das Gespräch weiter:
»Wir haben euren Regierungen mehrmals angeboten im Tausch gegen alle unnatürlichen Radioaktivitäten, Gerät- und Machenschaften euch alternative und saubere Energie zu geben. Doch das wurde bisher immer brüsk abgelehnt. Die nächste globale Seuche oder Katastrophe wird wahrscheinlich das *radioaktive Feuer* sein. In Verbindung mit eurem Chemiewahn wird das möglicherweise Mutationen hervorrufen, die euch Menschen hier auf der Erde nicht mehr lange überleben lassen – wohl aber auf bestimmten anderen Planeten. Lass dir das mal eingehender durch den Kopf gehen.«

»Sind davon alle betroffen?«

»Nein, die Blutlinier sind dagegen gefeit«, schüttelte er bedächtig seinen Kopf. »Ihre Genetik ist noch so stabil, dass sie vor solchen Mutationen geschützt sind. Deshalb werden aus diesen Reihen keine Mutationen hervorgehen.«

»Und warum sind die anderen Menschen nicht davor geschützt?«

»Vergiss nicht – die große Masse jener, die du als C bezeichnet hast, haben eine Genetik, die von den Kollektiven wesentlich stärker verändert wurde, weil sie sich vor Jahrtausenden dafür hergegeben haben«, erwiderte er. »Sie wollten wie ihre Götter und Fürsten werden. Es war und ist heute noch ihre Habsucht, die ihr Schicksal besiegelt.«

»Kann man solch ein Karma nicht erlösen oder ist das bei diesen Inkarnationen nicht möglich?«, fragte ich irritiert.

»Natürlich ist es diesen Menschen auch möglich«, lächelte er wieder. »Sie unterliegen den identischen kosmischen Prinzipien wie die Blutlinienmenschen. Sie brauchen nur ein wenig Hilfe dazu, indem man ihnen diese Dinge energetisch übermittelt und mittels einer bewussten Berührung besiegelt oder das Morphofeld entsprechend anreichert. Mehr benötigt es dazu nicht. Das Aufwachen müssen sie dann schon selber tun.«

Stimmt, so etwas sagte er schon mal. Ich hatte es leider wieder vergessen.

*

Nachtrag: Die innerirdischen Menschen werden inzwischen natürlich viel älter, als wir es werden. Doch auch sie haben das Alter, das wir alle erreichen könnten, noch nicht wieder erreicht. Alf sagte dazu einmal, dass sie zwar ihre Genetik umprogrammiert haben, doch da selbst die Innerirdischen von den Beeinflussungen der Dunklen auf diesem Planeten nicht ganz losgelöst sind, weil es in begrenztem Umfang auch dort ankommt, wirkt die Lebensdauerreduzierung in gedämpftem Maße auch dort noch.

*

2. Zweitschöpfung

03.11.2009 Einfahrt – Gespräch mit Mordechai

Da ich in letzter Zeit merkwürdige Dinge träumte und dachte, sprach ich heute gezielt Mordechai darauf an – ich folge einfach meiner Intuition, die mir das so sagte.

»Damit sprichst du die Richtige an«, lachte sie, »denn ich bin es, die seit geraumer Zeit mit dir auf mentalem Wege kommuniziert und dabei deine – von dir selbst geschaffene – Mentalschutzmembrane durchdringe, um dich etwas Wesentliches zu lehren: Vertrauen in dich selbst. Du glaubst bisher, nicht unterscheiden zu können, wer mit dir mental Kontakt sucht, und ob es manipulativ ist oder informativ. Ich wollte dir zeigen, dass du das kannst.
Leider hast du dir diese Kommunikationsbasis bereits als Halbwüchsiger gesperrt, weil es nicht in das Selbstverständnis deines damaligen Daseins passte. Du hast dich den scheinbaren Umständen angepasst und dir somit einen wesentlichen Zugang zu anderen Feldebenen versagt. Deshalb reagierst du heute so ablehnend auf sogenannte innere Stimmen und wertest diese als Channelingversuche falscher Wesenheiten. Doch sei dir versichert, dich kann kein falsches Wesen mental belangen – du bist ein Blutlinier und stehst genetisch in einem Schutzkokon.«

»Es werden viele Menschen von falschen Wesenheiten, *Göttern* und *Engelschaften* beeinflusst – wie kann ich da wissen, dass es nicht diese sind, die sich in mir als Fremdstimmen und Gedanken melden«, warf ich ein.

»Ich sagte ja schon, du bist, wie viele andere auch aus den Blutlinien, kein herkömmlich normaler Mensch, sondern noch sehr ursprünglich der irdischen Natur zugeordnet«, erklärte sie. »In dir wirken natürliche Parameter und keine, dem Normmenschen aufgepulste Kollektivmuster. Und nur ein Mensch mit diesen aufgeprägten Kollektivmustern ist offen für alle möglichen Channelings. Kein Mensch der Urschöpfung ist für solche Channelings offen. Auch wenn diese Menschen euch ähnlich sind, entstammen sie zum großen Teil der nachahmenden Zweitschöpfung. Du willst nicht urteilen, weil man dir immer gesagt hat, ein Mensch darf nicht urteilen. Aber die Ur-Teilung haben aus der Schöpfung gefallene Saraphinen gemacht, die man prinzipiell als Cherubime bezeichnet und im Kontext als Luzifer. Somit kam die Schöpfungsteilung in die physische Welt, die der ursprüngliche Mensch sehr wohl in eine Beurteilung stellen darf. Du verurteilst damit die Zweitschöpfung nicht, sondern beurteilst sie als das, was sie darstellt: Nachahmung.«

»Nachahmung ist allerdings auch eine Triebfeder von Kleinkindern«, gab ich zu bedenken. »Dadurch ahmen sie zuerst ihre Eltern nach und später alle Umstände, die wir als Erfahrungswerte bezeichnen.«

»Richtig«, lächelte sie, »und hier setzen wir nun an. Der Mensch ahmt das nach, was ihm sinnlich und energetisch – also auch außersinnlich – einkommt. Entstammt ein Kind einer ursprünglichen Elternschaft – egal wie die Eltern sich dem Zeitgeist angepasst haben – übernimmt es deren Ur-Inhalte und strebt stets zum Ursprünglichen hin. Warum strebst du zum Wedischen hin? Warum nervt dich alles Zeitgeistige? Und warum kannst du dich dem partout nicht anpassen? Haben deine Eltern, Großeltern und alle Umstände es geschafft, dass du das Zeitgeistige als gegebene Norm angenommen hast? Oder hast du nicht aus dir heraus stets alles hinterfragt?
Auch wenn deine Eltern anders waren, deutet vieles darauf hin, dass sie trotz allem der urwedischen Blutlinie angehören, denn sonst wärst du nicht dort inkarniert. Aus welchem Grunde sie es nicht schafften, sich dessen zu erinnern, können wir nicht so einfach sehen, doch

Fakt ist, sie haben dich geboren. In deiner Familienlinie sind alle ursprünglich, auch wenn es dir augenscheinlich nicht so vorkommt.«

»Darüber habe ich mir bisher kaum Gedanken gemacht«, gestand ich überrascht.

»Das kommt jetzt«, lächelte sie. »Und sei dir auch versichert, in deiner Familie gab es immer das Wissen um ihre ursprüngliche Abstammung, auch wenn es zwischendurch nur noch unterbewusst vorhanden war. Die Kette ist niemals gerissen – sie hat sich nur ein wenig verheddert.«

»Wie ist das mit den mentalen Kommunikationen?«, wollte ich wissen.

»Sie sind bei allen ursprünglichen Menschen stets latent vorhanden und können trainiert werden. Bei den Zweitschöpfungsmenschen ist dies nicht vorhanden, es wird jedoch versucht nachzuahmen. Du kannst übrigens davon ausgehen, dass alle Bioroboter Zweitschöpfungsmenschen sind – auch alle Kollektivfürsten. Sie wissen, dass es bei den ursprünglichen Menschen Telepathie gibt und wollen in dieser Liga mitmischen. Also konstruieren sie scheinbare telepathische Fähigkeiten und diese erhalten sie über Zwischenrelais, die ihnen die Möglichkeit geben, über die morphischen Felder zu agieren, aber niemals über das Akashafeld[1], denn in Letzteres kommen alleine die Menschen der Urschöpfung. Eine mentale Kommunikation über Akasha ist also nur allen ursprünglichen Menschen möglich und darüber kann sich auch nichts Falsches einklinken. Wer Akasha

1 Göttliches Geistfeld. Die Bezeichnung Akasha ist bei uns sehr schwammig geworden. Akasha bedeutet übersetzt »Geistfeld«. Doch es gibt wie beim Morphofeld neben dem göttlichen Geistfeld - auf das sich die Anderweltler und auch Innererde beziehen - ein künstlich aufgebautes Geistfeld, welches manipuliert wird und die Matrix - künstlich auf gebautes Morphofeld - aufrecht erhält. Auch das wird in unserem Sprachgebrauch häufig als Akasha bezeichnet.Das ist hier jedoch nicht gemeint. Fazit: Vorsicht beim unüberlegtem Gebrauch des Wortes »Akasha«.

lesen und hören kann, wird niemals falsche Informationen erhalten. Deine Träume sagten dir, du drehst am Morphofeldhörgerät herum, anstatt dich ohne Hilfsmittel sofort über das Akashafeld in deine ursprüngliche Sinnlichkeit zu begeben. Das Hologramm *Frater Fritz* aus deinem Traum ist ein Nachhall aus dem Akasha – er hat dir etwas zum Abrufen hinterlassen. Wenn du ins Akasha gehst, wirst du es finden.«

»Nach so vielen Jahren?«

»Zeit spielt dabei keine Rolle«, lächelte Mordechai. »So etwas kommt, wenn die Geistseele den Ruf vernimmt, was sich über das Herzchakra kennzeichnet.«

Leider musste ich nun ausfahren, weil ich heute noch einen Termin für die Zeitung hatte.

*

3. Eine planetare Säuberung ohne Kompromisse

07.11.2009 Einfahrt – Gespräch mit Mordechai und Starsa

Noch scheine ich zu phlegmatisch zu sein, um auf telepathische Signale zu reagieren, wie Mordechai und ich bei mir feststellten. Ich vernehme zwar einen Ruf, fühle mich jedoch nicht veranlasst, diesem dann auch umgehend nachzugehen.

»Nicht, dass dies tatsächlich Neuland für dich wäre«, folgerte Mordechai. »Du hast dir vermutlich eine Ignoranz davor gesetzt, so einem Ruf zu folgen. Mit Selbstschutz hat das nichts mehr zu tun – vielmehr mit einer inneren Verweigerung, dich dieser Kommunikationsebene zu stellen. Auch finde ich in dir keine Furcht davor – dafür aber so etwas wie Spott. Ein Spott im Sinne von ›Macht ihr nur mal, ich ignoriere euch!‹. Und da du jetzt auch noch verlegen grinst, hast du es mir bestätigt. Was ist los mit dir?«

»Er ignoriert seine Fähigkeiten – das ist los mit ihm«, konterte Starsa. »Stell dir mal vor, er könnte mit seinen Fähigkeiten etwas bewirken. Dann setzt er ja vielleicht etwas in Bewegung, was dazu führt, dass er seinen bequemen Hintern hochheben müsste.«

»So ist das nicht«, warf ich ein. »Ja, es stimmt – ich ignoriere oft solche Rufe, weil ich sie aus einer Ecke kommen spüre, die mir zeitlebens suspekt ist. Gewisse Eingaben – Ideenfolgen – erkenne ich alsbald als Manipulation meiner Person und meines Tuns. Also schalte ich auf spöttische Ignoration.«

»Aber heute Morgen wusstest du doch, dass ich dich rief«, blickte Mordechai mich offen an. »Ignorierst du auch mich?«

»Das tue ich eigentlich nicht«, sinnierte ich nach Worten suchend. »Es mag mir wohl schon derart zur Gewohnheit geworden sein, dass ich solche Rufe generell ignoriere – mit einer Prise Spott.«

Das sei allerdings keine wirkliche Eigenschaft von mir und ich hätte sie mir nur angeeignet, um mich nicht mehr in Fallen zu begeben, wie das früher öfter passierte, meinte Starsa.

»Ich kenne das auch von mir, als ich damals Versuchsobjekt bei euch oben war. Man ignoriert irgendwann sogar saraphinische Hilfsmaßnahmen«, nickte Starsa verständnisvoll. »Und man verliert dadurch auch jegliche Anbindung zu seinen sonstigen Fähigkeiten, die daneben auch noch wesentlich sind. Man kann das jedoch wieder wegtrainieren, Alfons.«

Mordechai blickte mich erneut an und fragte: »Hast du Probleme als Kontaktmensch? Ist es das, was dich dazu bewegt, vielfach auch unsere Rufe zu ignorieren? Du bist nicht glücklich damit, Kontaktler zu sein – hm?«

»Zumindest hat es mein Leben deutlich aus der Normalität geworfen – ja«, nickte ich. »Mein Blickwinkel hat sich enorm erweitert und dadurch nehme ich auch Dinge und Zusammenhänge wahr, die mir zusätzlich Kopfzerbrechen bereiten. Die Welt ist für meine Begriffe zu einem Spielball von Mächten geworden, gegen die weder ich noch wir alle zusammen etwas Wesentliches machen können. Ich beobachte das menschliche Tun, stelle fast ausschließlich fest, dass es beinahe sinnlos ist und komme zu dem Ergebnis, dass wir nicht nur geistesgestört sind, sondern auch zumeist noch widernatürlich handeln. Allein, wenn ich meine umliegenden Nachbarn beobachte, wie sie derzeit ihre Gärten von Gestrüpp und sogenanntem Unkraut reinigen – sich tage- oder gar wochenlang damit abmühen und dann darüber auch noch stöhnen, könnte ich sie ohrfeigen für ihren

Wahnsinn. Auch, dass Menschen kaum noch Gespür für Humor und Sarkasmus aufweisen, geht mir nahe. Ja, seit ich Kontaktler bin, ist für mich alles anders geworden.«

»Was du wahrnimmst, hast du schon viel früher wahrgenommen, dafür hast du uns nicht gebraucht«, lächelte Mordechai. »Du nimmst den Kontakt nur als Katalysator dafür, es für dich erträglicher zu machen. Wo du früher angeeckt bist, nimmst du dies seit dem Kontakt zu uns gelassener auf. Das spricht ganz klar aus dir und deiner Kinetik, mein Lieber. Welch andere Ausrede für deine Ignoranz hast du noch?«

Als mir der Zorn hochstieg, merkte ich spontan, dass sie recht hat. Und beide blickten mich jetzt ihrerseits so spöttisch an, dass ich begriff, wie sie mich visuell spiegelten.

Starsa fuhr fort: »Alfons, versuche einfach mal, diese störrische Ignoranz gegenüber Mordechai soweit zu neutralisieren, dass du zum Telefon greifst und sie anrufst – oder ihr mental antwortest, sie solle dich anrufen, wenn sie dich telepathisch ruft. Mach ein Testspiel daraus – vielleicht bringt dich das wieder ins Fahrwasser deiner ureigensten Fähigkeiten.«

»Ich stelle mir auch die Frage, was meine Kontakte zu euch meinen Mitmenschen bringen«, sinnierte ich. »Es geht nicht nur um meine Person, doch ich hege Zweifel, ob mein Umfeld davon profitiert. Vielleicht werfe ich ja alle, mit denen ich zu tun habe, aus ihrer Bahn. Möglicherweise manipuliere ich meine Mitmenschen dadurch energetisch.«

»Das ist sicher so«, nickte Mordechai. »Durch deine Erkenntnisse wirkst du auf deine Mitmenschen ein, wodurch sie mit Sicherheit ihr Leben umkrempeln. Im schlimmsten Falle beginnen sie die Normalität zu hinterfragen und wenden ihr Leben mehr den

natürlichen Gegebenheiten zu.«
»Solange du deine Fähigkeiten ignorierst oder gar bezweifelst, wirst du nicht herauskommen aus den Angriffsfeldebenen, in die du immer wieder einmal gelangst«, konstatierte Starsa. »Im Ignorieren und Zweifeln liegen enorm viele Angriffsflächen, die du dadurch anderen Menschen bietest. Ist dir bisher nicht aufgefallen, dass unsere Aussagen niemals angegriffen wurden, sondern nur du, der sie als Botschaften weitergereicht hat? Da du darauf reagiert hast, bekamst du die volle Wucht ab; die Wucht der Ablehnung unserer Worte haben sich an dir manifestiert. Heute weißt du, dass du darauf nicht mehr reagieren musst - dass du nicht mehr mit Ablehnung in Resonanz gehen musst.«

*

Nachdem wir gegessen hatten, ging Starsa mit mir zu seinem Landsitz und er zeigte mir, dass auch er auf seinem Landsitz gewisse *Säuberungsaktionen* macht, um ihn so zu erhalten, wie er ihn gerne hat. Aber das ist kein Vergleich zu unseren Gärten oben, was ich ihm auch sagte.

»Schon klar«, lachte er auf, »ich halte Wege frei und Plätze - ansonsten lasse ich der Natur freie Entfaltung. Ich wollte dir nur mal zeigen, dass ein bisschen Zuschnitt völlig in Ordnung ist. Ein Kahlschnitt beeinträchtigt die Persönlichkeit der Natur - aber auch deine. Lass doch einfach mal deine eigene Persönlichkeit wuchern und schneide sie nur dort etwas zu, wo sie dem Umgang mit deinen Mitmenschen abkömmlich ist.«

»Darauf achte ich schon«, nickte ich, »dennoch achte ich auch darauf, dass mich diese unnatürliche Normalität nicht mehr ins Kollektivverhalten zieht.«

»Ja, das ist vernünftig«, klopfte er auf meine Schulter. »Das Leben im Oben ist nicht so einfach, hm?«

»Es ist vielfach angereichert mit mir unverständlichen Ritualen und akustischem Müll«, brummte ich. »Die meisten Menschen geben Laute von sich, die nichts mehr mit Kommunikation zu tun haben – irgendwie scheint die Mehrzahl keine echten Gespräche mehr führen zu können.«

»Das ist eine verfahrene Situation, die wir auch immer wieder mal erörtern«, sinnierte er. »Es sind bereits zu viele Bioroboter unter euch.«

»Wie seht ihr irdisch-innerirdischen Menschen das unabhängig von den Anderweltlern?«, fragte ich ihn neugierig.

»Obwohl wir aus zwei Fraktionen bestehen, wie du weißt, sind wir uns einig, dass es so nicht mehr lange weitergehen kann«, kam er langsam aus sich heraus. »Die Erde ist auch unsere Heimat und wir haben Anrecht darauf, Obererde wieder frei von Biorobotern und Asurischen zu erleben. Wenn es nach uns ginge, würden wir auf Obererde sämtliche Samenbanken und alle Einrichtungen, die eine künstliche Befruchtung in jeglicher Form durchführen, vernichten und eine Selektion hin zum ursprünglich irdischen Zustand durchführen. Damit wäre auch gewährleistet, dass sämtliche Gen-Tech-Pflanzen, Tiere und Organismen, die dem entsprungen sind, keinen Fortbestand mehr hätten. Auf diese Weise könnte man die gesamte Erde wieder ursprünglich reformieren.«

Er beobachtete mich gespannt, wie ich es seiner Mimik entnahm. Als ich nichts sagte, fuhr er weiter fort: »Für die Zeit dieser globalen Reformierung müssten alle Außerirdischen ein Stillhalten bewahren. Es sollte eine Art Quarantäne über die Erde gelegt werden, damit auch keine neugierigen Zuschauer mehr Zugang bekämen. Letztlich würden sich Natur und die ursprünglichen Erdenwesenheiten erhalten, reinigen und manipulationsfreie Wege einschlagen können. Ist die Erde dann wieder ursprünglich erstarkt, wird niemand von außen mehr einfallen können, ohne sofort wieder entfernt zu werden. Das ist in einfachen Worten unser aller Denken.«

»Wie viele Menschen würden letztlich übrigbleiben?«

»Etwa eine knappe Milliarde im Oben«, erwiderte er ernst. »Und es würde niemand getötet werden – alles Widernatürliche würde in der Fauna und Flora aussterben, wie es unter natürlichen Umständen auf allen freien Planeten geschieht. An diesem Ideon arbeiten bei euch oben ebenfalls viele und, wenn du genau aufpasst, findest du dazu viele Hinweise. So etwas wurde schon mehrmals gemacht – leider halbherzig, weil man Wiedergeburten zuließ, die erneut dafür sorgten, Eingeburten aus der ganzen Galaxis zu initiieren. Es darf künftig nur noch eine planetare Säuberung ohne Kompromisse geben. Inzwischen sind alle Menschen in Innererde dazu bereit. Das ist einmalig in der Erdengeschichte: Einstimmigkeit in dieser Sache.«

»Und warum beginnen wir dann nicht endlich damit?«

»Eure Zustimmung von Oben fehlt noch. Ihr Blutlinier seid euch alles andere als einig«, warf er ein. »Das kommt ganz klar bei uns so an – die morphische Verbindung der Blutlinier zeigt eure Zerrissenheit auch in diesem Bereich. Und was auf der feinstofflichen Ebene nicht einheitlich befürwortet wird, werden wir nicht durchsetzen, weil wir nicht gegen euch handeln.«

»Woran könnte das liegen?«, fragte ich ihn.

»Weil viele von euch der irrigen Annahme einer Ausrottung sind«, erklärte er. »Und, weil ihnen der Einblick zur natürlichen Selektion abhandengekommen ist. Sie fühlen sich auch noch verantwortlich dafür, das Zersetzende nicht aburteilen zu dürfen. Damit halten sie alles Widernatürliche auf diesem schönen Planeten aufrecht – setzen es sogar als gleichwertig hin.«

»Die Dämonen, die wir riefen, haben Macht über uns gewonnen«, sinnierte ich. »Ich denke, wir müssen tatsächlich mit den asurischen Oberhäuptern konfrontiert werden, um zu begreifen, was Sache ist.«

»Richtig, wir sind derselben Meinung, dann würdet ihr endlich einhellig begreifen, mit welchen Wesenheiten ihr es zu tun habt«, nickte Starsa. »Wer sie mal wirklich erlebt hat, der würde ganz schnell damit beginnen, umzudenken. Solange das nicht allen klar ist, fallt ihr immer wieder auf Aussagen rein, dass alles göttlicher Natur sei oder ihr glaubt, dass man nur dann das schöpferische Sein erkennt, wenn man das Böse durchlebt hat – dass man Liebe nur dann erkennt, wenn man den Hass erfuhr und vieles mehr. Das sind alles Glaubenssätze, aufgestellt von jenen, die ein Interesse daran haben, dass ihr sie als gegeben annehmt und mit denen ihr jegliches Widernatürliche bei euch als rechtens darstellt.«

»Da haben wir ja noch eine Menge zu tun«, sagte ich nachdenklich.

»Stimmt«, meinte Starsa, »aber wir in Innererde hoffen, dass auch diese Dinge bei euch in den nächsten Jahren immer offensichtlicher werden. Du hattest doch vor Jahren schon eine Frage, die du dir bei allem, was dir begegnete, stelltest und die sehr schnell dabei hilft, zu erkennen, was zu euch gehört und was nicht: ›Wem dient das?‹. Stellt euch einmal diese Frage bei all euren Glaubenssätzen, dann werdet ihr ganz schnell die Wahrheit erkennen.«

*

4. Energetik aus dem Herzen Europas

27.11.2009 Einfahrt – Treffen mit Ulluer

Er sieht ziemlich müde, ja sogar etwas krank aus – was er auch ist, wie er mir mitteilte. Zu viele Aufenthalte im Oben und zu viele Treffen mit irdischen Vertretern unterschiedlicher Regierungen haben ihm massiv zugesetzt. Eine gehörige Portion Enttäuschung spiele dabei auch eine wesentliche Rolle, führte er an.

»Die Essenz der irdischen Menschheit ist letztlich für achelische Mentalitäten frustrierend«, sinnierte er nachdenklich. »Viel zu lange befindet ihr euch schon im Einflussbereich Asurischer, so dass ihr selbst oftmals asurisch untereinander verkehrt. Fehlendes Aufeinanderzugehen und enorm destruktive Egoismen sind bei euch an der Tagesordnung. Gemeinsamkeiten, wie wir sie liebevoll miteinander pflegen und hegen, finde ich bei euch nur selten noch in einem erträglichen Maße. All das ist keine Anklage meinerseits, sondern eine klare Feststellung nach 85 Jahren Bemühungen auf der Erde. Dass eure Lebenserwartung so niedrig ist, liegt auch daran. Ich erkenne bei euch zwei Extreme im Zusammenleben, die beide nicht förderlich sind. Zum einen neigt ihr dazu, euch abzuschotten von anderen Menschen – manche bis hin zum Einsiedlertum. Auf der anderen Seite gibt es bei euch viele Menschen, die nicht einmal für kurze Zeit allein sein können und alles daransetzen, immer Menschen um sich zu haben. Eure Zusammenkünfte und Feste leben vom Alkoholkonsum und sinnentleerten Aktionen. All das sind Folgen kollektiver Programmierungen, die euch von einer echten, liebevollen Gemeinschaft abhalten sollen. Eine echte, von Liebe getragene Gemeinschaft ist das Beste, in das sich ein Individualwesen begeben kann. Sie fördert das Individuum, ohne es einzuverleiben. Euer Miteinander ist sehr gestört. Diese Energetik ist mörderisch.

Auf mich wirkt sie inzwischen krankmachend. Und weil ich mich dem in den letzten Monaten zu viel ausgesetzt habe, werde ich mich nun für eine längere Zeit nach Achele begeben.«

»Ich kann jedes Wort von dir nachvollziehen«, nickte ich, »und ich stimme dir in allem zu. Doch wir Obererde-Menschen können uns leider nicht irgendwohin zurückziehen – wir stehen ständig unter kollektiven Einflüssen, die auch mich immer wieder krankmachen. Manchmal denke ich, ich möchte es auch einmal so einfach haben wie ihr, die ihr euch zurückziehen könnt. Aber leider müssen wir mit diesen verqueren Gegebenheiten irgendwie klarkommen.«

»Das sind keine wirklichen Gegebenheiten, Alfons – das sind anerzogene Verhaltensweisen und nur wenige von euch wollen daran arbeiten, sich zu verändern und ein liebevolles Miteinander aufzubauen«, warf Ulluer ein. »Das Verrückte daran ist: Wer an sich und somit auch am Miteinander arbeitet, wird noch mehr kritisiert und beiseite gedrückt. Ein sogenannter gutmütiger Mensch wird von anderen übervorteilt und benutzt. Wer das nicht will, wird schnell aggressiv und damit wiederum gegen sein Gegenüber handeln. Das kann eine Spirale ohne Ende sein. Deshalb begreife ich auch, warum du hin und wieder aggressiv auf deine Mitmenschen reagierst und dabei nicht glücklich bist.«

»Wie kann man glücklich sein, wenn man sich und sein Umfeld ständig unter Strom halten muss, weil es einem sonst an die Restsubstanz geht? So leben, wie man möchte, ist für die wenigsten bei uns möglich«, folgerte ich. »Ich habe lange geglaubt, man müsse sich nichts erkämpfen – man müsse es nur irgendwie richtig tun, um in den Genuss eines friedlichen Lebens zu gelangen. Ich habe mich gewaltig getäuscht. Bei uns herrscht das Ringen um seinen Platz in der Welt. Rücksicht wird als Schwäche gesehen, Freundlichkeit als Dummheit.«

»Mein lieber Alf, aus dir spricht gerade die enttäuschte, von Freunden verlassene Persönlichkeit. Ich weiß, dass der Umgang bei euch untereinander oft nicht einfach ist. Doch es liegt nicht immer nur an den anderen. Du reagierst derzeit, um dich Angriffen zu erwehren, selbst angreifend aggressiv und das wird entsprechend beantwortet. Du kennst die kosmischen Gesetze. Euer Sprichwort ›Wie man in den Wald hineinruft, so schallt es zurück!‹ ist sehr weise und sollte dir auch einiges aufzeigen. Lerne deine überschießenden Aggressionen in den Griff zu bekommen und es wird für dich vieles leichter. Die Menschen, mit denen du umgehst, sind trotz ihrer noch vorhandenen kollektiven Anhaftungen um ein Vielfaches friedvoller, als die Kollektivfürsten und Regierungsvertreter, mit denen ich in letzter Zeit immer wieder zu tun hatte. Wir Acheler werden uns aus solchen Verhandlungen erst einmal zurückziehen und überlassen sämtliche diplomatischen Tätigkeiten künftig den Ohais. Die werden etwas heftiger sein, als wir. Zudem sprechen sie als Dracos eine Sprache, vor der die Asurafürsten Respekt haben.«

»Wie wird *heftiger* aussehen?«, fragte ich.

»In Kombination mit den Voltrain werden alle Transaktionen der Kollektiven schärfer sanktioniert werden. Alle Bodenschätze müssen hierbleiben – die Portale, durch die sie diese wegschaffen, werden blockiert. Die Harukanier und Saraphinen lassen keine Fremdeingeburten mehr zu. Zudem wird bei einer völligen Uneinsichtigkeit eurer Regierungen die Erde unter Quarantäne gestellt, Satelliten gestört und eure Kommunikationsnetze soweit gedrosselt, dass dieser ganze Wahnsinn auf ein Mindestmaß reduziert wird.«

»Die Zeiten der Nichteinmischungen scheinen sich dem Ende entgegen zu neigen. Was wird denn schlimmstenfalls dann passieren?«

»Offener Aufruhr und Kampf mit den Kollektivspezies«, konterte

Ulluer. »Deshalb wird trotz allem ein kluges Fingerspitzengefühl gebraucht, um es nicht eskalieren zu lassen. Im Grunde ist es ein diplomatischer Akt, der nur mittels Sanktionen etwas verschärft wird – nicht offen, sondern so, dass sie damit beschäftigt sind, unsere listigen Hindernisse immer wieder zu umgehen – das wirft sie jedes Mal ein wenig zurück. Wir werden gleichzeitig alles tun, damit es zu keiner Eskalation kommt, denn damit ist niemandem gedient. Letztendlich setzen wir darauf, dass künftig nur noch Seelen inkarnieren können, die sich mit Mutter Erde verbunden haben, wedisch aspektierte Seelen für einen wedischen Neuanfang. Diese wissen um ihre Überlegenheit auf diesem Planeten.«

»Was können wir dabei tun?«

»An euch und eure Schöpferkraft glauben, alle kollektiven Hindernisse in euch selbst abbauen und ein liebevolles Miteinander pflegen, das könnt ihr tun. Erkennt, welche Energien in euch auf Zerstörung und welche auf Wandlung gepolt sind. Innana ist für uns Vril Kali, es ist die präsente Energie eines zersetzenden Luzifers und nicht die eines schöpferischen. Wir wissen jedoch, dass in der Zersetzung der letztendliche Aufbau steckt. Baut in euch alles ab, was ein Kampf *gegen* ist. Wenn ihr kämpft, dann kämpft *für* und driftet dabei immer weiter Richtung Androgynität, denn diese beinhaltet keinen Kampf mehr, nur noch Reifung hin zum Ideon Adam Kadmon.«

»Stoffliches Leben im feinstofflichen Geist«, folgerte ich.

»Ja, das ist unser aller Ziel«, lächelte er, »physisch in der 5. Dimension, seelisch in der 6. bis 7. Dimension und geistig bis ins göttliche Geistfeld hinein. Eine Brückenmenschheit, wie es die Harukanier sind.«

»Mir würde erst schon einmal eine Bewusstheit in der 5. Dimension reichen«, brummte ich. »Das ganze Gehabe in der dritten Dimension macht mein Körper auf Dauer nicht mit und mein Kämpfen im Zwischenfeld namens 4. Dimension zerreißt mich förmlich.«

»Weil dort sämtliche Asuraenergien ablaufen«, folgerte Ulluer. »Du spürst sie als Klingsor ganz besonders stark – und auch, wer sich dort mental noch alles tummelt.«

»Ich drifte sehr ungern dorthin ab«, sinnierte ich, »weil ich dort auch mir sehr bekannte Geister finde, die ich nur sehr ungern dort ansiedeln möchte.«

»Schockiert dich das?«, fragte er irritiert.

»Nein, das desillusioniert mich lediglich, weil es mir aufzeigt, dass ich mich dort oftmals selber finde«, konterte ich. »Besonders schlimm finde ich es dann noch, wenn ich dort jemanden wahrnehme, der mir sehr nahesteht. Den möchte ich gerne dort herausholen. Das sind so Wahrnehmungen, die mich als einen Grenzgänger kennzeichnen, der all das eigentlich nicht mehr möchte.«

»Damit wirst du leben müssen, Alfons. Wie auch ich damit leben muss. Was glaubst du, wie oft ich bei Kontaktlern feststelle, dass sie dort noch festsitzen. Ich weiß, ich kann daran nichts ändern, kann nur Hinweise geben, dass ich sie dort noch sehe. Ansonsten gehe ich liebevoll mit ihnen um, denn das hilft ihnen am meisten«, erklärte Ulluer. »Wir alle sind ins Physische inkarniert und haben dort unsere Aufgaben zu erfüllen und dabei sind die wenigsten davor gefeit, aus ihrer Mitte zu gelangen. Sie deshalb anzuschuldigen wäre wiederum ein asurisches Verhalten, denn es hilft ihnen nicht weiter. Diejenigen, die das spüren und wissen, sind allemal besser dran als solche, deren Gespür dafür abhandengekommen ist. Denke immer daran, dass jene, die sich davon freimachen konnten, von Mater zweifach gesegnet sind.«

»Mater könnte meinetwegen noch weitere Segnungen draufhaben«, brummte ich.

»Dann sprich mit Mater«, lachte er amüsiert. »Du bist manchmal so richtig lustig.«

Dabei war mir gar nicht lustig zumute, zumal mir in diesem Moment fast alle Körperzellen signalisiert haben, Kopfschmerzen zu bekommen. Kein Wunder, nirgendwo geht es so irre zu, wie bei uns. Mir wurde unwohl, weil ich fühlte, Ulluer hat recht und ich mochte das gerade bei mir nicht anschauen. Deshalb wechselte ich das Thema: »Neben den asurischen Verhaltensweisen im Oben sind es auch noch all die Falschmeldungen von dunkler und lichtkollektiver Seite, die riesige Verwirrungen verursachen. Das gezielte Verwirren der Menschen ist eine Tatsache, deren einziger Sinn darin liegt, die Menschen immer stärker einer Gleichschaltung zuzuführen.«

»Diese geschieht zuerst mental, um eine gewisse Form von Resignation zu schaffen«, erläuterte Ulluer. »Nach Einkehr einer folgenden Gleichgültigkeit gegenüber den Geschehnissen in Politik und Gesellschaft – esoterisch als Harmonisierung verkauft – werden nach und nach Kollektivgesetze und Richtlinien aufgestellt, die dann als zum Wohle der Menschen eingeführt, dargestellt werden. In einer zweiten Linie werden dann Kritiker und Warner als Gesellschaftsschädlinge deklariert, wodurch jegliche Opposition gegen die Kollektivgesetze (die in erster Linie nur Wirtschaftsabkommens-Gesetze sind) im Keim erstickt werden. Dieses Vorhaben wird jedoch misslingen. Viele Stammesmenschen sind nicht so zu programmieren, da sie einem ursprünglichen Programm folgen, das stärker ist, als alles andere.«

»Dieses lässt sich derzeit auch daran ablesen, wie viele Menschen in Deutschland der Aufforderung zur Impfung gegen die vermeintliche

Schweinegrippe folgten – das waren ganze 6 % der Bundesbürger«, warf ich ein.

»Im deutschen Sprachmodus liegt ein klarer Kern eines Wissens, das so eine Pandemiebeschreibung völlig falsch und wissenschaftlich nicht haltbar erscheinen lässt«, lächelte Mara, die hinzugekommen war. »Kein Volksstamm der Erde – außer Judäa – ist im Kernwesen so erbfest wie der Stamm Benjamin, dessen Energetik aus dem Herzen Europas schwingt. Und du wirst sofort begreifen, warum dort auch so eine zwiespältige Politik von licht und dunkel betrieben wird. Kein Land der Erde wird derzeit so von diesen Energien geschüttelt wie Deutschland. Doch das wird bewusst verschwiegen; und selbst in geführten Esoterikkreisen wird ganz bewusst nach Washington gezeigt, denen man den Beelzebub zuschiebt.«

»Und wie steht es mit dem britischen Königshaus? Es heißt doch, das sei der Urgrund allen Übels und der Hauptsitz reptiloider Menschenfeinde«, warf ich ein, »Brutstätte der Anunnakinachfahren und das Böse schlechthin.«

»Das sind gezielte Desinformationen, um einen dämonischen Status quo aufrecht zu erhalten«, konterte Mara. »Natürlich handelt es sich dabei um einen verfälschten, vermischten Adel, aber das Grundgerüst ist benjaminitisch und gerade dabei, die junge Generation zu erneuern. Wäre das nicht so geplant gewesen, hätte Prinz Charles niemals Diana geheiratet. Es wird derzeit ganz bewusst innerhalb der 12 ursprünglichen Stämme geheiratet. Wenn du mal intensiv recherchierst, findest du viele Hinweise darauf, dass in den letzten 30 Jahren alle Königshäuser querbeet durch alle Stammeslinien hindurch durch Heirat fusionierten. War das in den 20er Jahren des 20. Jahrhunderts noch ein Sakrileg, ist es heute die Regel. Schau dir alle Heiraten der Königsnachfolger der letzten 30 Jahre unter dieser Prämisse mal ganz genau an. Theoretisch könnte durch diese gezielten Eheschließungen das britische Königshaus einen König stellen, der dazu in der Lage wäre, alle Stämme zu einen, wenn er das bewusst ansteuern würde mit Deutschland als europäischem Regentensitz. Selbst Russland würde so einen verbindlichen König sofort anerkennen.«

»Das wäre Prinz William, oder?«

»Ja«, nickte Ulluer, »seine gesamte Physiognomie ist typisch benjaminitisch und seine Ausstrahlung spricht benjaminitische Töne. Nicht von ungefähr ist S. fast ein Bruder in Mimik und Aussehen. Überrascht dich das?«

»Keineswegs – das ist auch mir schon aufgefallen«, grinste ich. »Er selbst scheint das weniger zu beachten.«

»Euch allen – und damit meine ich alle Blutlinier – ist euer Ursprungsadel physiognomisch eingemeißelt. Jeder Stamm hat ganz bestimmte physiognomische Merkmale. Ungeachtet aller weltlichen Wirrnisse und des Raubes eurer Rechte, geht ihr erhobenen Hauptes durch euer Karmafeld – und das ist für uns alle eine große Freude. Welche Macht könnte das wirklich brechen? Keine!«

»Wobei wir ständig Angriffen ausgesetzt sind und es Situationen gibt, wo man sich fragt, warum das nicht einfach aufhört«, warf ich ein. »Solange ich denke, lebe ich in einer ständigen Stresssituation – mal mehr und mal weniger.«

Ich erzählte ihnen von den letzten Angriffen und wie sie mir zu schaffen machen.
»Kommen diese Dinge aus mir selbst heraus oder sind es tatsächlich feindliche Angriffe von außen?«, fragte ich irritiert.
»Du – ihr alle seid in ständiger Wechselwirkung zueinander«, folgerte

Mara. »Und einige von euch sind sehr empfänglich für magische Praktiken, die andere ausüben. Du bist in der Tat schon so angelegt, dass du die Angriffsrichtung orten kannst. Und du wirst diese nicht alle mental abwehren können, weil du noch nicht alle Angriffsflächen in dir selber vollständig bereinigt hast. Irgendwann wird es wieder zu einer physischen Konfrontation kommen – aber du hast Erfahrung darin, dich zumindest behaupten zu können.«

»Ehrlich gesagt, davor habe ich Angst«, konterte ich. »Ich fühle mich nicht mehr so stark, wie vor 15 Jahren und ich scheue körperliche Gewalt.«

»Du bist weder schwach noch tatsächlich ängstlich – dir ist lediglich zuwider, zum Klingsorschwert greifen zu müssen«, folgerte Mara ernst. »Und es kann dir in eurer Welt immer noch passieren, dass du physisch kämpfen musst, Alfons. Es muss nicht passieren, aber es kann nicht ausgeschlossen werden.«

»Das Klingsorerbe habe ich in letzter Zeit fast völlig verdrängt«, sinnierte ich. »Wenn es bei mir durchbricht, reagiere ich fürchterlich rabiat und es kostet mich enorme Substanz, die ich lieber zu einem ruhigen Leben bewahren möchte.«

»Ich begreife dich sehr gut«, nickte Ulluer. »Und dass dich dein Klingsorerbe unentwegt einholt, ist ganz bestimmt kein Honigschlecken. Wer jedoch seiner Genetik untreu wird, bekommt mit sich selbst Probleme und er wird im nächsten Leben wieder damit konfrontiert.«

»Das wäre nur ein Verschieben von Aufgabenbereichen in ein nächstes Dasein – ich weiß das schon. Doch manchmal sage ich mir, lieber die nächsten Jahre leichter leben als das jetzt auch noch.«

»So gerne du dich davor drücken möchtest – du wirst es nicht können«, lächelte Mara kryptisch. »Selbst, wenn dein Herz aussetzt, sorgt sofort deine Genetik dafür, dass du nicht stirbst, bis du die Aufgabe deines derzeitigen Lebens erfüllt hast. Es wird dir nicht gelingen davor abzuhauen, mein Lieber. Dir steht ein ausgeglichener Abgang im Lebensomen – also wirst du vorher deine Aufgaben noch erfüllen. Deine Ängste davor machen es dir so schwer, unbeschwert zu leben.«

»In vielen Leben kam ich gewaltsam zu Tode. Ich kann mich kaum noch erinnern, mal ein Leben friedlich und ohne Stress abgelebt zu haben«, sinnierte ich. »Kampf, Kampf und nochmals Kampf durchziehen meine unterschiedlichen Inkarnationen. Diese tauchen derzeit vor meinem inneren Auge auf – nicht die friedlichen, wenn es sie überhaupt gibt.«

»Ich kann dir kinetisch entnehmen, dass du – um es mal statistisch für dich Kleinkrämer zu stilisieren – mehr als in 90 % deiner Leben stressfrei und friedlich abgelebt bist«, nahm sie meine Hand. »Du hast lediglich das gewaltvolle Herausreißen in Form eines unsinnig geführten Kampfes, den du selbstverschuldet hast, in deinen Erinnerungen abgespeichert. Die anderen hast du dir verschlossen. Wir sollten alsbald darangehen, dir diese wieder aufzuschlüsseln.«

»Ich halte mich oftmals für einen Wüterich, wenn mir etwas querläuft«, seufzte ich. »Und ich möchte mit dieser Genetik niemand wehtun, doch genau das passiert dann.«

»Logisch«, konterte Ulluer, »in diesen Momenten erkennst du nicht einen Angriff von außen, sondern du personifizierst ihn innerhalb deines unmittelbaren Umfeldes. Damit hast du sogar Dorje aus dem letzten Treffen rausgehauen – weil du ihre Energetik persönlich genommen hast. Und deshalb passieren dir Dinge, die dich mysteriös anmuten. Du hast eine so starke Energie, die du richtungsweisend im

Sinne einer wedischen Reformation kanalisieren solltest. Und nimm Christa in deine wahre Klingsorhand, denn die braucht sie.«

»Mich durchströmen so viele Zweifel und ich frage mich ständig, wie ich mit so einer starken B überhaupt noch klarkomme«, sinnierte ich. »Manchmal könnte ich sie an die Wand klatschen, ob ihrer Reaktionen, die spontan, unerwartet und souverän kommen.«

»Meinst du, sie ist für dich unberechenbar geworden?«, fragte Mara interessiert.

»Irgendwie schon«, nickte ich, »sie kann sich auf Situationen einstellen, wie ein Chamäleon die Farbe wechselt - was sie aber im Alleinsein mit mir ablehnt. Ich bin viel weniger flexibel, was Situationsveränderungen anbetrifft. Die jetzige Situation mit all dem Schmutz, der uns überhäuft und den tierischen Zerstörungen, würde sie normalerweise nicht kritiklos durchgehen lassen, aber jetzt scheint es ihr egal zu sein. Ich finde da im Moment keinen Haltepunkt mehr für mich.«

»Deine innere Ordnung ist völlig durcheinander gebracht«, nickte Mara verständnisvoll. »Christa ist da tatsächlich viel flexibler, weil sie darin nur einen Zeitrahmen erkennt, der wieder vorbeigeht. Ihr gelassenes Verhalten dergestalt stört dich. Wäre es dir lieber, sie würde mit dir leiden? Dass du mit der derzeitigen Situation ein Problem hast, kann ich sehr gut begreifen. Das ist völlig natürlich - es könnte gar nicht anders sein. Jetzt ist Christa gefordert, es dir soweit wie möglich verständlich zu machen. Wenn sie nun auch deine Reaktionen als angeschlagener Klingsor mit ins Kalkül zieht, wird sie diese ungewöhnliche Situation als ihre Meisterschaft erkennen können. All das ist ja nicht von ungefähr gekommen, nicht wahr? Das wedische Denken und Handeln erfordert von euch beiden ein Zusammenspiel charakterlicher Eigenschaften zu einem Konsens, in dem ihr beide euren gebührenden Platz habt.«

»Klugscheißerin«, entfuhr es mir.

»Ich weiß«, grinste Mara nun entwaffnend, »wenn es dir guttut und hilft – gerne.«

»Mir fiel im gesamten Gespräch heute auf, dass du keine nachbarschaftlichen Relevanzen angesprochen hast«, folgerte Ulluer. »Es geht dir grundsätzlich nicht um Konventionen, sondern lediglich um das wedische Stammesvermögen, um euch selbst, ohne das Außenherum.«

»Das Außenherum ist mir egal – das habe ich im Griff«, folgerte ich. »Doch wenn es um mich und auch um meine Familie geht, da darf es keiner wagen, auch nur einen von ihnen anzurühren, dann reagiere ich!«

*

Die beiden haben etwas an sich, dem ich mich nicht entziehen kann. Sie werden mir schwer fehlen, wenn sie 2010 für längere Zeit die Erde verlassen. Aber auch das soll nicht zum Problemfaktor für mich werden.

Ulluer sagte dazu: »Irgendwann ist für jeden von uns eine längere Pause hier auf der Erde angesagt.«

Dass ich jetzt so etwas wie eine Melancholie verspüre, wenn Mara und Ulluer nicht mehr meine Ansprechpartner sein werden, sollte ich mir ganz schnell abgewöhnen, meinten die beiden noch. Gut gesagt – doch ich bin so etwas wie ein Gewohnheitsmensch.
Wenn ich die letzten sieben Jahre überdenke, in denen ich diese

Kontakte hatte, so haben sie mein Leben total verändert und mir eine Unmenge an Wissen und Begreifen gebracht, aber auch eine rigorose Aussortierung im Umgang mit meinen Mitmenschen. Dass ich solche Kontakte seit Jahrtausenden habe - in manchen Leben nicht, in manchen Leben intensiv - muss ich für mich noch einordnen. Im Alltagsgeschehen ist so etwas nicht einfach und in ein Schubladendenken erst recht nicht einzuordnen.

Ich denke gerade viel über die Probleme nach, die mir in letzter Zeit diese Kontakte im Oben brachten. Wir haben da wohl noch so einiges zu bearbeiten, wobei wir noch gar nicht wissen, wohin es uns führen kann. Lassen sich Feindschaften und Diskrepanzen auflösen zu einem einzigen Ganzen, einem einzigen Strang, an dem die ursprünglichen Stämme der Erde ziehen? Oder sind wir bereits so verfahren, den negativen Energien verfallen zu sein? Unterliegen wir alle nicht diesen dunklen und lichten Energien und finden darüber keinen Konsens mehr, um wieder eine Einheit zu werden? Woran liegt es, dass wir von einem Außen derartig befallen werden, um uns gegenseitig in allen möglichen Bereichen zu beschuldigen? Wie groß ist die Macht, die aus friedvollen Menschen Bestien machen kann? Wie groß ist die Macht, die aus ehemaligen Freunden Feinde machen kann? Derzeit kann ich diese Fragen nicht beantworten.

*

5. Astrologie

25.12.2009 Maria Vesperbild

Was ist da los? Ich wollte einfahren und keine Blase öffnet sich. Telefonisch scheine ich Innererde auch nicht mehr zu erreichen. Ich rief Agnes an, die ebenfalls heute einfahren wollte. Sie sagte, es scheine so, dass ein Teil der Kontaktler problemlos reinkämen und ein Teil nicht. Sie warte jetzt einige Zeit und wenn sich nichts tue, fahre sie wieder heim.

Nun kam doch noch ein Anruf von Mordechai, bei dem sie mir sagte, dass alle Portale derzeit gestört würden und es weiterhin zu elektromagnetischen Verwerfungen zwischen Obererde und Innererde käme. Man sei daran, die Quelle dafür ausfindig zu machen. Irgendwie klang sie gestresst. Also wartete ich nun weiter.

Plötzlich schien es zu gehen – die Blase öffnete sich für mich und ich wurde unten von mehreren anderen Kontaktlern empfangen, denen es ähnlich gegangen war wie mir.

»Die Erde wird derzeit durch Störfelder massiv beeinträchtigt. Es handelt sich um Störfelder, die aus dem Bereich des Jupiters kommen«, folgerte die achelische Großrätin, die uns empfing. »Es sind Forscher unterwegs, die sich dieses Phänomen mal näher betrachten. Wir gehen davon aus, es ist ein bewusster Angriff – von wem auch immer.«

»Kommen wir wieder nach Obererde?«, fragte Agnes.

»Wenn nicht über die Portale, dann fliegen wir euch aus«, lächelte die Großrätin. »Als die Störungen auftraten, wollten wir euch das mental übermitteln. Dass sich diese Störungen selbst für die Einfahrt so massiv auswirken, konnten wir nicht berechnen.«

Mordechai erklärte, dass sie uns in unserem persönlichen Astralfeld ein Kommunikationsportal eröffnen möchten, um direkt mittels Herzchakra und Stirnchakra mit uns in eine Kommunikation zu gelangen.

»Es wird zu bildhaften Übermittlungen kommen, die erst noch in euch die telepathischen Feldebenen trainieren werden«, folgerte sie. »Sobald ihr die eintreffenden Bilder einordnen könnt, seid ihr in der Lage, sie zurückzusenden. Dann werden wir mit Wortabstraktionen antworten, die ziemlich laut als Worte in euch nachhallen werden. Nach und nach werdet ihr lernen, damit umzugehen, wie mit der akustischen Sprache. Zuerst halten wir es so, dass wir einzeln mit euch Verbindung aufnehmen, um eine Vielgestaltigkeit von Worten in einem undefinierbaren Durcheinander zu verhindern. Ihr müsst erst lernen damit umzugehen. Es dürfte alsbald zur Gewohnheit werden, dass wir uns auch in Konferenzgesprächen üben können. Das wird über eine räumliche Vorstellung aller Gesprächsteilnehmer erfolgen, die erst einmal irritierend sein wird. Auch diese Irritation wird sich wieder geben. Durch den Nachhalleffekt werdet ihr erkennen, ob jemand akustisch mit euch spricht oder mental. Zu allem bedarf es jedoch eures Einverständnisses, dass wir euch einstimmen.«

»Und wie macht ihr das?«, fragte Vitali.

»Mittels eines Frequenzfeldes, das uralte Fähigkeiten in euch reaktiviert«, warf Mordechai ein. »Es handelt sich dabei um eine bestimmte Schwingungsfrequenz, eure Urenergetik im Sinne telepathischer Fähigkeiten wiederzubeleben. Und es kann anfangs ziemlich schmerzhaft in euren Köpfen sein.«

»Warum?«, fragte ich.

»Es müssen Synapsenschlüsse erfolgen, die zwischen den Gehirnhälften eine Überbrückung motivieren – das macht sich im zerebralen Nervensystem bemerkbar«, folgerte die Großrätin. »Massiver Schwindel, Migräne und vorübergehende Orientierungslosigkeit können die Folge sein. In jedem Fall ist es eine gesamtmetabolische Neujustierung.«

»Es kann auch zu einem nervigen Pfeifton in eurem Innenohr kommen«, fügte Mordechai noch an.

»Klingt alles nicht so erbauend«, warf Rebekka skeptisch ein.

»Was euch über Jahrtausende versperrt wurde, wird dabei in einigen Wochen rückgängig gemacht – das geht sicher nicht ohne Folgen, die sich jedoch irgendwann wieder auflösen werden«, nickte Mordechai bedauernd. »Ihr braucht es ja auch nicht tun.«

Wir wollten es alle. Aber jeder von uns war blass und hatte Schiss davor. Unsere Blicke sprachen Bände.

Nachdem das geklärt war, wurden wir in einen Nebenraum geführt, in dem weiche Matten ausgelegt waren. Wir mussten uns hinlegen und so entspannt wie möglich der Frequenzen harren. Dass die anderen bei uns blieben und uns dabei begleiteten – sich somit auch diesen Frequenzen aussetzten – löste bei uns Vertrauen aus. Jeder von uns bekam einen Begleiter zur Seite gestellt. Mir gingen nachfolgend viele undefinierbare Gedanken, Gefühle und Bilder durch den Kopf und mein Herz schlug massiv. Zuletzt nahm ich eine Art pulsierenden warmen Ton wahr, der meinen ganzen Körper wärmte. Als das Prozedere vorbei war, hatten wir alle großen Durst. Jeder von uns hörte nachhallend irgendwelche Melodien, die wie Ohrwürmer in uns nachhallten.

Die erste Welle Kopfschmerzen ließ nicht lange auf sich warten. Starsa, mein Begleiter, wiegte mich ein wenig und ich war froh, dass er da war. Er stützte mich und reichte mir eine Schüssel, als er merkte, dass ich mich erbrechen musste. Er brachte mich zu seiner Schwitzhütte, wo ich mich auf eine Weise reinigte, wie ich es noch nie erlebte.

Wieder zurückgekommen, hörte ich, dass einige von uns aus der Nase geblutet hatten und Vitali noch lange ein Glockengeläut gehört hatte, das ihn beinahe an den Rand des Wahnsinns gebracht hat.

Wir gingen nun zum Essen, weil wir alle großen Hunger hatten. Dabei sahen wir uns an, als würden wir uns zum ersten Mal so richtig wahrnehmen. Bevor Agnes auflachte, wusste ich, dass sie lachen würde. Ein verlegenes Lachen war es.

Immer wieder kamen Kopfschmerzattacken, aber sie waren weniger schlimm, so dass wir einigermaßen gut essen konnten. Und es kamen Erinnerungen bei mir hoch, die sich wie Filme bewegten. Viele Sequenzen waren friedlicher Natur – aber manche warfen mich fast um ob der Kämpfe, die ich dort ausfocht und den grausamen Blutrünstigkeiten. Da es offensichtlich uns allen ähnlich erging, sprachen wir zögerlich darüber.

»Eure Inkarnationen kommen euch nach und nach ins Bewusstsein«, folgerte Mordechai. »Auch das sind Reinigungsfaktoren, um euch davon zu lösen. Nichts an allem ist schlecht, sondern lediglich ein Prozess der Läuterung. Eure Genetik spielt euch euren persönlichen Werdegang vor, wie in einem Film. Somit könnt ihr allesamt erfassen, welche Lebensformen und -werte ihr persönlich verabfolgt habt. Jeder einzelne von euch ist ein Vertreter seines Stammes – alle zusammen ergebt ihr das Erdenmenschentum.«

»Gab es zu wedischen Zeiten überhaupt jemals getrennte Stämme und nicht viel mehr ein einheitliches Clanwesen?«, keuchte Vitali erschöpft.

»Zu wedischen Zeiten gab es tatsächlich keine Unterscheidungen in Stämme«, nickte die Großrätin. »Es gab nur das irdische Clanwesen und das war und ist nicht trennend. Das Stammeswesen kam auf, als ihr schon nicht mehr wedisch wart. Man hat euch damals suggeriert, dass ihr euch abtrennen müsst, um die 12 astronomischen Wesensmerkmale zu personifizieren, die in jedem von euch als Gesamtheit liegen. Nachdem ihr euch stammesbedingt voneinander getrennt habt - euch habt trennen lassen - kam die Konkurrenz untereinander auf. Im Grunde ist jeder echte Erdenmensch ein einziger kosmischer Erdenstamm.«

»Dann ist das Stammeswesen nur ein Konstrukt?«, fragte ich irritiert.

»Ja, aber eines, das der Auflösung harrt«, folgerte Mordechai. »Im Grunde agiert ihr alle nach Tierkreiszeichen, die euch in dieser Form die *Götter* gebracht haben. Man hat euch aufgespalten nach den Planeten des Sonnensystems. wodurch ihr auch deren Astrologie übernommen habt. Ihr seid jedoch von Natur aus Erdenmenschen ohne spaltende Einflüsse.«

»Dann gibt es keine wirkliche Astrologie, sondern eine konstruierte«, folgerte Rebekka. »Das deckt sich mit meinen Empfindungen, weil ich schon längst eine pur irdische bipolare Abgleichung mache.«

Für mich war das ein Schlag, den ich erst einmal verdauen musste.

»Man hat uns also in 12 Stämme konstruiert und seither bekämpfen wir uns - wie irre ist das denn?«, warf Agnes geschockt ein. »Warum habt ihr uns das denn nicht schon früher gesagt?«

»Weil ihr dafür nicht offen gewesen seid«, konterte die Großrätin. »Wir konnten euch doch nicht offen vermitteln, dass ihr dafür noch nicht reif seid. So etwas sagen wir nicht, weil es das Gegenüber klein macht. Wir haben es jetzt gesagt, weil Vitali es heute in sich erkannt hat.«

»Was ist dann mit den Volkseelen?«, wollte ich nun wissen.

»Die existieren natürlich – nur nicht den astrologischen Gesetzen entsprechend«, erklärte Mordechai. »Sie haben tatsächlich viel mehr mit der Natur zu tun. Jedes Gebiet, in dem sich eine Gruppe Menschen niederlässt, hat natürlich einen energetischen Einfluss auf die Gruppe. Die Erde ist, neben ihrer materiellen Form ein Energiewesen und dieses Energiewesen hat Organe wie jedes andere Lebewesen und diese Organe existieren verteilt auf dem gesamten Planeten. Es dürfte für jeden einleuchtend sein, dass ein Volk, das sich dort niedergelassen hat, wo das *Herz* schlägt, anderen Bedingungen unterliegt, wie ein Volk, welches dort lebt, wo sich die *Lunge* der Erde befindet oder dort, wo die Erde verdaut und abbaut. Das sind die wirklichen Einflüsse auf die einzelnen Volksseelen. Mit Astrologie haben die nichts zu tun. Natürlich gibt es die Energien, die ihr als die astrologischen bezeichnet, doch die habt ihr allesamt gebündelt in euch – in unterschiedlich starken Anteilen. Eure wirkliche Arbeit liegt also darin, nicht einfach hinzunehmen, dass euch bestimmte Dinge nicht in die Wiege gelegt wurden, sondern diese weniger vorhandenen Fähigkeiten in euch anzureichern und zu stärken. Das bedeutet, aus einem inneren Erfahren heraus, sich sein ganz persönliches Kraftbild zu erstellen.«

*

Die Ausfahrt über Maria Vesperbild hat wieder funktioniert, aber ich merkte, dass es nicht ganz glatt verlief – es war, als würde es ruckeln.

Kurz vor der Ausfahrt erfuhren wir noch, dass im Umkreis des Jupiters jede Menge Raumschiffe der Kollektiven stehen. Von ihnen ging das scheinbar aus. Ich denke, da werden die Innerirdischen entsprechend reagieren.

*

6. Omenlesen

29.12.2009 Einfahrt – Gespräch mit Aristide, Mordechai und Starsa

Aristide betreut mich nun, nachdem Ulluer für einige Zeit nicht mehr hier ist. Da Aristide es nicht so gerne sieht, wenn wir die Gespräche mitnotieren, muss ich mich jetzt daran gewöhnen, ein Gedächtnisprotokoll zwischen den einzelnen kleinen Pausen anzufertigen.

»Das trainiert das Gedächtnis«, lachte er uns (Agnes, Rebekka, Vitali und mich) an. Von uns vieren sind es eh' nur Agnes und ich, die bisher immer mitgeschrieben haben.

Wir ließen ein bisschen die Jahre 2008 und 2009 Revue passieren, um – wie Aristide sagte – das Jahr 2010 innerhalb dieses roten Fadens anzudenken. Zudem sollten wir auch lernen, aus dem Verflossenen im Jetzt auf das Kommende zu schließen.

»In einer schlüssigen Prognose findet sich der Eingang zum Omenlesen«, erklärte er. »Wer also schlüssig und logisch zu prognostizieren weiß, findet auch Zugang, die Energien in Form einer Omensicht zu nutzen, was eine Omensichtigkeit beinhaltet.«

Was das bedeutet, demonstrierte er anhand einer Aussage von vor 10 Monaten, die er uns von einem Aufzeichnungsgerät abspielte. Damals prognostizierte er in einer Kleinratssitzung einigen von uns, was wir bis Ende 2009 noch erfahren und erleben würden. Dabei war auch sein Omen für mich, dass vermeintliche Freunde in meinem Umfeld überschnappen, meine öffentlichen Mitteilungen massiv bekämpfen würden und ich mit drastischen energetischen Anschlägen zu rechnen habe, wenn ich nicht aufpasse. Ich erinnere mich seiner damaligen

Aussage erst jetzt wieder, nachdem er unser Gespräch abspielte – ich hatte es verdrängt, anstatt wachsamer zu sein. Damals sagte er, ich solle alle Tendenzen beobachten und aufpassen, in welche Richtungen sie gehen.
»Es werden sich Beziehungen unter euch umformieren und jene ein fester Bestandteil werden, die du heute noch nicht für möglich hältst«, tönte es aus dem Lautsprecher.

Ebenso war es wohl auch bei Agnes und einigen anderen, denen er damals seine Omensichtigkeit offenbarte. Und alle stimmten jetzt zu, dass seine Omen zu fast hundert Prozent eingetroffen sind, weil wir nicht entsprechend aufgepasst hatten.

»Es trifft nicht das Omen ein, weil wir es sehen – das Omen ist nur ein Mittel zum Zweck, Ereignisse vor dem Eintreffen zu erkennen, um sich zu wappnen«, folgerte er. »Innerhalb menschlicher Wechselwirkungen, die im Morphofeld gespeichert werden, lässt es sich ziemlich genau berechnen, wann es durch eine Aktion zu folgerichtigen Reaktionen kommen wird. Je stärker die intuitive Energetik in einem Menschen ist, desto offensichtlicher kann man Ursache und Wirkung ablesen.«

Als Beispiel fügte Aristide an, dass die Erdenbevölkerung seit geraumer Zeit ein sieches System verstärkt stützt, das ohne diese Stütze nicht mehr funktionieren könnte.
»Eure Stammesvertreter stützen das immer kranker werdende Kollektivsystem, wohlwissend, dass sie es im Grunde selbst nicht mögen. Der Widerwille gegen dieses sieche System wird immer größer. Eines Tages helfen keine Stützen mehr und es wird zusammenbrechen. Was ist dann mit der am Boden liegenden Leiche?«, fragte er sinngemäß.

Ausgehend von all den jetzt offensichtlichen Tatsachen lässt sich fast berechnen, wann die ersten Todeszuckungen des Kollektivwesens auftauchen. Seine Omensicht sagt ihm, das wird innerhalb der folgenden 3 Monate geschehen – es sei denn, es verändert sich etwas grundsätzlich. Bisher waren die Siechtumszuckungen mittels Finanz- und Sozialabbauspitzen noch relativ zu vertuschen. Doch nun beginnt seiner Sicht nach der Sterbeprozess einer jahrtausendealten Dominanzstruktur, da sie keine richtige Nahrung mehr bekommt.

»Der Erdenmensch ist nicht länger bereit, sein Potenzial bis zum Ausbluten bereitzustellen. Religionsüberdrüssigkeit und Unglauben gegenüber einer göttlichen Führung, wie sie bisher vom Kollektivwesen suggeriert wurde, zieht immer weniger. Die Spiritualität der Menschen erfährt eine neue Form vorsintflutlichen Wissens, die deutlich aufzeigt, welche Gottheiten insgesamt zugange waren«, erklärte er.

So sei auch das Aufbäumen islamistischer, jüdischer sowie christlicher Religionsinterpretationen ein deutliches Omen für massive Veränderungen. Diese manipulativen Strukturen müssten sich soweit offenbaren, bis sie in den Kern ihres Urgrundes hinein ersichtlich werden, nämlich in *teile und herrsche.*

»Die Erde wird von unterdrückenden Religionsstrukturen beherrscht und geknechtet. Diese Strukturen sind verantwortlich für das Leid der gesamten Erdenmenschheit und die Todeszuckungen bringen all den Wahnsinn asurischer Beeinflussungen ans Licht«, meinte er.

Es ist wohl kein Zufall mehr, dass wir vier einmal den drei stärksten monotheistischen Religionen angehörten. Vitali ist gebürtiger Moslem, Rebekka Jüdin und Agnes und ich wurden christlich getauft. Doch wir frönen mental nicht dem vorgegebenen Wahnsinn.

Interessant ist auch, dass 11 der 12 außerirdischen Großfamilien die drei Hauptreligionen forcieren. Nur der *Eine* steht für die anderen Weltreligionen und Philosophien.

»Dann ist die 7er-Priesterschaft wiederum nur eine Untergruppe der Großfamilien?«, fragte Rebekka.

Es seien die Erfüllungsgehilfen der selbsternannten Götter, deren Nachkommen die heutigen Großfamilienoberhäupter darstellen, folgerte Aristide. Aber deren Charisma und Macht sei am Absterben, so dass sie immer öfter Menschen ins Rennen schickten, von denen sie sich erhofften, den Status quo retten zu können.
»Womit sie jedoch nicht folgerichtig rechnen können – ein Erdenmensch wird sich irgendwann stets seiner Herkunft erinnern und niemals deren Interessen vollständig einfordern wollen«, warf er ein. »Es wird zum Verzug von Sanktionen kommen, so dass die Erfüllungsgehilfen von sich aus nicht zulassen, dass die Erdenbevölkerung zerstört wird. Die Kollektivfamilien haben seit etwa 2 Jahren längst nicht mehr alles im Griff.«

»Dann brauchen wir einfach nur abwarten und zuschauen, wie sie sich gegenseitig in die Hölle schicken?«, fragte nun Vitali nach.

»Nicht ganz, ihr solltet stets wachsam sein und vorzeitig erkennen, wann man bestimmten Ereignissen vorbaut«, warf Aristide ein. »Um das zu schaffen, solltet ihr euer Omensehen stärken.«

Es gab nun eine Diskussion darüber, wie man das innerhalb seiner Familie plausibel machen könne.

»Man steht häufig alleine da, wenn man Diesbezügliches verlautbart«, sinnierte Rebekka. »Oft genug werde ich als Schwarzseherin oder als Auslöser für solche Vorkommnisse bezeichnet«, seufzte sie, »geradeso, als seien meine Voraussichtigkeiten das Übel für kommende Geschehnisse.«

»Der Prophet gilt im eigenen Lande nichts«, brummte jetzt Agnes und ich nickte zusammen mit Vitali verständnisvoll dazu.

Aristide warf nun ein: »Zur Omensicht gehört es auch, Auswege zu erkennen, aufzuzeigen und vorrausschauende Wege und Handlungen einzuleiten. Ansonsten fällt das Ganze nämlich in die Rubrik der Seher, die die Menschen mit ihren Sichten allein lassen. Ihr solltet lernen, Dinge vorherzusehen und für euch entsprechende, für die Kollektiven jedoch nicht offensichtliche Verhaltensweisen entgegenzusetzen. Ihr müsst immer daran denken, dass Kollektivwesen auch nur innerhalb von Kollektivregeln denken können. Wenn ihr auf eine Weise denkt und reagiert, die keinem Kollektiv entspricht, dann seid ihr ihnen stets voraus.«

Aristide verabschiedete sich von uns, weil er noch mit anderen Kontaktlern sprechen wollte. Starsa und Mordechai, die inzwischen dazu gekommen waren, übernahmen nun das Wort und das Mitschreiben war wieder erlaubt.

»Wie empfindet ihr, wenn euch so etwas wie Rebekka in euren Familien passiert?«, fragte Starsa gezielt.

»Ungemein gebremst, gehemmt und dermaßen zum Schweigen verdammt, dass ich dadurch fast allen Antrieb verliere, auf das Wesentliche hinzuweisen«, folgerte ich. »Wobei es bei mir nicht die Familie ist, die so reagiert. Mit der Familie meiner Eltern habe ich ja fast keinen Kontakt mehr und mit denen spreche ich über diese Themen überhaupt nicht und meine Familie um mich herum, lässt mich sein, wie ich will. Bei mir sind es die Menschen, die ich für meine Freunde hielt. Ich traue mich kaum noch, meine Erkenntnisse und auch vorhandene Omensichtigkeiten einzubringen, weil sie mir oftmals als Egoverhalten interpretiert werden.«

»Oh ja: ›Mit so einem Denken hinderst du dich bloß selber daran, den Genuss des Lebens anzuziehen!‹ Solche und andere Worte prasseln dann über mich herein«, konstatierte Agnes. »Dass es mittlerweile um mehr als bloß das Genießen geht, ist schwer vermittelbar.«

»Es wird das Klingsorwesen negiert«, brummte Vitali. »Und wir Klingsoren werden dadurch kastriert – wir haben keine Eier mehr.«

»Aha«, lachten Rebekka und Agnes, »und was ist mit uns?«

»Die Eierstöcke qualmen«, grinste Vitali verlegen.

Mordechai sinnierte eine Zeitlang sehr offensichtlich, bevor sie einwarf: »Ein Klingsormensch hat sich in solchen Zeiten entweder behauptet oder er lässt sich von den Umständen reglementieren und geht in den Ruhestand.«

»Und wie sieht dieser aus«, fragte ich ungehalten, »den allzeit liebenden Deppen spielen?«

»Ich erzähle euch die wahre Begebenheit eines Klingsors, der sich in den Ruhesstand hat zwingen lassen«, folgerte Starsa. »Er hat dem Druck seines Umfeldes nachgegeben und wurde dadurch immer einsamer. Nach und nach zog er sich in sich selbst zurück, wurde immer bissiger und ging eines Tages weg. Er starb, als er nach längerer Zeit einmal wieder nach Innererde eingefahren war, in meinen Armen, mit der Aussage, dass die Menschen keine Gnade verdient hätten. So sah der Ruhestand dieses resignierten Klingsors aus. Er ging, weil sein Dasein nicht stimmig ausjustiert war und er sich im Grunde selber beschnitten hat.«

»Ich weiß nicht, ob es ein Fehler war, zu verlautbaren, was ein Klingsor ist und dass man einer ist«, sinnierte Agnes. »In meiner Familie fingen die Probleme darüber erst an, als ich ihnen meine Klingsorinkarnationen aufschlüsselte. Seither werde ich dermaßen gefordert und zur Verantwortung gezogen, wie nie zuvor. Und wenn ich mal bestimmt auf den Tisch haue, bin ich sofort die Ursache für Unfrieden und Intoleranz.«

Mordechai antwortete nun: »Es ist die Zeit der Klingsorenergien und diese bedürfen der klaren Umsetzung – völlig unerheblich, was andere Menschen dazu vermelden. Ohne das Klingsorwesen wird es keine Rückkehr ins Wedische geben. So ist es wesentlich wichtig, was Aristide euch bereits vermittelt hat: Ihr benötigt das Omensehen, um eine Koordination zu erstellen. Ob es ein Fehler war, euch zu outen, wollen wir jetzt mal beiseitestellen – das hängt immer vom Umfeld ab. Vorrangig ist, dass ihr in eure Kräfte zurückgelangt. Das erfordert Mut und Durchsetzungsvermögen. Ein Klingsor kann nur seiner Vorsehung folgen und nichts anderem. Das solltet ihr euch mal so richtig bewusstmachen.«

»Das bedeutet zugleich, das Klingsordasein rigoros zu leben«, sinnierte Rebekka fröstelnd.

»Was ist, wenn es im Clan heißt, so einen brauche man nicht?«, fragte Vitali.

»Dann würde ich gehen und mich von anderen Menschen oder einem anderen Clan finden lassen«, entfuhr es mir spontan. »Ich bleibe, was ich bin – und das weiß mein Clan im Grunde auch.«

Es wurde offensichtlich, dass jeder von uns so ziemlich am Ende der Geduld angekommen war, sich weiterhin mit Kollektivbeeinflussungen befassen zu müssen. Und keiner von uns verspürte Lust, sich weiterhin als Quertreiber behandeln zu lassen.

»Dieses Denken resultiert nur daraus, dass ihr euch in eurem familiären Umfeld und im Freundeskreis noch nicht vollständig klingsorisch eingelassen habt«, grinste Starsa jetzt herausfordernd. »Ihr habt es noch nicht energetisch drauf, euren Clans zu vermitteln, worauf es letztlich ankommt, wieder ins Wedische zu gelangen. Auf den Tisch hauen kann zwar mal befreiend sein, aber es ist gleichzeitig die Handlungsweise eines Kollektivoberhauptes. Stärkt euch selbst in eurer Energetik! Findet in eurem Innern, eure wirksame Energetik und lebt sie. Sie enthält euer natürliches Charisma und eure natürliche Macht.«

Es war eine Weile recht still, weil er da wohl einen Punkt getroffen hat. Doch sofort fiel Rebekka zornig ein, was ihn zu solchen Aussagen veranlasse. Und dann sagte Starsa Worte ähnlich derer, die ich heute im Forum verwendete:
»Wenn ihr nicht richtungsweisende Assoziationen findet, die klar und deutlich sind, werdet ihr nichts am Verhalten kollektiver Muster verändern können. Es geht darum, unkonventionelle Wege und Reaktionen zu äußern und zu leben. Ihr seid noch viel zu sehr im Kampf gegen etwas verhaftet und ihr reagiert noch viel zu sehr berechenbar konventionell, anstatt unkonventionell unberechenbar. Wenn euch etwas Unberechenbares einfällt, dann sinniert ihr erst mal darüber und diskutiert diesen Einfall auch noch lang und breit. Setzt einen Einfall sofort um, ungeachtet familiärer Strukturen, dann schafft ihr einen neuen Boden hin zum Ursprünglichen. Einfälle aus den geistigen Feldern müssen nicht erst von allen Seiten diskutiert werden. Kein Forscher würde einen guten Einfall erst einmal seinen Kollegen zum Diskutieren vorsetzen. Die würden ihn in seinem Forschergeist viel zu sehr behindern – weil sie dieser Idee vielleicht nicht einmal folgen können. Ein Forscher nimmt einen Einfall,

wenn er ihm logisch erscheint, begeistert an und setzt ihn um. So entstanden die meisten großen Entdeckungen.«

»Hm – und wie soll das funktionieren? Was ist, wenn sich eine Idee als falsch erweist? Wie machst du das?«, fragte Rebekka.

»Ich setze jede formale Idee sofort im Tun um. Ich informiere nur jene, die direkt davon betroffen sind. Die Menschen in Innererde trauen ihrem Gegenüber zu, alles zu erschaffen und zu vollenden, was er sich auch nur vorstellen kann. Insofern läuft so etwas bei uns ohne Einwände ab. Daran müsst ihr erst einmal arbeiten. Euer Umfeld wird erst dann beginnen, euren Handlungen zu trauen, wenn ihr immer wieder erneut beweist, dass das, was ihr sagt und umsetzt, echt ist, zum Wedischen gereicht und – so wie ihr es ausdrückt – dass es Hand und Fuß hat. Wenn ihr das erreicht habt, dann werden alle hinter euch stehen, ohne dass ihr erst erklären müsst, warum ihr etwas tut.«

»Du berätst dich also nicht mit den Deinen?«, fragte ich verblüfft.

»Warum denn? Meine Idee kann doch nur ich für mich umsetzen. Und da ich individuell-wedisch bin, reichere ich mit meinen Taten das Wedische fruchtbar an«, blickte er uns offen an. »Ich weiß, bei euch ist das noch anders, weil die Menschen nicht gewöhnt sind, dass ihr Gegenüber wedisch-lauter denkt und handelt. Solch eine Annahme all eurer Handlungen müsst ihr euch in eurem Umfeld erst aufbauen.«

*

7. Mensch als Monokultur?

09.01.2010 Einfahrt – Treffen mit Aristide, Mordechai und Starsa

»Wahrhaftigkeit stärkt die Achtung voreinander und fördert ein klarsichtiges, aufbauendes Miteinander«, begann Aristide unser heutiges Treffen.
»Der Drang nach Wahrhaftigkeit beginnt bei euch oberirdischen Erdenmenschen immer stärker zu werden, wie wir feststellen durften. Dies schließt auch einen Umgang mit ein, der nach Klärung in allen Lebensbelangen verlangt. Diese kann geprägt sein vom Ablegen alter Verhaftungen und durch die Aufbauarbeit destruktiver Muster«, erklärte er. »Wo und mit wem auch immer eine derartige Klärungsarbeit mach- und durchführbar ist, sollte sie geschehen. Mit wem es nicht geht, von dem nehme man vorerst noch Abstand, um keinen Zwang zu signalisieren.«

»Das klingt mir sehr theoretisch«, warf Rebekka ein. »Wir sind so voller Egoismen und Egozentrik, dass wir uns einander nur äußerst vorsichtig nähern können. Wahrhaftigkeit ist ja sehr gut – aber was ist, wenn mein Gegenüber eine andere Vorstellung hat als ich?«

»Ich spreche nicht von Meinungen, sondern von Wahrhaftigkeit. Und diese ist universell einheitlich«, lächelte er. »Der Mensch ist ein bewusstes Wesen, dem kein Verhalten wirklich fremd ist. Er kann jedes soweit integrieren, um daraus die breite Variationsmöglichkeit des Seins zu begreifen. Ich spreche auch nicht davon, dass es leicht sein wird – nur davon, dass in euch Erdenmenschen die Tendenz zur Wahrhaftigkeit erstrangig geworden ist. Der Drang dazu wird euch letztlich dorthin führen.«

»Jetzt begreife ich auch, was mich seit längerem so bewegt, das ich bisher nicht definieren konnte«, warf ich sinnierend ein. »Sich wahrhaftig zu leben, ist tatsächlich ein tiefes Drängen in mir - doch wer oder was bin ich wirklich? In mir kommen mehrere Sequenzen hoch, die unter anderem auch nichtirdischer Natur sind. Für mich ist es offensichtlich wichtig, mich selbst im Urkern zu erfassen und das schaffe ich momentan nicht.«

»Als was empfindest du dich denn primär?«, blickte Aristide mich interessiert an. »Und was ist sekundär?«

»Primär schlägt natürlich in mir ein Sapiensherz - sekundär reagiere ich oftmals wie ein Draco«, konterte ich.

»Die Verbindung deines Reptogehirns mit der Voltrain-Modulation lässt dich glauben, du reagierst drakonisch«, folgerte jetzt Mordechai. »Doch du reagierst lediglich aus deiner Urkraft heraus. Deine Draco- und Voltrainsequenzen drücken sich über deine Kinetik aus, nicht jedoch mental - mental bist du ein irdischer Ursapiens.«

»Über die Kinetik - interessant«, warf Vitali sarkastisch ein und hob seine verbundene Rechte hoch. »Meine draconische Voltraingenetik hat mal wieder meine Sapiensfaust gegen ein irdisches Hindernis schlagen lassen, das mir im Wege stand.«

Selbst Aristide konnte nun nicht anders und lachte herzhaft.

»Ihr solltet ja auch ursapiensmäßig wahrhaftig werden und nicht mittels eurer Kampfanlagen mit einem Hindernis diskutieren«, gackerte auch Starsa unverschämt.

»Wie sieht das Hindernis denn aus?«, fragte Agnes mit einem Augenaufschlag.
»Das Hindernis namens Klotür heißt jetzt Brennholz«, grinste Vitali

säuerlich. »Es wollte mich nicht reinlassen, obwohl ich dringend musste.«

»So etwas ist identisch mit einigen meiner Kampfanlagen«, schmunzelte ich nun.

Jeder von uns begann nun von ähnlichen Episoden zu erzählen, so dass Aristide irritiert nachfragte, was uns sowas denn einbringe.

»Schmerzen«, brummte die Baronin kopfschüttelnd.

»Diese sind jedoch nur in Ausnahmefällen als Schutzmechanismen moduliert«, sah er uns verwundert an. »Ich begreife auch nicht, warum Thalus‘ Hand immer so verkratzt ist, wenn er doch weiß, dass Katzen in Selbstverteidigung kratzen.«

»Es gibt theoretisch die Option, dass Katzen beim Spielen nicht kratzen«, dozierte Vitali. »Um das herauszufinden, nimmt Alfons eine Hackfleischhand in Kauf – stimmt‘s?«

Ich nickte gewichtig und ernsthaft.

»Das ist deren Humor, Ari!«, warf Starsa schnell ein. »Das muss keiner von uns begreifen.«

»So kommen wir nicht weiter«, winkte Aristide nun irritiert ab. »Es kann doch wahrhaftig nicht sein, sich Schmerzen zufügen zu lassen und das humorvoll als Spielen zu benennen.«

»Doch, das funktioniert hervorragend«, konterte Rebekka. »In unseren mannigfaltigen Kulturen haben wir es gelernt, dass Schmerzen auch lustvolle Aspekte haben können. Für dich mag das nicht zu begreifen sein, Aristide. Doch wir leben seit mehr als 13.000

Jahren in solchen Alltäglichkeiten und grausamen Systemen und dabei haben wir viele, für euch unvorstellbare Dinge verinnerlicht. Warum wohl habt ihr Angst vor uns Erdlingen? Weil wir all das aushalten und Dinge wegstecken, die so manchen von euch an den Rand des Wahnsinns bringen würden. Deshalb hattet ihr uns ja auch gedämpft. Ist das nicht so?«

»Das ist so«, erwiderte Mordechai. »Wir wollen auch wahrhaftig zu euch sein. In euch wohnt eine dermaßen große Energie und Leistungsfähigkeit, die uns umbringen würde. Es ist ja gerade diese Leidenschaft, die euch auszeichnet und wieder in die wedischen Urgründe gelangen und alles überwinden lässt. Wie es aussieht, seid ihr erheblich schneller und stabiler, als es bisher je eine andere Spezies bei der Befreiung von den Asurischen war. Ihr solltet jedoch dringend lernen, eure Kräfte richtungsweisend zu fokussieren.«

»Sie sagt stimmige Worte«, nickte Starsa jetzt. »Es geht darum, seine Kräfte und Anlagen wahrhaftig zu erfassen, um sie nicht nur spielerisch oder Türen einschlagend verpuffen zu lassen. Euch steht eine mentale Brücke zwischen Kinetik und Verstand zur Verfügung, die ihr nur noch wahrhaftig zu aktivieren braucht.«

»Danke für den Hinweis mit der Brücke – die muss ich erst einmal entdecken«, lachte die Kanadierin. »Ich habe derzeit jedoch andere Probleme. Ihr sagt immer, dass jeder von uns das gesamte irdische Wissen um alle Zusammenhänge in sich hat. Irgendwie spüre ich das auch. Doch ich komme gerade an einen Punkt, an dem Alf schon länger ist. In unserer Gesellschaftsordnung läuft alles über eine Beweislast ab. Ich soll, was ich sage, anhand dokumentarisch nachvollziehbarer Chroniken untermauern.«

»Aha – und wer hat das dokumentiert? Gott, oder ein vom Mainstream anerkannter Wortverdrehungswissenschaftler?«, fragte Rebekka.

Jetzt ging die Diskussion noch kuriosere Wege und ich hörte nur noch fasziniert zu. Den weiteren Gesprächsverlauf zu dokumentieren, wurde mir nun doch zu viel. Bis Starsa laut sagte: »Ihr seid der lebende Beweis des wahrhaftigen Wissens um die Erde. Ihr besitzt die Autorität all diese Gleichschaltungschroniken unentwegt zu hinterfragen und auf eure Hinterfragungen und Forschungen hin zu berichtigen. Es geht nicht um Diskussionen über Techniken – es geht um das Wesen der Erdenmenschen, um das Seelische und das Überleben in einem natürlichen Verhältnis zwischen Mensch, Fauna und Flora. Es geht um Wiedererlangung des solaren Schöpfungsaktes. Denn ihr seid die Schöpfer und Erhalter eures Sonnensystems.«

»Meinst du uns A?«, fragte die Baronin.

»Oh – Mater! Das seid ihr ursprünglichen Erdenmenschen alle zusammen«, folgerte Starsa jetzt ein wenig ungehalten. »Ihr A habt daran euren Anteil zur Rückerlangung zu leisten – nicht mehr und nicht weniger.«

Für Aristide wurde unsere Energetik heute zu viel und er zog sich zurück.
»Für ihn sind wir wahrscheinlich Barbaren«, brummte Rebekka.

»Ihr seid halt manchmal etwas gewöhnungsbedürftig«, warf Mordechai ein. »Ihr provoziert, wo Provokation keine Resonanz findet. Ist euch das noch nicht bewusst geworden?«

»Es nervt mich schon, dass die meisten von euch nicht so richtig auf unsere Provokationen eingehen«, bestätigte Agnes nun nachdenklich. »Wir tun das meist doch nur, um euch noch mehr zu entlocken.«

»Ihr braucht uns nichts zu entlocken – fragt uns und wir antworten«, konterte Starsa. »Ihr seid hier nicht in eurer gewohnten Sphäre, sich alles erkämpfen zu müssen. So mag es oben sein – hier nicht.«

Nun wurden wir doch etwas kleinlaut.

»Alles in allem seid ihr Klingsorischen etwas anders – wir können das meist auch kompensieren«, lenkte Mordechai ein. »Jedoch verlangt uns eure Präsenz so einiges an Toleranz ab.«

»Die können wir auch einfordern. Wart es doch ihr, die uns zu dem gemacht haben, was wir sind«, warf ich ein, »oder sehe ich das falsch?«

»Das siehst du schon rechtmäßig, lieber Alfons«, nickte Mordechai. »Diese Feststellung von dir war gerade absolut authentisch und völlig aggressionslos. Wenn du dieses Level halten kannst, können wir sehr gut miteinander umgehen. Es kommt nicht darauf an, was ihr sagt, sondern mit welcher Energie ihr es rüberbringt.«

*

Ich wollte wieder ausfahren und saß schon im Ausfahrtsraum. Plötzlich hieß es, ich könne jetzt nicht ausfahren, weil das Portal nicht funktioniere. Also ging ich zu den anderen zurück.
Sie sprachen gerade über einen Autounfall, den Rebekka gestern hatte und bei dem ihr bis auf ein paar Kratzer nichts passiert war. Ihr Auto schleuderte aus ihr bisher unerfindlichen Gründen und fuhr auf einen Abhang zu. Sie verlor die Kontrolle und das Auto fuhr den Abhang herunter auf einen Baum zu, der den weiteren Fall stoppte. Man könne es als sehr dubios bezeichnen, dass sie dabei so glimpflich davonkam, meinte sie.

»Nicht wenn man etwas über die Zusammenhänge von Menschen und deren Schutzsaraphinen weiß«, konterte Mordechai. »Sie vollbringen viele Dinge, die wir für Wunder halten. Sie tun es, um

Leben zu erhalten, wenn der Abgang zu früh gewesen wäre.«

»Ich spürte gestern Morgen schon hinter mir ein unsichtbares Wesen, das mir seine Hände über die Schulter zu halten schien, während mein Hund ganz komisch fiepte. Ich habe es aber nicht wirklich beachtet, obwohl ich weiß, dass Tiere so etwas viel eher spüren als wir. Mein Mann hält mich schon für verrückt, wenn ich mal wieder vorab etwas wittere und sage, dass wir statt wegzufahren lieber zu Hause bleiben sollten. Meistens zeigt sich im Anschluss, dass ich recht hatte.«

»Unsere Welt ist verrückt – nicht wir«, brummte Vitali. »Wir haben es zugelassen, Wahnsinnige auf den Führungssockel der Völker steigen zu lassen und uns selber in unseren ganzen Möglichkeiten beschnitten.«

»Wieso habt ihr euch damals nach Innererde begeben und euch derartig abgeschottet«, fragte ich Starsa.

»Es sind damals all jene hierhergekommen, die ahnten, dass ein Jahrzehntausendchaos beginnen würde«, folgerte er. »Es blieben jedoch viele freiwillig im Oben zurück, um das Chaos in Grenzen zu halten – auch mit dem Wissen, wenigstens Innererde vor den Invasoren und Fremdeingeburten zu bewahren, die sich nicht Mutter Erde verpflichtet fühlten. Und diese sind es auch, die heute im Oben an einer neuen Erde bauen. Es gab immer Brückenmenschen zwischen unseren Sphären, so dass wir uns bei Bedarf stets unterstützen konnten. Dass sich ab sofort beide Sphären weit voneinander entfernen würden, wussten wir und das haben diese Brückenmenschen in Kauf genommen. Die Altvorderen hatten dazu sehr detailliertes Wissen. Dieses Wissen ist euch zwar nicht abhandengekommen, aber viele Faktoren habt ihr in den Jahrtausenden des Kampfes gegen den Kollektivismus einfach verdrängt. Ihr hättet es ansonsten nicht ausgehalten, was der Erde alles zugemutet wird.«

»Es gab immer wieder mal massive und gewaltvolle Versuche, die Kollektivmächte zu vernichten«, sinnierte Agnes, »aber das hat uns mehr geschadet, denn genützt.«

»Die oberen Stämme haben sich zudem noch gegenseitig bekriegt«, nickte Rebekka, »und sie haben es bis heute noch nicht kapiert, dass sie Spielbälle der Kollektivmächte sind. Hinzu kommen all die heute hier lebenden Fremdeingeburten, Kollektivsklavenvölker und Bioroboter, denen es völlig egal ist, was da abläuft. Sie erkennen es nicht einmal im Ansatz. Die Hauptsache ist Brot und Spiele und Überleben.«

»Ich frage mich gerade, warum wir 12 Stämme trotzdem noch existieren und nicht zu beseitigen sind«, warf die Baronin ein. »Das Kollektiv hätte uns doch alle ausrotten können oder nicht? Man nehme die Grundlage der urirdischen Genetik, entwickle ein Gift, das nur für diese schädlich ist und schon wäre man uns los gewesen.«

»Die Funktion einer überlebensfähigen und kreativen Planetenbevölkerung wird besonders von den Kollektiven dringend benötigt, denn ohne den Erfindungsreichtum der irdischen Urstämme wären sie sehr schnell selber dem Untergang ausgesetzt«, folgerte Starsa. »Zudem bräuchten sie die Intelligenz von irdischen Urstämmigen, solche genetischen Vernichtungsmechanismen zu finden. Doch dabei macht nicht einmal mehr der wahnsinnigste Wissenschaftler mit, denn dann würde es ja auch ihn belangen. Die Kollektiven selbst sind gar nicht in der Lage, individuelle Entscheidungen zu treffen - geschweige denn, aus ihrer Gleichschaltung heraus unendliche Variablen berechnen zu können. Für sie sind Physik, Mathematik und Thermodynamik die einzigen Werkzeuge, mit dem sie innerhalb der Materie Wirkungen zeitigen können. Das ist lediglich ein Teilwissen um die kosmischen Zusammenhänge, die multidimensional sind. Schlicht gesagt, sie agieren nicht flexibel, sondern deterministisch.«

»Ihnen fehlt die kosmische Dynamik«, folgerte Mordechai.

»Ja, das meinte ich«, nickte Starsa. »Ihr habt eine Fernsehserie – Star Trek heißt sie. Dort beschreibt man eine Spezies, die man die *Borg* nennt. Ihr gesamtes Wissen bekommen die Borg nur, indem sie Menschenwesen assimilieren, die ihnen schöpferisch weitaus überlegen sind. Selber wären sie nicht in der Lage, auch nur irgendetwas zu erfinden – ihnen fehlt jegliche schöpferische Fähigkeit. Stattdessen bemächtigen sie sich des Wissens der individuellen Kosmosbewohner und fügen so viele von ihnen wie möglich ihrem Kollektiv zu. Diese Beschreibung in den Filmen ist gar nicht so weit von der Realität entfernt, bis auf die Tatsache, dass die Kollektivwesen keine technischen Geräte in sich haben, um ihr Schwarmbewusstsein aufzubauen – das können sie auch ohne Technik über ihren Instinkt.«

»Aber sie haben als kosmische Wesen ebensolche Rechte zu überleben wie wir«, sinnierte die Kanadiern. »Wie verhält sich das nun zu unseren Rechten?«

»In einer gesunden Umwelt regeln das die natürlichen Verhältnisse zwischen Flora und Fauna im Einklang mit den Menschenwesen«, erklärte Mordechai. »Wird ein natürliches Verhältnis gestört, kommt es zu Dominanzen, wobei eine Spezies in Richtung Zerstörung driftet. Ihr habt Probleme mit Insektenbefall, Pflanzenkrankheiten, Krankheiten an Mensch und Tier, Infektionen und Allergien. Das Verhältnis ist bei euch fast überall gestört und ein sicheres Zeichen dafür, dass ihr selbst nicht mehr in eurer Individualität seid. Krankheiten gibt es immer nur in kollektiven Verhältnissen – sowohl beim Menschen als auch in der Natur. Die Kollektivfamilien leiden seit Jahrtausenden ganz massiv an Degenerationen, weil sie mit sich selbst eine Monokultur in Form von Inzucht betreiben. Wer gegen die Familiengesetze der Inzucht verstößt, wird ausgestoßen. Deshalb gibt es heute viele ausgestoßene *Götternachkommen*, die in offener

Feindschaft zu den Kollektivfamilien leben. Diese sind jedoch nur scheinbare Unterstützer der echten irdischen Stammesmenschen, denn auch sie streben eine Herrschaftsmacht über euch an.«

»Ziemlich komplizierte Sache«, warf ich ein. »Es gibt ja viele, die meinen Abkommen dieser *Götter* zu sein.«

»Wir sollten auch diese einfach ignorieren«, winkte Rebekka ab.

»Mich würde mal interessieren, wie viele echte Urmenschen wir auf Erden noch sind«, sagte Vitali ernst, »damit ich mir mal ein Bild vom Ausmaß des Wahnsinns machen kann.«

»Etwa 0,8 Milliarden«, warf Starsa ein, »hilft euch das?«

»Tendenz steigend seit etwa 50 Jahren«, verbesserte Mordechai. »Ganz genau können wir das nicht sagen.«

»Das sind ja nur etwa 11 bis 12 Prozent der Menschheit«, sagte die Kanadierin schockiert. »Das kann nicht stimmen.«

»Warum nicht?«, hakte nun Rufus nach. »Ich erinnere nur mal daran, dass es Freimaurer gibt, die sagen: ›90 % der Erde müssen als falsche Menschen beseitigt werden!‹.«

Die Diskussion wurde immer heftiger – eine Diskussion, aus der man eine Ohnmacht erkennen konnte, in der wir uns fühlten. Schließlich steht es uns ja nicht zu, darüber zu urteilen, wer gehen soll und wer bleiben darf.

»Und wie können wir es regeln, dass die Urmenschheit der Erde wieder das Recht auf ihre Erde bekommt? Wie machen wir das den Fremden klar, die sich eigentlich einem anderen Planeten überantwortet haben? Wie erklären wir, dass sie sich wieder darauf besinnen sollen? Wir wollen ja niemandem schaden. Wie soll das zu aller Zufriedenheit stattfinden?«

»Gute Frage«, warf Vitali ein, »aber eigentlich möchte ich am liebsten erst gar nicht darüber nachdenken.«

»Ich schon«, konterte Rebekka, »doch ich glaube, das wird sich in den nächsten Jahrzehnten von selber regeln, ohne irgendein Eingreifen und ohne Kampf, weil unser Planet bereits dafür gepolt ist.«
»Du meinst, Mater wird es schon richten, wenn wir Mater darum bitten?«, fragte Vitali.

»Ja, ich glaube das«, antworteten sowohl Agnes als auch die Baronin. »Was immer Gott/Mater ist, er/sie wird innerhalb seiner/ihrer Dynamik auch für uns dynamische Individuen eine Lösung parat haben und wir werden sie finden«, führte die Baronin weiter aus.

»Ein guter Weg – überlasst es der Fügung, für die die Erde steht«, lächelte Mordechai, »und jenen Mächten, die euch seit Jahrtausenden dienen. Es werden diese sein, die alles in eurem Sinne zur Vollendung führen, wenn ihr euch mit diesen Mächten verbindet und sie darum bittet. Lernt wieder, die Naturwesen von Mutter Erde zu nutzen, die Engel und alle anderen Wesen, die existieren und euch zu Diensten sind.«

*

Nun kann ich ausfahren. Und irgendwie ist die Zeit im gewohnten Rahmen: Ich werde zu der Zeit zu Hause sein, zu der ich zu Hause sein wollte. Wie man das nun wieder gemacht hat? Ich habe keine Ahnung.
Ich bemerke aber eine große Müdigkeit, als wäre ich einen ganzen Tag

unterwegs gewesen. Liegt das nun an dem vermeintlichen Zeitsprung oder an der Kälte, die mich beim Ausstieg wie eine Ohrfeige empfing? Vielleicht sind ja die Wechselwirkungen zwischen innen und außen im Winter besonders hart?

*

8. Die Planeten rufen

15.01.2010 Einfahrt

»Wieder einmal schüttelt Mutter Erde sich kräftig durch und macht klar, was uns allgemein erwartet, wenn wir nicht pfleglicher mit ihr umzugehen lernen«, unkte Vitali in seiner felsenfesten Meinung, dass es jetzt mehr solcher Kataklysmen wie auf Haiti geben wird[1].

Das seien keine zyklischen Erdbeben, wie er es darlegte. Vitali befasst sich schon seit zwei Jahrzehnten mit seismologischen Vorkommnissen. Er und weitere geologische Beobachter haben festgestellt, dass vermehrte Beben seit der Aufstellung der HAARP-Anlagen stattfinden. Im Vergleich mit gewissen Raketentests, Frequenzveränderungen während dieser Tests und nachfolgenden seismologischen Erschütterungen innerhalb von 72 Stunden sei genau festzustellen, wann und wo es zu Verwerfungen kommen wird. »Da unser Vorgehen eine Mischung aus Messgeräten, Berechnungen und Sichtungen im Morphofeld ist, werden wir als unwissenschaftlich abgestempelt«, folgerte er. »Doch gerade im Remote Viewing sind wir in Russland schon sehr treffsicher geworden und die Morphofeldforschung wird eines Tages zur anerkannten Wissenschaft werden. Bei uns in Russland ist man immerhin schon erheblich offener dafür, als anderswo. Viele Feldforscher – unter anderem auch unsere Gruppe – haben bereits Ende Dezember 2009 darauf hingewiesen, dass es im größeren Bereich um Kuba herum zu einem Kataklysmus kommen wird, wenn innerhalb der nächsten Wochen HAARP-Tests stattfinden. Es kam, wozu es kommen musste!«

»Eure Regierungen lassen sich nicht warnen oder eines Besseren belehren«, konstatierte Mordechai. »Wir übermitteln unentwegt detaillierte Warnungen und begründen diese fundiert. Doch alle

1 Am 12. Januar 2010 gab es ein verheerendes Erdbeben auf Haiti

werden ignoriert. Wir haben zwei Tage vorher alle Inselstaaten in diesem Raum vor einem starken Beben gewarnt, doch niemand hat reagiert. Es ist uns mittlerweile völlig unbegreiflich, wie ignorant eure Politiker, Sicherheitskräfte und Wissenschaftler geworden sind. Wir können nichts anderes mehr annehmen, als dass gezielt dahin gewirkt wird, Obererde soweit zu demontieren, dass es zu einer Globalkatastrophe kommt. Wir können nicht jeden irrsinnigen Test stören oder verhindern – dazu sind es zu viele. Und nach wie vor stützen sich die dafür verantwortlichen Kräfte darauf, dass sie im Auftrag eurer Regierungen handeln.«

*

Die Kanadierin schwenkte auf ein anderes Thema um:
»Ich begreife nicht, wie das mit der Rückkehr der nicht zur Erde gehörenden Seelen auf ihre Planten funktionieren soll. Können sich Seelen einfach kreuz und quer durch die Galaxis auf jeden beliebigen Planeten katapultieren, um dort wieder zu inkarnieren?«

»Nein, natürlich nicht«, folgerte Aristide. »Die Saraphinischen übernehmen die Geistseelentransfers mit sehr viel Einfühlungsvermögen und Überzeugungskraft. Außerdem besitzt eine Geistseele kein Ego oder einen Widerwillen und sie sträubt sich auch nicht, speziesgerecht zu inkarnieren. Zudem werden den Fremdeingeburten noch zu ihren Lebzeiten im physischen Zustand Sequenzen übermittelt, die es ihnen ermöglichen, sich eine Heimkehr zu dem Planeten zu wünschen, auf dem sie ihren Inkarnationszyklus begonnen und noch nicht abgeschlossen haben. So bereiten sie sich vor, um einen Transfer einzuleiten.«

»Eine Bewusstseinsveränderung?«, fragte ich.

»Die ja bereits stattfindet«, nickte Aristide. »Vieles läuft mental ab, in Form einer konstanten Interaktion zwischen Welten und

Wesenheiten. So wie der Ruf der Weden wieder sämtliche inkarnierte Weden auf diesem Planeten erreicht, erreicht der Ruf der anderen Welten ebenfalls ihre Kinder. Ihr kennt ganz bestimmt in eurem Umfeld Menschen, die intuitiv wissen, dass sie nicht von diesem Planeten sind und die sich inzwischen wieder nach ihrem Planeten sehnen. Nach ihrem Tod werden die Seelen diesem Sehnen folgen.«

»Erfolgt das mit den Asurischen ebenfalls?«, fragte Rebekka.

»Natürlich«, nickte Aristide, »aber noch wehren sie sich mit allen Kräften und Mitteln, dem Ruf zu folgen. In dieser Phase besteht eine große Gefahr, dass sie durchdrehen und hinter allem eine Gefahr für Leib und Leben sehen. Eine wesentliche Gefahr besteht auch darin, dass sie mittels ihrer irdischen Erfüllungsgehilfen andere Staaten angreifen, um vermeintliche Feinde, Terroristen oder Andersgläubige auszurotten. In ihrem Kollektivdenken empfinden sie sich als gerecht und Beschützer der Erde, der sie sich mit allen Mitteln versichern wollen. Sie spüren, dass dieser Planet anders ist als ihr ursprünglicher Planet, den sie jedoch für die Erde halten. Das ist eine sehr schwierige Situation. Eskaliert das zu stark, werden die Harukanier und die Voltrain in Aktion treten, falls ihr sie um Hilfe bittet.«

»Irgendwie habe ich auch Mitgefühl mit den Kollektiven«, erklärte die Kanadierin. »Sie wissen gar nicht, was sie sich selber damit antun.«

»Ja, sie tun sich das alles selber an«, bestätigte Starsa. »Doch dabei solltest du nicht beiseiteschieben, was sie den Erdenmenschen antun.«

»Das klingt mir gerade wie ein Aburteilen«, schüttelte die Kanadierin den Kopf.

»Nein, es ist ein Aufräumen und Ordnung schaffen«, warf Rebekka ein. »Wir bewussten Juden – und vermutlich auch ihr, der anderen

Urstämme – wünschen uns dieses Aufräumen schon seit mehr als 2.000 Jahren. Oder willst das einer negieren?«

»Natürlich nicht«, konterte Vitali. »Es wird ja kein schlagartiger Befreiungsakt sein, sondern einer über Generationen, so dass wir uns darauf ein- und umstellen können. Ich empfinde es eher als Segen, denn als Vorschrift oder gar als ein Aburteilen.«

»Nicht zu vergessen, unsere Erde hat ebenfalls ihre Art von Bewusstsein und reagiert nicht umsonst in den letzten Jahren ziemlich heftig«, warf ich ein. »Wie auch immer sich ein Planetenbewusstsein ausdrücken mag, können die meisten von uns noch nicht wieder definieren, weil wir die Verbindung dazu fast vollständig verloren haben. Letztendlich veranstalten wir alle hier einen irren Tanz nichtirdischer Frequenzen. Wenn sich also das Planetenbewusstsein wehrt, müssten wir es dann nämlich ebenfalls als urteilend ansehen – doch nichts in der Natur urteilt.«

»Das stimmt«, nickte nun die Baronin. »Und wir sind leider nur noch die Höflinge einer herrschenden Elite, die nichts auf der Erde verloren hat. Wir ahmen deren Zeremonien nach, verbeugen uns vor dem falschen Adel und kriechen im Staub, wenn so ein Asurafürst hustet. Das wollen wir nicht noch weitere Jahrtausende tun.«

»Du verlierst jedoch auch deinen Status als Baroness, wenn das Wedische wieder auf Erden einzieht«, lächelte ich.

»Ich bin da hineingeboren und komme dadurch mit vielen Fürsten- und Adelshäusern in Kontakt. Was ich sehe und erlebe ist, dass sich der echte irdische Adel zurücksehnt in wedische Gefilde. Der falsche Adel jedoch ist unersättlich, habsüchtig und herrschsüchtig, menschenverachtend und der eigentliche Abschaum auf Erden«, erwiderte sie ruhig. »Ich sitze nicht als Baronin hier – das sagt ihr zwar immer zu mir, doch ich habe es nie gefördert. Ich sitze hier als eine Wedin, die sich nichts mehr wünscht, als dass unser Planet wieder wedisch wird.«

Sie sagte das so klar und bestimmt, dass wir ihr das ohne Frage abnahmen. Sie ist eine Frau, die selbst Hand anlegt im biologischen Landbau, den sie fördert, wo sie nur kann.
Ich betrachtete mir eingehend ihre Hände, die eine klare Sprache sprechen: das sind Bauernhände. Ich sprach sie darauf an.

»Wir haben ein größeres Stück Land und ich mache dort vieles selber – ich kann Traktor fahren und weiß auch den großen Häcksler zu bedienen«, grinste sie jetzt. »Zum Leidwesen meines Mannes machen unsere Kinder das ebenfalls mit und sind stolz darauf. Wir sind mehr draußen als im Haus, weil wir es lieben, draußen zu sein.«

Nun erzählten alle ein bisschen von sich, wobei Vitali berichtete, dass er sogar alles einmacht, was sein Laubengarten hergebe. »Meine eingelegten Gurken schmecken besser als die meiner Frau«, lachte er.

Als wir dann begannen auch noch Rezepte auszutauschen, erhob sich Aristide lächelnd und verabschiedete sich mit den Worten: »Macht weiter so, so liebe ich euch!«

»Hat der das wirklich gesagt?«, blickte ihm Agnes verblüfft nach.

»Ja«, grinste Starsa, »Ari ist nicht so trocken, wie ihr immer meint. Er ist lediglich aufs Wesentliche gepolt.«

*

Ich ging noch kurz mit zu Starsa, weil er mir noch einen neuen Landsitzbewohner zeigen wollte. Ein rehähnliches Tier, das sofort neugierig angetrabt kam. Er riss ein Grasbüschel aus und reichte es dem Tier, das sofort genüsslich aus seiner Hand fraß.

»Sie ist tragend, und wer weiß, warum sie sich hierher zurückgezogen hat«, kommentierte Starsa. »Sie isst nur aus meiner Hand, nimmt ansonsten keine Nahrung auf. Das ist sehr seltsam und so gar nicht artgemäß. Mich macht das nachdenklich, denn in meinem Clan gibt es viele Geschichten darüber, dass der nahende Tod in Gestalt eines zu fütternden Tieres sich anmeldet.«

»Du meinst doch nicht, dass du sterben wirst?«, warf ich irritiert ein.

»Ich meine gar nichts. Ich vollziehe nur eine Clangeschichte, die über unendliche Generationen erzählt wird und auch zutreffend erscheint«, lächelte er. »Natürlich weiß ich, dass das auch eine Konditionierung darstellt, von der ich denke, dass ich sie aufheben kann. Mein Clan ist durchtränkt von solchen Geschichten, wovon ich schon einige uralte Manipulationen aufdecken konnte. Meine Omen offenbaren mir keinen unmittelbaren Tod – vielmehr, dass in unserem Clan eine Energetik schwingt, die totgeweihte Tiere anzieht. Das tragende Tier kam zu mir, weil ich seinen Nachkommen ermöglichen soll zu überleben. Also füttere ich es. Ich denke, es wird nach der Niederkunft sterben – nicht ich.«
»Ich habe auch Omensichtungen, Starsa«, warf ich ein, »und einige gefallen mir nicht sonderlich, weil frühere fast ausschließlich eingetroffen sind.«

»Erzähle sie mir und wir werden sie gemeinsam untersuchen. Denn manchmal kann man Omen mit Ahnungen verwechseln«, warf er ein.

Ich erzählte ihm, was ich noch in Erinnerung hatte. Er meinte dann, alles seien Omensichtungen gewesen.

»Man weiß es ganz sicher erst nach dem Eintreffen, dass es eine Omensicht war. Wenn etwas nicht eintraf, dann war es eine Ahnung variabler Möglichkeiten«, erklärte er und gab dem Tier ein neues Büschel Gras mit Kräutern. »Man kann es jedoch so verfeinern, dass man erkennt, ob es Variablen sind oder tatsächlich Omen. Omen beinhalten die besondere Sequenz eines untrüglichen Wissens, dass es so eintrifft, wie gesehen. Ahnungen sind zumeist nur emotionale Spekulationen, dass etwas eintreffen kann, wenn das Umfeld nicht mehr dynamisch agiert. Da Letzteres unmöglich ist – denn alles ist dynamisch – kannst du erfassen, dass eine Ahnung nur deinem jeweiligen Emotionalwesen entspringt. Omensichten sind unabhängig von Emotionen – sie signalisieren emotionslos das, was kommen wird.«

»Wenn also Befürchtungen und Ängste im Vordergrund stehen, sind es Ahnungen – oder habe ich da was nicht richtig begriffen?«

»Du hast es richtig begriffen«, nickte er. »Omen haben keine Emotionen oder Gefühlswellen und sie sind auch unabhängig davon, ob man jemanden mag oder nicht. Sie sind pur nüchtern, klar und kognitive Erkenntnisse von Zusammenhängen in Ursache und Wirkung.«

»Ich sah heute Morgen ein Omen. Ich sah mich als junge Frau, die zuschaute, wie Kollektive unzählige Menschen in ihre Raumschiffe verfrachteten. Ich empfand dabei nichts – nur eine absolute Logik, dass dieses Geschehen völlig natürlich sei«, sinnierte ich.

»Dieses Omen hat dich in ein künftiges Leben versetzt, wo eine Planetensäuberung stattfindet«, nickte er gelassen. »Diese Omensicht hatte ich auch, wobei ich sah, dass die Harukanier und Voltrain den Menschen helfen. Ich war mir nicht sicher, ob es sich um die Erde oder einen anderen Planeten handelt. Schon spannend, wie sich Omensichten decken können – vielleicht haben wir ja in künftigen Leben wieder eng miteinander zu tun.«

Er warf dem Tier ein weiteres Büschel zu, doch es reagierte nicht. Lächelnd nahm er es auf und hielt es ihm hin. Nun fraß es das Angebotene erneut genüsslich.

»Es scheint so, dass sie tatsächlich das Überleben ihrer Kinder in meine Hände gelegt hat«, nickte er. »Was veranlasst Tiere, so etwas zu tun? Das ist mir noch ein Rätsel – aber dennoch sehr interessant und belebend.«

Starsa begleitete mich noch zum Ausfahrtsportal, wobei er mich beim Abschied fest ansah und sagte: »Du hast eine starke Omenfähigkeit. Verfeinere sie! Ich helfe dir sehr gerne dabei, mein lieber Freund im Herzen.« Er drückte mich ganz fest und ging dann wieder, ohne sich umzusehen.

Bei den Reptos ist es Brauch, sich nach dem Abschied nicht mehr umzudrehen, weil ein Umdrehen ihnen signalisiert, dass man sich nie mehr wiedersieht.

*

Mir ist heute wieder aufgefallen, wie achtsam sie miteinander umgehen – und dass das auch auf uns abfärbt. Unsere Gespräche finden mittlerweile sehr geordnet und achtsam statt – jeder lässt den anderen ausreden. Man spürt auch sofort, wenn ein anderer etwas sagen will und jeder denkt erst darüber nach, bevor er spricht. Das gefällt mir sehr gut. Bemerkenswerterweise findet ein solcher Austausch schneller statt, weil es keine Floskeln mehr dabei gibt. Es geht direkt zur Sache, ohne Umwege, wie zum Beispiel *entschuldige mal* oder *ich sehe das so....*

Ich denke gerade wieder daran, was Mordechai einmal sagte: ›Sprache kennzeichnet, wer klar ist und wer Klarheit ablehnt!‹

*

9. Mutter Erde wehrt sich

25.01.2010 Einfahrt – Gespräch mit Aristide, Starsa, Nasmakrai und Mordechai

Mir war in den letzten Wochen besonders aufgefallen, dass ich noch einiges in Bezug auf meinen Umgang mit anderen Menschen aufarbeiten muss. Da sind immer noch viele Konditionierungen – Fremdeinflüsse, die nicht wirklich zu meinem Wesen gehören – die ich überwinden muss, um wieder in meine Urkräfte zu gelangen. Ich erkenne bei mir von Woche zu Woche mehr, wie stark ich noch vom Asurischen durchdrungen bin. Doch ich habe gleichzeitig solch einen starken Gewissens- und Gerechtigkeitssinn in mir, dass ich das schaffe – ich weiß es. Bei dieser Einfahrt sprach ich darüber.

Starsa erzählte uns daraufhin, wie die innerirdischen Menschen mit ihren Mitmenschen umgehen:
»Jedes Gegenüber ist königlich-göttlichen Geblüts und wir benehmen uns auch so. So werden die persönlichen Eigenarten eines jeden Menschen geachtet, denn sie sind Ausdrücke von Gottesaspekten. Jeder echte Seelenträger ist ein variabler Ausdruck Maters und somit gleichwertig. Niemand greift in die unmittelbare Aura eines Seelenwesens ein und jeder hält einen gebührenden Abstand – es sei denn, es sind Liebende, die sich einander ergänzen oder man umarmt sich, weil beide das Bedürfnis danach haben.
Wir achten jeden Menschen als gleichwertig – selbst, wenn wir uns nicht mit allem, was er denkt oder tut, identifizieren können. Wir achten auch unsere Stammbäume, erkennen, was uns zu dem gemacht hat, was wir sind, aber wir verehren sie nicht, weil es bei uns so etwas wie Verehrung nicht gibt. Wenn jeder Mensch gleichwertig ist, muss man keinen anderen über sich stellen, das wäre eine Ver-ehrung! Wir ehren unsere Vorfahren – ja, aber wir ehren auch jeden anderen Mitmenschen.«

»Mein Stammbaum reicht bis ins 12. Jahrhundert zurück«, warf die Baronin ein, »aber ich identifiziere mich nur mit jenen, die ich zeitlebens erfahren und gekannt habe. Der Rest ist Legende.«

»Und das ist richtungsweisend. Jene Vorfahren, die man nicht persönlich gekannt hat, mögen zwar Gutes getan haben, aber in euren Annalen wird auch vieles sehr gerne verklärt. Anders sieht es aus, wenn man selber einer seiner Vorfahren war«, lächelte Aristide. »Dann ist es geistseelisch von Belang, was ein Ahn einmal machte.«

»Wie ist es aber mit den irdischen Rechten früherer Besitztümer?«, fragte Agnes. »Darauf berufen sich bei uns viele Adelige.«

»Schall und Rauch«, warf ich ein, »oder nützt es dir, wenn einem Vorfahren von dir einmal das Gebiet des heutigen Berlin gehörte?«

»Nix«, winkte sie lachend ab, »das ist Dummgeschwätz, ich begreife.«

»Etwas anders ist es bei den Landsitzen«, erklärte Starsa weiter. »Da kann es förderlich sein, wenn dort die Energie eines Ahnen innewohnt. Aber selbst dabei spielt es eine Rolle, wie er lebte und beschaffen war. War ein Ahn ein blutrünstiger Krieger, muss ein eventueller Nachkomme das Land energetisch reinigen, bevor er es bewohnt. Das Gleiche gilt übrigens auch für Erbstücke und Häuser. Solange ihr noch einen Bezug zu den vorher dort lebenden Ahnen hattet, kennt ihr diese und wisst, welche Energie darin steckt. Sind die Dinge älter, dann solltet ihr euch nicht damit umgeben, ohne ihre Energie zu klären. Macht ihr das, heilt ihr gleichzeitig eure Ahnenreihen.«

»Vielleicht ist es noch interessant zu wissen, dass jeder von euch sämtliche Stämme durchlebt hat und die Seele nicht stammesgebunden ist«, führte Aristide nun an. »Jeder von euch hat Stammesrotationen mitgemacht, um alle irdischen Stämme zu erfahren. Dass heute Rebekka Jüdin ist, bedeutet nicht, dass ihre Seele eine jüdische ist – sie ist Jüdin nur in persona.«

»So viel zur Bearbeitung unserer Eigenschaften«, schlug sich Vitali lachend auf die Schenkel. »In jedem von uns schlummern also alle irdischen Stämme.«

»Und die Reptos«, grinste ich und klopfte Starsa vergnügt auf die Nase.

»Dreizehn Stämme – ja«, lächelte Starsa. »Und jetzt geht es darum diese wieder zu aktivieren, um auf der Erde die alte wedische Ordnung herzustellen. Davor haben die Kollektiven so richtig Furcht. Denn jeder Stamm hat seine Aufgabe, seine ureigene Kraft und seine ureigenen Fähigkeiten, die alle zusammen ein Ganzes ergeben.«

»Könnte das 2012 geschehen?«, fragte ich.

»Zumindest ist dann der Beginn eines Übergangs dazu in den Omen sichtbar. Aber es wird schon mehr Zeit beanspruchen, das wieder in der Realität umzusetzen«, konstatierte Starsa.

»Ich glaube, in der Zeit nach 2012 wird es für viele von uns weniger kompliziert«, sinnierte Agnes. »Wenn wir uns schon jetzt viel einfacher als noch vor einem Jahr austauschen können, sehe ich dahingehend noch weitere Hemmnisse schwinden.«

»Heute ist aber auch ein sehr guter Tag für Kommunikation«, konterte der Südamerikaner, »und auch einer, das Fiasko auf Haiti noch einmal anzusprechen. War das nun ein amerikanischer Kriegsakt oder eine Naturkatastrophe?«

»Beides«, erwiderte Aristide, »solche Reaktionen werden künftig vom Erdwesen häufiger kommen, denn alle Kollektivwaffentechniken können nur so offenbar werden. Es gibt bei euch Waffen, die solche Kataklysmen hervorrufen können, aber sie wurden in diesem Fall nicht eingesetzt. Es war ein irdisches Planetenomen, eine Erdgeistreaktion als Warnung, diese Waffen nicht einzusetzen.«

»Die Idee sie einzusetzen war vorhanden«, warf Nasmakrai ein. »Doch diese Waffen kamen nicht mehr zum Einsatz, weil im Vorfeld das Zielobjekt reagiert hat. So hart das klingt, der Planetengeist kann nur spiegeln, was die Wesenheiten darauf planen.«

»Dann wird es Zeit, dass wir unsere Stammesplanungen klug koordinieren«, brummte Agnes. »Überall dort, wo von den Kollektiven ein Kampfeinsatz geplant wird, sollte Mutter Erde solch einen Kataklysmus stattfinden lassen, damit sie keine Kriege mehr führen können, sondern sich als Aggressoren entlarven.«

»Du hast es begriffen«, nickte Starsa. »Was in Haiti geschieht, ist eine Offenbarung, welche Mächte wirklich helfen und welche die Gunst des Leids nutzen, das Land zu annektieren. Die Opfer waren alle asurische Erfüllungsgehilfen, Fremdeingeburten oder Bioroboter. Menschen, die eine energetische Anbindung an die Erde haben, spürten was kommen wird und zogen sich entsprechend zurück.«

»Das muss ich jetzt erst einmal verdauen«, schüttelte sich die Baronin. »Trotzdem muss ich gestehen, dass mich die Bilder des tragischen Geschehens dieses Mal persönlich nicht erreichen. Sie kommen mir vor wie aus einem schlechten Film, um auf die Tränendrüsen einzuwirken.«

»Sind wir schon so gefühlsroh?«, sinnierte Rebekka irritiert, »oder sehen jene, die so reagieren intuitiv hinter die Kulissen einer multidimensionalen Welt, wo man mit Opfern die Weltbevölkerung vom Wesentlichen abbringen will?«

»Findet es selbst heraus«, erhob sich Aristide und verabschiedete sich von uns. »Nehmt in Augenschein, was da vor Ort geschieht.«

»Warum regt mich das jetzt nicht auf?«, fragte der Südamerikaner. »Und wie ich sehe, habt auch ihr das ganz gelassen aufgenommen.«

»Entweder sind wir die Verrohten und Irren der Welt oder wir sind bereits fernab solchen Leides, dass es an Blasphemie grenzt«, stimmte Vitali mit ein. »Wenn ich daran denke, dass uns so etwas auch passieren könnte ...«

»Sowas passiert uns nicht«, warf Agnes ein. »Uns passiert, wenn es sein soll, ganz etwas anderes. Ich weiß nicht was, aber es wird völlig anders sein als eine Naturkatastrophe vergleichbar mit Haiti.«

»Das, was wir uns eben anziehen«, sinnierte ich.

»Oder auch nicht«, warf Nasmakrai ein. »Geht nicht in Resonanz mit solchen Geschehen – geht nur in Resonanz im Sinne des Wedischen und das bedeutet Heilung des Planeten samt allen ursprünglichen Menschen darauf und darinnen. Mutter Erde warnt stets ihre Kinder, und wenn sie nicht allzu sehr verschüttet sind, spüren sie diese Warnung.«[1]

»Und was ist mit all den inkarnierten Seelen auf der Erde, die hierherkamen, um zu beobachten oder einmal diese Existenzsphäre

1 Während ich diesen Text aus Alfs Tagebuch abschreibe, fällt mir die Erzählung einer Bekannten ein. Sie machte 2011 Urlaub in Thailand und befand sich an der Küste, als ihr eine innere Stimme sagte: „Begib dich ins Landesinnere!", was sie auch machte. Sie reiste am nächsten Tag ab. Sie dachte, es sei eine Eingebung, sich nun im Innern des Landes mal umzusehen. Ein Tag, nachdem sie ins Landesinnere gefahren war, kam es zu der großen Flutkatastrophe. Als sie davon hörte, war ihr klar, dass sie eine Warnung vernommen hatte. Sie vernahm damals scheinbar die Warnung von Mutter Erde.

zu durchleben?«, fragte die Kanadierin. »Haben die denn kein Mitleid von uns Irdischen verdient?«

»Sie alle gingen bewusst dieses Erfahrungsrisiko ein und dem gebührt Achtung – jedoch kein Mitleiden, denn sie haben ihr physisches Los selber gewählt«, folgerte Mordechai. »Die seit 13.000 Jahren von den Asurischen geöffneten Inkarnationsportale werden sich alsbald wieder schließen. Wie wollt ihr diese Tatsache mit Mitleid belegen? Nehmt euch dies zum Anlass einer Erkenntnis, dass jede Seele zwar alles tun kann, dass aber auch alles, was gegen die kosmischen Gesetze geschieht, Folgen hat. Und eine Bitte an euch: Formiert euch wieder.«

»Trotzdem klingt das für mich ziemlich hart«, sinnierte ich. »Was das Formieren anbetrifft, so scheint es, als treffe man sich immer wieder – oder?!«

»Logisch«, lachte Nasmakrai, »aber jetzt im Originalspezieszustand, als offizielle Mitglieder des Bundes namens Erde, zu dem auch Fauna, Flora, alles Gestein und alle Wesenheiten gehören oder aber als offizielle Besucher der Erde, wie wir es sind. Das ist eine Regel in der geordneten Kosmologie. Ein Besucher wird niemals in irgendeiner Form in den Haushalt der Besuchten eingreifen, wenn es nicht von den Familienmitgliedern ausdrücklich gewünscht wird. Darin liegt der Unterschied zwischen uns als Besuchern und den Asuras als Eroberern.«

»Wenn alle, die nicht von der Erde sind, weg wären, was hätten wir dann Platz!«, sinnierte die Kanadierin. »Das wäre wie im Paradies.«

»Darum geht's doch«, lachte Agnes, »oder worüber reden wir sonst?«

»Wir reden gerade über eine massive Reduzierung der Erdenpopulation«, warf Vitali ein. »Und das bewirken wir, wenn wir auf den 13 Stämmen der Erde beharren. Wir rotten den Rest aus, im Glauben, das Recht dazu zu besitzen. Ist dieses Denken nicht geradezu abspaltend von allen nichtirdischen Freunden?«

»Das ist es nicht«, folgerte Mordechai. »Es ist ein heiles Denken von Planetenspezies, die wissen, wie man seinen Heimatplaneten hegen und pflegen kann. Wenn ihr mal in euch geht, dann kennt ihr sicher alle einige Menschen, die ganz klar wissen, dass sie nicht von der Erde kommen und die sich nach ihrem Heimatplaneten sehnen. Die irdischen Weden wissen, dass sie hierhergehören – sie spüren, dass hier nichts mehr stimmt und sie spüren das Leid, das der Erde angetan wird. Alle, die diese Dinge nicht spüren, unterliegen entweder noch einem kollektiven Vergessen oder sie haben keine Gefühle dafür, weil sie zu den Eroberern gehören.«

»Es ist auch das krakenartige Ausbreiten der vielschichtigen Rassen auf Obererde, das euch diese massiven Seelenprobleme gestaltet«, fügte Starsa hinzu. »Die Erde ist ein Planet für etwa 2 Milliarden Menschen im Innen und Außen. Alles, was mehr ist, ist eine Belastung für Mutter Erde. Es ist gegen die Natur gerichtet und wird sich irgendwann von selbst regulieren. Das haben einige kluge Stammesleute von euch längst erkannt und in Stein verewigt. Lernt die Steinformationen eurer Vorfahren, die über dem gesamten Planeten verteilt sind, richtig zu deuten. Das lernt ihr, indem ihr euch mit ihnen intuitiv verbindet. Dieser blaue Planet ist nur geschaffen für eine kontinuierliche Population von etwa 2 Milliarden Seelenträgern. Wie soll dieses empfindsame Planetengefüge 7, 8 oder gar 10 bis 20 Milliarden tragen, ohne dadurch überfordert zu werden? Irgendwann bricht die Atmosphäre zusammen und der Planet wird zum 2. Mars. Wedisch lebende Planetenpopulationen wissen, wie viele Seelenträger ihr Planet fassen kann, und wenn es mehr Menschen werden, dann bereiten sie einen bis dahin unbewohnten Planeten vor, um ihren Nachkommen eine neue Heimstatt zu bieten.«

*

Ich musste nun ausfahren und einige andere ebenfalls. Dabei konnte ich heute mal zusehen, wie es aussieht, wenn wir *einsteigen* in das Portal und wie das abgeht, weil zwei Kontaktler direkt vor mir ausfuhren. Es entsteht so etwas wie eine Öffnung in dieser *Blase*, dann steigt man ein, *zack*, diese Öffnung schließt sich, es macht – ja, wie soll ich das erklären? – so etwas wie *puff* und der Nächste ist dran. Mir wird langsam klar, dass es eine Art Beamen ist. Deshalb fühle ich mich auch im Anschluss immer kurz desorientiert und schwindelig. Rebekka bezeichnet es, als wäre sie nach der Ausfahrt erst einmal hundert Jahre älter, bis sie sich wieder in ihrem richtigen Alter befindet.
Uns allen Kontaktlern ist ein hoher Herzschlag nach der Einfahrt oder Ausfahrt zu eigen sowie eine kurze Desorientierung und ein *Durst nach Betäubung,* wenn man wieder im Oben ist. Jeder hat, nachdem er wieder in seiner gewohnten Umgebung angekommen ist, das Bedürfnis nach einem *Runtertransformieren*, egal auf welche Weise. Jede Einfahrt fordert von uns Tribut. Irgendwie scheint sie uns Lebenssubstanzen abzufordern. Das ist zwar in der Regel nach ein bis zwei Stunden wieder ausgeglichen, aber ich frage mich trotzdem: ›Was kostet es uns letztendlich?‹

10. Dreidrittelmensch

04.02.2010 Einfahrt – Gespräch mit Starsa

Wenn ich mit Starsa zusammen bin, beobachte ich immer wieder, wie er kurz innehält, so als kläre er erst einmal mit jemand anderem etwas ab, um dann das Gespräch weiterzuführen. Ich hatte schon länger das Bedürfnis gehabt, ihn darauf anzusprechen, was ich heute machte, als er mich vom Einfahrtsportal abholte.

»Wir stehen mit unserem Unterbewusstsein in ständiger Kommunikation mit unserem feinstofflichen Umfeld, egal, ob es Naturwesenheiten sind, Elementarwesen oder auch Elementale«, erklärte er. »Du hast wahrgenommen, dass wir selbst während unserer Gespräche in Kommunikation mit diesen feinstofflichen Wesenheiten stehen, obwohl wir mit euch reden. Wenn ihr euch mal die Zeit nehmt, uns eine Zeit lang schweigend zu beobachten, werdet ihr feststellen, dass sich selbst unsere Kinder in einer ständigen Kommunikation mit ihrer sichtbaren und unsichtbaren Umgebung befinden. Sie erzählen, was sie wahrnehmen und aufnehmen, ganz so, wie wir Erwachsenen das ohne es laut auszusprechen völlig natürlich tun. So ist es uns möglich, mit Fauna und Flora zu sprechen, uns mit Devas auszutauschen und diesen feinstofflichen Welten auch unsere Vorstellungen und Wünsche mitzuteilen. Sie bekommen von uns mentale Aufmerksamkeit und wir die Früchte ihres Tuns.«

»Du willst uns damit aber nicht sagen, dass sich die Asurischen samt ihrer Elementale deshalb hier nicht aufhalten können«, schaute ihn die Kanadierin groß an. Wir hatten uns inzwischen zu den anderen Kontaktlern gesellt, die heute eingefahren waren.

»Doch, das sage ich damit«, nickte Starsa. »Falls es doch welche versuchen hier einzudringen, was andauernd geschieht, verpufft die Energetik ihrer Elementale schon in der Atmosphäre und es sind auch die feinstofflichen Wesenheiten, die auf unseren Wunsch hin das Eindringen der Asuras unmöglich machen.«

»Aber oben seid ihr anfälliger oder?«, bohrte Vitali nach.

»Nur dann, wenn wir zu neugierig auf solche Erlebnisse sind. Dann erleben und spüren wir die unbändige Wucht asurischer Einflüsse«, nickte er schaudernd. »Ihr Sapiens seid sehr zäh, was das betrifft. Deshalb haben wir großen Respekt vor euch. Und wir gaben die Hoffnung nie auf, dass ihr irgendwann wieder das Ruder herumreißen könnt.«

Etwas in mir machte *klick,* ich begriff plötzlich sehr viel und ich wollte erst einmal in die Natur, um zu denken, bevor dieses Begreifen in dem weiteren Gruppengespräch unterging. Starsa nickte mir ohne Worte zu und ich ging nach draußen. Ich schritt das Gelände des Gemeinschaftshauses ab und sah frische Knospen an den Zweigen der Büsche.
Auf einem Baumstumpf nahm ich Platz und ließ das Gehörte auf mich wirken. Ich spürte in mich hinein, nahm ein paar Nervenzuckungen wahr – hier und dort zwickte etwas und mein Herz pochte im Gleichklang meiner zerrissenen Gefühle. Ich spürte meine kranke Physis, aber auch eine Lösung davon, die mir noch sehr vage als Hoffnungsschimmer erschien.
Ich begann zu den Devas und den wedischen Elementalen zu sprechen, erzählte ihnen unter Tränen mein Leid, und dass ich Hilfe brauche. Dabei kam ich mir so erbärmlich vor, dass ich mehrmals dazu ansetzte, mich zusammenzureißen, bevor ich dem Drang nachgab einfach davonzueilen. Da fielen mir mehrere kleine Vögel auf, die auf einem Ast herumhüpften. Es sah so aus, als würden sie ein

Sackhüpfen veranstalten mit einem imaginären Sack. Sie führten sich auf wie Clowns. Wie gebannt sah ich ihnen zu, bis mich ein Junge von der Seite ansprach. Ich verstand ihn nicht, aber er plapperte vergnügt und zeigte mit dem Finger zuerst auf die Vögel und dann auf mich. Dabei lachte er und lief über den verschlungenen Pfad davon. Die Vögel schienen einen Bogen um mich zu fliegen, um dann dem Jungen zu folgen. Als ich mich wieder alleine vorfand, kam mir der Gedanke, dass mir diese Episode etwas zeigen wollte: Die Vögel hatten mich aufgemuntert und ich fühlte bei ihrem Spiel in mir Freude aufkommen. Sie hatten meinen Zustand erfasst und darauf reagiert.
Ich blieb noch eine Zeit lang hier sitzen. Irgendwie nahm ich nur noch auf. Ich wurde eins mit allem und das war wunderschön. Wie lange ich dort saß, kann ich nicht mehr sagen.
Zurück im Gemeinschaftshaus erzählte ich Starsa von meinem Erlebnis.

»Na, dann hat die erste bewusste Kontaktaufnahme schon mal geklappt«, meinte Starsa lächelnd. »Devas bedienen sich oftmals freier Lebewesen, um etwas zu vermitteln, das uns Menschen im Herzen erfreut und stärkt.«

Bis auf Agnes und Vitali waren bereits alle wieder weg – entweder unterwegs oder schon ausgefahren. Ich muss wohl ziemlich lange da draußen gesessen haben. Beide waren so innig ins Gespräch vertieft, dass ich sie nicht stören wollte.

Ich ging mit Starsa wieder hinaus. Wir setzten uns auf eine Bank vor dem Gemeinschaftshaus und ich wollte von ihm noch etwas mehr über diese Art der Kommunikation erfahren.

»Man hat uns glauben gemacht, dass Devas oder Engelwesen im Grobstofflichen keine Handhabe hätten«, schaute ich Starsa an. »Aber nun denke ich, der wahre Kampf findet im Feinstofflichen statt und nicht im Grobstofflichen – dort, wo wir vermeintlich keinen Zugang mehr haben.«

»Darin, euch das vergessen zu lassen, lag eine List der Asurischen, damit sie aus dem Feinstofflichen heraus die Oberhand über euch bekamen«, erklärte Starsa. »Im Feinstofflichen agiert Luzifer, der sich im Grobstofflichen immer wieder mal als Ahriman[1] niederschlägt, der die Asurischen anfeuert, alles Individuelle zu vernichten, um es seinen Kollektiven einzuverleiben – egal, ob in überhöhter lichter, oder in dunkler Form.
Im Feinstofflichen ist jedoch auch der Christos am Wirken, der sich in euch immer wieder mal manifestiert. Wedisch aspektierte Menschen oder solche, die Mater als die höchste Urschöpferkraft spüren, können daraus Hilfe herbeirufen. Dafür stehen die Devas und die wedischen Elementale sowie die Saraphinen. Wer mit diesen Kräften und Energien wieder in eine alltägliche Wechselwirkung gelangt, wird enorm gestärkt und unangreifbar für asurische Machenschaften.
Jesus hat damals dem ahrimanischen Fürsten der Erde widerstanden, als dieser ihm die Mitherrschaft über diesen Planeten anbot. Jesus wusste sehr wohl, dass Ahriman das konnte, weil ihm damals schon die Erde untertan war. Deshalb lehnte er es ab, ohne ihn zu verlachen. Er sagte ihm lediglich, er solle weichen. Das musste dieser tun, denn Jesus sprach in Christosautorisation, die Luzifers Macht übersteigt. Seither ist kein Ahriman mehr inkarniert, aber es fühlt sich derzeit so an, dass eine Ahriman-Manifestation kurz vor der Ausführung steht. Versteht es richtig, eure Seelen und euer Geist sind feinstofflicher bzw. geistiger Natur. Ihr seid also zu zwei Drittel geistseelisch und nur zu einem Drittel grobstofflich. Die Fürsten der Dunkelgesichtigen haben euch auf euer letztes Drittel konzentriert, wobei sie euch über Satan aus dem Feinstofflichen heraus manipulieren. Würdet ihr wieder

1 Ahriman steht hier für den materialisierten Luzifer, der Satan und Samael beinhaltet. Er steht als Stellvertreter für das Kollektiv.

zu zwei Drittel an Macht gewinnen, wären alle Asurischen völlig machtlos und selbst Ahriman könnte euch nicht anrühren.«
»Begreife ich das jetzt richtig, sie können euch also nichts anhaben, weil ihr euch dieser, von uns ignorierten, Zweidrittel bewusst seid«„, schaute ich Starsa groß an.

Dieser nickte nur.

Mir war nun nicht mehr nach einem weiteren Gespräch – ich wollte heim, in der Hoffnung, dass ich es schaffe, mir devaistische Hilfskräfte anzuziehen, um im Oben nicht so schlimm asurisch überfallen zu werden.

*

Ich muss mich erst einmal reinfühlen in ein feinstoffliches Denken. Mir will das noch nicht so recht gelingen, weil sich mir nach der Ausfahrt wieder eine Trägheit des Denkens einschleicht. Ich muss lernen, diese Trägheit abzuwerfen. Im Moment rufe ich innerlich dafür nach Deva-Hilfe und der spöttische Zug um meinen Mund scheint dabei milder zu werden. So spüre ich förmlich, wie es im Gesicht zuckt zwischen Zweifel, Unsicherheit und innerer Stärke. Im Moment bin ich wohl mein ureigenes Experiment, das zwischen den Fronten zuckend schaut, was da kinetisch abläuft.
Es scheint, ich beginne zu begreifen, welche unterschiedlichen Energien in den beiden Lebenssphären der Erde stattfinden und warum ich es in Innererde nur bedingt aushalte und wieder das *hier oben* brauche. Ich bin in Innererde nach einer gewissen Aufenthaltszeit auf Entzug – und hier oben kurzzeitig wiederum auf Entzug innerirdischer Sequenzen.

Noch sind wir nicht bereit dazu, zwischen den beiden irdischen Sphären unbeeinflusst zu verkehren. Zu groß sind die Unterschiede, zu stark sind wir im Oben abhängig vom Kollektiv und dessen Einflüsterungen. Sich dessen bewusst zu werden, empfinde ich als ersten Schritt, sich wieder für das Wedische stärker zu machen. Da muss ich noch einige asurische Verführungen aus mir ausleiten. Ich will kein Eindrittelmensch mehr sein!

*

11. Rückerinnerungen

Ich muss das jetzt aufschreiben!

Ich habe ein großes Problem – auf mich stürmen so viele Gedanken ein, die sich über die gesamte Geschichte der Menschheit erstrecken. Ich kann nicht alles fassen, weil alles wie aneinandergereihte Filme abläuft, die ich nicht willentlich stoppen kann. Es ist so, als würde sich das Morphofeld über mich ergießen und ich kann es nicht wegschalten. Ich muss zusehen, ob ich will oder nicht – bekomme sämtliche Sinneseindrücke vermittelt und durchlebe die dazugehörigen Gefühle fast atemlos.
Alle meine Leben laufen im Zeitraffer vor mir ab. Alles Erlebte strömt unablässig auf mich ein, als wäre ich an einem Erlebnisprojektor angeschlossen, dessen Ausschalter ich nicht finde. Wenn ich meine, ich packe es nicht mehr, mein Körper macht nicht mehr mit, folgt eine Art Speicherung – das sind Momente massiven Schwindels und der Bewegungslosigkeit. Dann strömen neue Kräfte in mich und der scheinbar nicht endende *Film* läuft chronologisch weiter. Sobald ich etwas ordnen möchte, erscheint ein Gefühl des Begreifens, dass bereits alles innerhalb einer Ordnung läuft.
Der Umfang dieses *Lebensfilms* schließt galaktische Zusammenhänge mit ein, so dass sich die immer wieder auftauchenden nichtirdischen Einflüsse als etwas völlig Natürliches niederschlagen. Zwischen Grob- und Feinstofflichkeiten scheint es keine Grenzen zu geben; alles fließt zusammen zu einem Gesamten, was unser irdisches Dasein ausmacht.

Der *Film* stoppt lediglich dann, wenn ich gesellschaftlichen Verpflichtungen im Sinne meines derzeitigen Existierens nachkommen muss. Das nimmt jedoch nur einen Bruchteil dessen ein, was der *Film* an Raum und Zeit einnimmt. So langsam kann ich das nicht mehr verbergen oder verschweigen, weil es schon aufzufallen beginnt. S.

bezeichnete mich schon als zahnlosen Zeitgeist, obwohl ich noch fast alle Zähne habe. Er scheint es auf mein Verhalten zu beziehen. Und Christa nimmt mich als sehr desinteressiert wahr, was ja für meinen Alltag derzeit stimmt. Die Bilder durch all die Jahrtausende, die gerade auf mich einfließen, nehmen meine gesamte Aufmerksamkeit in Anspruch.
Ich weiß vom Verstand her, ich müsste mich der derzeitigen Realität besinnen, aber mein gesamtes Wesen sagt mir, dass ich mal wieder (!?) vor einer Erneuerung meines kosmischen Seins stehe. Wie immer sich so etwas gestalten mag, weiß ich noch nicht. Ich weiß nur, dass dies alles meine persönlichen Seeleneinheiten (?) dazu motoviert, sich mir zu offenbaren.

Manchmal sehe ich Spiegel, andere Gesichter, andere Seelenausdrücke und vor meinem inneren Auge erblicke ich die unterschiedlichsten Wesenscharaktere. Insgesamt erblicke ich ein grenzenloses Begreifen aller bekannten und unbekannten Spezifikationen, was man als Menschsein im Universum ausmacht. Und über allem schwebt ein Gefühl grenzenloser Kompromisslosigkeit, die ein Erkennen der Vorgänge in physischen Welten voraussetzt. Ich habe offenbar alle Sequenzen von Gut und Böse durchlebt, weiß, was luziferisch und was heilsschöpferisch ist und laufe einem Etwas zu, das ich nur noch als Neutralität definieren kann.

Aber, was ist für mich als Persönlichkeit Alfons Jasinski neutral? Ich halte das Kollektive und das Wedische für unvereinbare Extreme, die nicht wirklich gemeinsam eine kosmische Langzeitlösung bieten. Das Wedische bedeutet jedoch einen Einstieg in eine kosmische Lebensweise, in der sich eine vollständige Neutralität erreichen lässt. Mein Voltrainerbe eröffnet mir auch eine klarere Sichtweise hin zum Harukanischen. Diese beiden Spezies sind sowohl neutral als auch Förderer aller wedischen Spezies.

So langsam spüre ich für mich, meine Lebensexistenz ist weder noch. Es ist nur noch mein derzeitig biologisches *Ich Bin*, das eine Stellungnahme erwartet. Ich begreife den Christosgeist immer mehr und verinnerliche ihn demgemäß.
Alle meine Leben hatten einen einzigen Sinn: den zielgerichteten Weg in die Neutralität. Warum wohl habe ich Kontakte zu den Voltrain und den Harukaniern und halte die Voltrain-Energie – oder zumindest einen Teil von ihr – sogar physisch aus? Hinter all dem steckt mehr, als ich gerade zu entschlüsseln in der Lage bin. Ich werde mir diesen Film bis zum Ende ansehen und harre der Dinge, die da über mich kommen mögen. Falls es irgendwann einen *Reset* gibt, werde ich es erfahren.

Ich rekapituliere erst einmal, was ich in dem *Film* sah und begriff – es ist nur ein winziger Anteil dessen, was ich alles erfuhr:
Jesus war der letzte große Merowingerkönig. Nicht die Merowinger stammten von seiner Linie ab, sondern er entstammte dieser Linie, die eine urwedische ist und gab diese Genetik weiter. Die späteren Merowingerkönige waren schon nicht mehr vollständig in ihrer Kraft, deshalb konnten sie die Welt nicht derartig verändern, dass sie in einer wedischen Zivilisation endete, was ihr eigentliches Ziel war. Es war lediglich einer der bisherigen 17 Anläufe, das Wedische wieder auf Erden zu installieren. Durch Jesus wurde die Änderung installiert, in der wir heute mittendrin sind.
Die Geschichte wurde bewusst von den römischen Prokuratoren vorherbestimmt, einem kommenden Zweifachgesalbten (Messias) etwas jüdisch Vergangenes zu indoktrinieren. Die römisch-katholische Kirche wurde von cäsarischen Kommissaren konstruiert, um die Stämme Israels (die Urstämme der irdischen Menschheit) noch weiter aufzuspalten. Man wollte die Menschen ihre Stämme vergessen lassen und die Geschichte Israels als die Geschichte der Juden darstellen. Was in sich völlig unlogisch ist, denn die Juden sind ein menschlicher Urstamm unter zwölf Urstämmen.

Jesus wurde nur scheinbar physisch gekreuzigt, aber seine Energetik wurde symbolisch an das Kreuzfeld dieses Planeten gebunden – ein Kollektivkonstrukt.
Jeshua – der letzte ursprüngliche Merowingerkönig[1] (jene, die ihm folgten, waren schwächer) – ließ zuerst seine Familie und die Mitglieder seines Clans nach Südfrankreich gehen und folgte ihnen Jahre später ebenfalls dorthin. Er beauftragte die Goten – eine Bezeichnung für alle ursprünglichen Stammesmenschen – symbolische Bauten zu schaffen, denen die späteren Nachkommen die wirkliche Geschichte entnehmen können.
Das heutige Christentum ist, wie viele Menschen heute ja schon ahnen, ein römisches Konstrukt, um die Christosenergetik ans Kollektiv zu binden/fesseln.
Die einstigen Adeligen (Edlen) sind die urwedischen Erdenmenschen und die sind verteilt auf der gesamten Erde. Sie präsentieren bis heute in ihrer Gesamtheit das, was man einst als **den Adel** bezeichnete.
Prinzessin Diana war eine merowingische Nachfahrin und sie wurde bewusst ans englische Königshaus gebunden. Sie gab ihr Wissen ihren Söhnen mit der Muttermilch und in Gesprächen weiter. Was sie einmal daraus machen, wird sich zeigen.

Ich sah mich als Joseph von Arimathäa – jener Bewusstseinsträger, der alles verschleierte, um die Nachkommen von Jesus und Maria Magdalena zu schützen und der mit dafür verantwortlich war, dass heute darüber solch ein Chaos herrscht.
Ich sah mich als dieser und jener durch Jahrtausende, habe jedoch nie meine Aufgabe völlig vergessen. Ich sah auch Inkarnationen des Ausruhens. Trotzdem war ich stets aktiv in Gruppen wie den Rosenkreuzern, Templern, Arianen und letztlich auch bei den Nazis.

1 Anmerkung von Christa: Merowinger kommt aus dem Althochdeutschen und setzt sich zusammen aus mero = größte, höchste, bedeutendste, und Winnari = Streiter, Gewinner, wobei diese Worte im Zusammenhang mit Liebe stehen. Merowinger hat demnach nichts mit einem fränkischen Adel zutun, auch wenn dieser sich später aus den Merowingern entwickelt hat. Ein Merowinger ist folglich einer der größten, bedeutendsten Streiter für eine Sache und er wird durch die Liebe gelenkt.

Ich war in den meisten Leben der einsame Außenseiter, der Fäden im Hintergrund zog und somit nicht wirklich auffiel.

Einsamkeit begleitet viele meiner Inkarnationen, aber gerade dadurch besaß ich eine Energetik, durch die ich das Zeitgeistige stets entlarven konnte. Heute bin ich wieder im Kern meines Daseins einsam – aber nicht alleine. Vielleicht bin ich ein voltrain-harukanischer Zeitgeist, dem jetzt der Film seines Wirkens gezeigt wird.
Warum sehe ich in dieser Welt oftmals unbetroffen zu, wenn sich Kollektives und Wedisches so vehement treffen, obwohl mein Herz für das Wedische schlägt?

In mir spiegeln sich alle Spezies der Galaxis – vielleicht sogar noch darüber hinaus. Dass ich jetzt als Erdenmensch das Irdische versuche zu definieren, habe ich mir innerhalb meiner Inkarnationsfolgen selber auferlegt.

Leider bin ich derzeit nicht in der Lage, all das, was sich weiterhin vor meinem inneren Auge noch abspulte, aufzuschreiben. Ich werde mit Christa jedoch alles erörtern, soweit ich mich erinnere.

*

12. Zerrissene Menschenwesen

28.02.2010 Einfahrt – Gespräch mit Mordechai, Aristide, Starsa und Ahan

Heute sprach ich noch einmal das Thema *Lichtarbeiter* und *aufgestiegene Meister* an, weil diese derzeit wieder stark *in Mode* sind.

»Die Seelen, die ihr als aufgestiegene Meister bezeichnet, waren alle zu Lebzeiten Leitfiguren«, erklärte Mordechai. »Sie haben das Kollektivbewusstsein angesprochen und sie hingen dem Lichtkollektiven an. Ihre Seelen sind zum größten Teil wiedergeboren, doch ihre Energie ist im Kollektivbewusstsein als Wesenheit vorhanden, solange ihr sie nährt. Auch viele von denen, die sich als Lichtarbeiter bezeichnen, haben lichtkollektive Vorstellungen. Ein Wede kann das leicht durchschauen.
Ein Wede sieht in jedem Menschen einen lichten Geist, der eine eigene Anbindung hat. Jesus gehört nicht zu diesen sogenannten aufgestiegenen Meistern, weil er jeden Menschen auf seine eigenen Fähigkeiten ansprach. Dass ein Teil seiner Energie noch im Kollektivbewusstsein festsitzt, hängt mit der Kirche zusammen, die seine Energie ans Kreuz gebunden hat. Es ist also nicht die Christosenergie, die die Kirche gebunden hat, sondern die Energie des geknechteten Menschen Jesus, die man festhält. Seine Seele hat diese Bindung längst gekappt – sie ist davon nicht mehr betroffen. Man versucht einen leidenden Persönlichkeitsanteil von Jesus festzuhalten und macht daraus einen Christus.«

»Gibt es überhaupt noch wahre Meisterwesen?«, fragte Agnes.

»Natürlich», warf Aristide ein, »da sie pure Individualisten sind und um die asurischen Machenschaften wissen, halten sie sich im

Hintergrund – agieren fast ausschließlich mental und sprechen zu echten Gleichgesinnten, die sie erkennen. Diese Menschen geben ihr Wissen jenen, die dafür offen sind und stellen sich niemals über sie. Das würde ansonsten ihre Energetik einbremsen.«

»Woran erkennt man solche Meistermenschen?«, fragte Vitali.
»Sie erkennen sich untereinander – und sie erkennen Menschen, die auf dem Weg dorthin sind«, lächelte Mordechai. »Kein Meister sagt von sich, er sei ein Meister, weil das schon ein Akt ist, eine Hierarchie aufzubauen.«

»Manche können sogar provokant sein und besitzen ein Vokabular, das wie ein Schwerthieb anmutet, der Menschen aus ihrer geistigen Trägheit aufrüttelt. Andere sind sehr trocken und nüchtern. Und wieder andere nehmen nichts ernst, hinterfragen alles und wirbeln dadurch viel Staub auf«, schmunzelte Aristide. »Alle sind starke Individualisten, haben jedoch alle etwas gemeinsam: Sie drücken sich klar aus und wissen um Mater als oberstem Schöpfergeist.«

»Sprechen sie über die Liebe – dem obersten Gesetz des Universums?«, wollte die Baronin wissen.

»Liebe ist die Auswirkung des obersten Gesetzes und selbst keine Gesetzmäßigkeit«, warf ich spontan ein. »Oberstes Schöpferprinzip ist für mich die Schöpfung an sich, die wir Leben nennen.«

»So lässt es sich auch definieren«, nickte Aristide. »Liebe entsteht über das Seelenwesen und ist der erste bewusste Akt zum Schöpfer – aber auch zu allen anderen Seelen, die gleichsam vor Liebe zum Schöpfer schwingen.«

»Dann ist mitmenschliche Liebe deshalb so variabel, weil nicht alle Menschen in der Schöpferliebe schwingen – oder?«, warf Rebekka ein.

»Wenn sich Seelen bewusst in mehreren Menschen aufteilen, um sich so in einer Vielfalt zu versuchen, begeben sie sich auch bewusst in luziferische Sphären«, erklärte Aristide. »Diese Seelen sind zwar nicht verloren, doch fühlen sich solche Menschenwesen zerrissen und suchen ständig nach ihren Seelenanteilen.«

»Wie ist es dann mit der sogenannten Zwillingsseele?«, fragte Rufus.

»Jede Seele ist in ihrem Kern eine Zwillingspersönlichkeit, wenn sie sich in der Materie manifestiert. In einem Körper wirken das Weibliche und das Männliche gleichsam. Wird ein Mensch männlich, sucht er das Weibliche, wird er ein Weib, dann sucht er das Männliche«, folgerte Mordechai. »Dadurch ist gewährleistet, dass neues Leben entsteht, um weiteren Seelen die Verkörperung zu ermöglichen. Im Akt der liebenden Zeugung sind Mann und Frau in ihrer vollständigen Androgynität – diese Energetik zieht eine Seeleneinheit an.«

»Und wie ist das mit den zerrissenen Menschenwesen?«, fragte Rebekka.

»Wenn der Zeugungsakt aus purer Triebhaftigkeit vonstattengeht, zieht das Teilseelen an[1]. Es entstehen daraus zerrissene Menschenwesen, die ständig auf der Suche nach den anderen, scheinbar verlorenen Anteilen sind«, konstatierte Aristide. »Auch spiegeln sie oft die Energetik ihres Zeugungsvorganges wider und sind selbst triebhaft und untreu.«

»Wen wundert's noch, dass die Menschheit sich so irre aufführt«, brummte die Kanadierin. »Viele Menschen verhalten sich sexbesessen und lassen sich durch ihre Triebe leiten.«

1 Nicht in jedem Fall einer pur triebhaften Zeugung kommen Teilseelen zum Zuge. Es kann auch vorkommen, dass eine Seele aus einer Programmierung der früheren Persönlichkeit heraus solch einen Lebensbeginn erhält.

»Mir erklärt das, warum ich oftmals bei meinen Mitmenschen das Gefühl habe, sie sind nicht ganz echt oder einfach unfertig«, sinnierte ich. »Und manche tun mir sogar leid.«
Ich erzählte von S., die wir vor kurzem kennenlernten.

»Deinen Schilderungen kann ich sogar kinetisch entnehmen, dass sie eine derart zerrissene Seele ist«, nickte Aristide. »Mitleid wäre jedoch fatal, denn diese Menschenwesen hören niemals auf, Mitleid zu saugen. Sie können einen ins Verderben reißen.«

»Ich habe mich rechtzeitig distanziert«, fröstelte ich jetzt, »und ich werde mich künftig hüten, solche Menschen an mich heranzulassen.«

»Solche Menschen kennt sicher jeder von uns«, blickte Agnes sich um. Und alle nickten dazu. »Ich persönlich ignoriere sie und weise sie barsch von mir, wenn sie aufdringlich zu werden drohen.«

»Viele von ihnen sind ständig unzufrieden, maulen an allem herum und wühlen ständig im Dreck«, folgerte Vitali. »Und wer ihnen nicht recht gibt, der wird angegriffen oder gemobbt – nein danke, das muss ich in meinem Dasein nicht haben.«

»Ihr habt doch die Energetik, euch solchen Einflussnahmen zu entziehen«, lächelte Mordechai. »Teilseelenpersönlichkeiten reagieren oft auf gesunde Seeleneinheiten fast schon manisch.«

»Dennoch darf nicht übersehen werden, dass gerade diesen Geknechteten Hilfe zukommt«, führte Aristide das Gespräch weiter. »Wer von euch die Anlage und Stärke besitzt, kann viel ausrichten. Wer es nicht kann, sollte sich dazu nicht zwingen.«

»Das Problem ist deren störrische Uneinsichtigkeit und Rechthaberei in ihren Weltsichten«, sinnierte die Baronin. »Sie glauben von sich, alles zu wissen und sind doch ständig auf der begierigen Suche nach Gurus und deren Aussagen, die sie überall anbringen, wo es möglich ist. In sich selbst finden sie kaum Antworten.«

Rufus warf ein, dass die meisten von ihnen zu jenen gehören, die nach *Lichtarbeitern* und *aufgestiegenen Meistern* lechzen oder sie berufen sich auf weltliche Autoritäten. »Ich weiß oft nicht, wie ich damit umgehen soll, außer, dass ich die asurischen Konzepte dahinter erkenne.«

»Na, der Christos erklärte doch sehr deutlich, keine Perlen vor die Säue zu werfen«, brummte Agnes, »auch wenn das im Widerspruch zu einer anderen Aussage steht, die sinngemäß heißt, liebe deine Feinde wie dich selbst.«

»Es geht dabei um die Achtung vor den Geschöpfen«, warf Aristide ein, »denn im Feindlichen liegt auch eine Gefühlsebene, die eine Form von Liebe zu ihresgleichen aufweist.«

»Trotzdem entnehme auch ich vielen sogenannten *Heiligen Schriften* solche und andere Widersprüche«, warf ich ein. »Viele dieser scheinbaren Jesus-Aussagen wurden kirchengemäß verdreht, um eine Machtstruktur namens Christentum im Sinne des Kollektivs zu installieren.«

»Das ist schon richtig«, nickte Aristide. »Doch gerade an diesen Widersprüchlichkeiten erkennt der klare Seelenmensch, was wahr und was unwahr ist. Grundsätzlich seid ihr alle dazu in der Lage, Wahrheit und Lüge zu unterscheiden – ihr besitzt dafür eine Antenne, um es mit euren Worten auszudrücken.«

»Das sehe ich auch so«, sinnierte ich, »doch, wenn ich meine Erkenntnis ausspreche, wird sie oftmals von anderen Menschen so zerredet, dass ich mich anschließend frage, ob ich mich geirrt habe. Und Erkenntnis kann man nicht beweisen.«

»Es ist ja auch sinnlos, sich innerhalb solcher Erkenntnisse im Allgemeinen auszutauschen«, setzte sich Starsa zu uns. »Ist man nicht absolut sicher, zur rechten Zeit, am rechten Ort mit den richtigen Menschen zu sprechen, ist Schweigen oberstes Gebot.«

»Es gestaltet sich immer schwieriger, sich austauschen zu können«, schüttelte Vitali den Kopf.

»Das ist ein Trugschluss!«, lächelte Starsa. »Euer Bewusstseins- und Erkenntnisstand ist heute viel umfangreicher, als noch vor Jahren. Je umfangreicher sich Wissen ansammelt, desto klarer erkennt ihr, wo andere Menschen noch ihre Defizite aufweisen. Ein offener Austausch findet eben nur dort statt, wo sich Wissen und Erkenntnis gleichen. Und ihr könnt es in Gleichnissen und Geschichten nach außen geben – ohne euch um Reaktionen zu kümmern.«

»Stille Meister spielen?«, fragte Rebekka irritiert nach.

»In etwa – einfach Information nach außen geben, womit andere in Resonanz gehen können, wenn sie es wollen«, folgerte Aristide. »Wer die Erkenntnisse anderer als Streitpunkte erachtet, muss damit alleine klarkommen.«

Aristide ging wieder und wir speisten und machten eine etwas längere Pause.

Die Baronin wollte mit mir spazieren gehen und fragte mich aus, wie ich so lebe und was ich tue. Am Ende des Gespräches meinte sie: »Bruder, du hast es gut gemacht, lebst dein Leben nach deiner Fasson und schlägst dich nicht mit Kollektiven herum.«

»Warum schlägst du dich mit ihnen?«, blickte ich sie neugierig an.

»Ich bin da hineingeboren und habe in diesem Leben eine Verpflichtung, so nahe wie möglich an die Spitze des Kollektivwesens und deren Führungskräfte heranzukommen«, lächelte sie nachdenklich. »Und es stimmt – selbst diese Kollektivvertreter sind zu Liebe und Mitgefühl fähig. Allerdings beschränkt es sich nur auf das Kollektiv und nicht auf das Individualistische, das für sie gefährlich wie Salzsäure ist.«

»Es ist schon irre, wie die das sehen«, sinnierte ich. »Sie können nicht mit und auch nicht ohne uns. Sie sitzen irgendwie in der Dauerklemme.«

»Sie sind schizophren«, konstatierte sie. »Wer ins Kollektiv inkarniert, wird sofort nach der Geburt schizophren gemacht. Man geht über eine entsprechende Konditionierung sicher, dass diese Menschen zu hundert Prozent dem kollektiven System dienen werden. Wer beim Heranwachsen vermehrt individuelle Züge aufweist, wird therapiert. Gelingt das nicht, werden die Kinder in spezielle Internate gesteckt, um sie einzubrechen. Misslingt auch das, werden sie rigoros ausgestoßen und leben dann zumeist ein Leben ohne Anhaltspunkte. Nur sehr wenige schaffen es, wenigstens ansatzmäßig individuell zu werden.«

Diesen Menschen hilft die Baronin, ein einigermaßen würdiges Dasein zu finden. Sie nennt sie *ihre Kinder* und diese danken es ihr, indem sie ihre Bemühungen unterstützen, wenn sie alt genug dafür sind. Sie hatte als Kind ebenfalls eine derartige Gehirnwäsche durchgemacht. Und auch sie traf Menschen, die sie liebten und in ihr wieder das weckten, was sie ursprünglich mit sich brachte.
»So hat sich in den letzten zehn Jahren[1] eine kleine Organisation

1 Inzwischen läuft das seit 20 Jahren.

gebildet, die zum Selbstläufer wurde«, lächelte sie.
Als wir zurück waren, hatte ich ein gutes Gefühl auch für sie gewonnen. Und sie meinte noch, sie spüre aus meinem Wesen eine ruhige Gelassenheit, die sehr wertvoll für Künftiges sein wird.

»Es wird eine Zeit kommen, da sind solche Klingsoren gefordert«, lächelte sie mich an.

Jeder von uns ist charakterlich anders – und doch ist es offensichtlich, dass wir uns zusammen absolut ergänzen, wenn es darauf ankommt. Ich beginne auch langsam zu erkennen, warum die Einzelnen hier Kontakte nach Innererde haben. Für das, was die Baronin macht, ist dieser Kontakt sicher enorm wichtig. Es sind oft Unterstützungen bei sehr schwierigen Lebensaufgaben, die diese Kontakte mit sich bringen und es hat überhaupt nichts mit der Faszination zu tun, die die meisten Menschen bezüglich Innererde verspüren.

Ahan watschelte in seinem Druckanzug an und bei diesem Anblick konnte ich mir nur schwer vorstellen, dass er bezüglich einer Abwehr der Kollektiven zu den mächtigsten Spezies in der Galaxis zählt. Seine Stimme krächzte über den Übersetzer – ein Gruß schallte uns entgegen. Er justierte etwas und der Ton wurde erträglicher für meine Ohren.
Während er an dem Gerät herumfummelte, erzählte er etwas über die Lauterkeit. Neben einer friedlichen Einstellung – Gesinnung – beinhalte sie auch eine Zweifellosigkeit, selbst gegenüber solchen unpersönlichen Bedienelementen, wie den Übersetzer.

»Lauterkeit heißt auch akustische Frequenzen zu nutzen – zu verlautbaren und sie aufzunehmen. Man kann über akustische Frequenzen aufnehmen, wer vor einem steht. Selbst, wenn sie durch solch einen Übersetzer verzerrt werden – die eigentliche Stimmfrequenz ist trotzdem abzutasten, zu erspüren«, schaute er jetzt von dem Ding hoch.

»Wie kann das sein, wenn die Stimme durch solch ein Gerät derartig verändert wird?«, fragte Vitali.

»Eine Stimme besitzt eine Signatur und die ist nicht veränderbar«, erklärte Ahan.

»Ist auch trotz unserer heutigen veränderten Sprachen noch die Urschwingung der Sprache zu erkennen?«, fragte Vitali.

»Wenn Worte und Gefühle übereinstimmen, ja«, erklärte er. »Die Sprachen haben trotz allem ihre Urschwingung erhalten. Schwierig wird es nur, wenn Gefühle und Worte nicht mehr übereinstimmen, wie es häufig bei euch der Fall ist. Doch einem empathischen Menschen entgeht keine Lüge.«

»Wir müssen tatsächlich etwas an uns haben, was Elektronik beeinflusst«, warf ich ein. »Bei mir spinnt fast alles, was elektronisch konstruiert ist, wenn ich nicht darauf achte, die Elektronik ernst zu nehmen.«

Mich wunderte es keineswegs, dass nun jeder von uns damit begann, entsprechende Geschichten zu erzählen.

»Einige Seelensignaturen besitzen eine starke Energetik, die selbst elektromagnetische Impulse auslösen kann«, grinste Starsa. »Achtet ganz einfach darauf, euch nicht mehr zu ärgern, wenn solche Vorfälle geschehen, denn dadurch verstärkt ihr diese Störfälle nur.«

»Himmel – muss ich jetzt sämtliche elektromagnetisch unterstützte Technik streicheln und ihnen gut zureden, dass sie nur ja nicht mehr zicken?«, warf Agnes barsch ein.

»So in etwa«, lachte Mordechai, »doch es geht lediglich um eure Emotionalebene, die oftmals Impulse aussendet, worauf der Elektromagnetismus reagiert. Und selbst sensitive Menschen können Schwierigkeiten mit der Wucht eurer emotionalen Energetik bekommen. So seid ihr nun mal.«

»Dann können wir auch Flugzeuge vom Himmel holen?«, fragte Rufus nun.

»Nein, denn dadurch würdet ihr Leben gefährden«, blickte ihn Starsa an. »Aber ihr könntet sie am Starten hindern.«

»Ihr könntet vieles verhindern, wenn ihr eure Signaturen beherrschen lernt«, warf Mordechai ein. »Lernt eure Signaturen kennen und das, was hinter ihnen steckt!«

Wir machten nochmals eine Pause.

»So langsam mache ich mir Sorgen um uns«, hakte sich Agnes bei mir unter. »Irgendwie sind wir doch Freaks in Menschengestalt – oder was meinst du?«

Dass ich das nicht so empfinde, hat sie wieder etwas beruhigt. Aufgekratzt sind wir allerdings genug, um unsere Gedanken kreisen zu lassen.

Als wir wieder ins Gemeinschaftshaus kamen, war Nasmakrai zu uns gestoßen und hatte einige Geräte aufgebaut. Er bedeutete uns, mit deren Unterstützung unsere Signaturenergetik kennenzulernen. Wir strengten uns an, aber nichts passierte. Erst als Vitali abfällig ›Blödsinn‹ sagte und zornig auf den Tisch haute, gab es ein *Tilt* an einem Gerät.

»Das gibt es doch nicht!«, entfuhr es mir und das zweite Gerät zeigte Störungen.
»Ach Leute, das ist doch nur ein fieser Trick«, warf nun Rebekka ein und das dritte Gerät schlug in den roten Bereich aus.

»Zweifel, Zorn und Unglauben lassen euch energetisch dazu hinreißen, Störungen zu veranstalten«, nickte Nasmakrai bedächtig. »Ihr glaubt nicht daran, dass in euch Energien wirksam sind, die sich auf empfindliche Techniken auswirken. Jetzt habt ihr einen kleinen Beweis erhalten, wozu ihr unbewusst fähig seid. Denn ein ›Nein, das ist nicht möglich‹ macht es möglich, messbar und erlebbar.«

»Das ist doch ein Trick«, beharrte Rebekka noch immer. »Ich weiß doch, was ich kann und was nicht.«

Ihr Messgerät schlug bis an den Anschlag aus.

»Ich finde es traurig, wenn ihr nicht mehr wahrnehmt, was ihr könnt«, schaute Nasmakrai sie liebevoll an. »Faktisch ist es völlig irrelevant, was man nicht kann – es kommt nur darauf an, wozu man fähig ist. Nicht das Nichtkönnen hat die Messgeräte überfordert, sondern euer Können.«

Die Baronin sagte jetzt etwas, das uns allen zu denken gab: »Aber sind denn diese Emotionen bei uns nicht verpönt als Aggressionen und deshalb therapieverdächtig? Man trichtert uns geradezu ein, sich emotional zu beherrschen.«

»Richtig!«, konterte Rufus. »Der Mensch muss harmonisiert sein, ansonsten ist er böse und entspricht nicht der Norm.«

»Bingo, da liegt die Krux unserer Gesellschaft«, warf ich ein.

»Disharmonische Menschen gelten von jeher als Störenfriede – in Wirklichkeit ist das ein Ausdruck individueller Menschen, die das Dilemma des Kollektivismus erfassen.«
»Und was bleibt uns denn noch?«, nickte Vitali. »Ich glaube tatsächlich, wir müssen uns selbst völlig neu definieren und erkennen, welche Kraft hinter unseren Emotionen steckt und sie entsprechend nutzen.«

Da haben wir alle noch viel zu lernen!

*

13. Weitere Erinnerungen kommen hoch

In den letzten Tagen konnte ich mich an weitere Ereignisse aus dem Lebensfilm von vor ein paar Tagen erinnern.
Ich rekapituliere, was davon hängenblieb – war es doch eine Achterbahnfahrt an Informationen und Empfindungen.
Ich erkannte vor meinem inneren Auge eine hektische Bestandsaufnahme aller außerirdischen und innerirdischen Zusammenhänge. Vieles davon war mir sehr vertraut und dennoch anders, als ich es heute empfinde und erlebe. Ich spürte, dass mein Denken und meine Aufnahmefähigkeit in früheren Zeiten sehr viel ausgeprägter und zentrierter auf die Invasoren und deren Tun gerichtet war. Sie waren damals noch nicht versteckt tätig und agierten offen, so dass wir stets mit ihnen konfrontiert waren. Viele wedische Stämme waren noch nicht gänzlich kollektiviert und zogen sich massenweise in noch unberührte Gegenden der Erde zurück.[1]
Ich sah mich als Klingsor mit Namen Omnibus – ich höre Christa schon laut lachen, ob dieses Namens. Die wedischen Zeiten gingen dem Ende zu. Wir Klingsoren sorgten einerseits für die Ausmachung solcher Gegenden, andererseits beschäftigten wir die Asuras, indem wir laufend deren Basen und Instrumentarien sabotierten. Viele von deren Fürsten verhandelten mit uns und begannen uns ursprüngliche Erdenmenschen mit einer gewissen Achtung zu behandeln. Mit den umgedrehten Erdenmenschen gingen sie allerdings weniger achtsam um, weil diese sie hofierten, was die Asuras von ihrem Naturell her eher verachteten und sie wiegelten diese Menschen auf, dass nur die Wedenstämme schuld an ihrem Leid seien. Es gab auch eine massive Aufwiegelung gegen die irdischen Reptos, die als unsere schlimmsten Feinde dargestellt wurden. Wir Klingsoren mussten mit ansehen, wie

1 Könnte es sein, dass die ganzen Völkerwanderungen, die unsere Geschichtsbücher beschreiben, nur deshalb stattfanden?

auf diese Weise konditionierte Menschen die Reptos zu bekämpfen anfingen und sie jagten wie Schlachtvieh.

Wir Klingsoren begannen damit, gemeinsam mit einigen Anderweltlern, die uns gut gesonnen waren, und den schon in Innererde lebenden Menschen, die Reptos nach Innererde in Sicherheit zu bringen, um einen Genozid zu verhindern.

Die Asurischen nutzten alles zu ihren Gunsten und hielten uns ständig auf Trab, so dass wir an vielen Fronten agierten und immer mehr die Übersicht verloren. Immer öfter kamen Klingsoren nicht mehr von ihren Einsätzen zurück oder brachen aus lauter Erschöpfung zusammen. Wir ahnten, dass ein dunkles Zeitalter anbrechen wird, aber wir wussten auch durch viele Omen, diese Ära würde irgendwann enden und wir würden gestärkt daraus hervorgehen. Wir sahen in unseren Omen die Asuras an ihrer eigenen Dekadenz zugrunde gehen.

Leider sind viele der Weden nicht ihren Omen gefolgt, die geistige Wege des Kampfes aufzeigten, sondern griffen vermehrt zu den Waffen. Besonders die Klingsoren wurden zu gefürchteten Kriegern. Anstatt unsere geistigen Fähigkeiten zu nutzen, machten wir uns asurische Taktiken zunutze und begannen, gemeinsam mit unzufriedenen und bereits geknechteten Erdenmenschen zusammen, die Raumhäfen und Basen der falschen Götter zu verwüsten. Die obersten Führer der Asuras quittierten das mit dem Einsatz von *Götterwaffen* - Atombomben - und zerstörten viele Landstriche auf der Erde, die heute noch Wüsten und unbewohnbare Landstriche sind (Sitchin schrieb da die Wahrheit!).

Die Szenen wechselten und ich sah in eine Epoche von etwa 7.000 Jahre vor Christi Geburt. Diese Zeitepoche zeigte Bilder einer tristen Welt voller Entbehrungen und Überlebenskampf. Aber noch immer gab es

Weden und Klingsoren, die nie aufgehört haben, für die kosmische Sache alles auf sich zu nehmen, nur um nicht kollektiviert zu werden. Es gab keine so mächtigen Klingsoren mehr, wie in der Zeit, die sich mir vorher gezeigt hat. Sie zeigten sich vermehrt als fast verwahrloste Horden von Nomadenkriegern, die sich mit gescheiterten Existenzen umgaben, um so wenigstens noch eine autarke Macht gegen die Asuras aufrechtzuhalten und ich war einer davon: Woranta. Bei vielen der Bilder, die erschienen, kamen mir die Tränen, ich konnte sie nicht mehr zurückhalten.

Die Bilder wechselten erneut. Ich sah mich – etwa 3000 vor Christus – wieder als Krieger, der sich Aramäus nannte. Ich war ein sehr gemäßigter und nachdenklicher Mensch und befasste mich viel mit philosophischen Fragen. Insgesamt zeigte sich mir eine Welt des Atemholens und einer Bewusstwerdung urgöttlicher Zusammenhänge. Aramäus war schon kollektiv beeinflusst und innerlich auch zerrissen, weil zwischen den *Göttern* (Asuras) und den Menschen offensichtlich keine Einigung getroffen werden konnte. Den Menschen ging es wieder besser als in den Zeiten vorher und sie profitierten von den kollektiven Verteilerstädten. Immer mehr Wedenstämme konvertierten ins Kollektiv, weil sie kaum noch eine Möglichkeit zum Ausweichen sahen. Um nicht ihre gesamte Identität einzubüßen, konstruierten sich diese Stämme *Abstammungsreligionen* – natürlich gefördert von den Invasoren, um den Anschein ihrer Toleranz zu wahren.
Klingsor Aramäus hat das zwar durchschaut, aber er dachte auch, die Erdenmenschheit könne nicht überdauern in einem ständigen Kampf gegen asurische Mächte. Man hatte vorübergehend einen Pakt mit den Ahrimanischen geschlossen, der einem Waffenstillstand ähnlich war.

Die Zeit um Christi Geburt hatte ich schon angerissen.

68 nach Christus lebte ich schon wieder als Klingsor (immer wieder Männer!) namens Lupinos. Er hatte Schilderungen und Pläne zur Vernichtung des Gottesstaates *Salem Je Rus* hinterlassen. Er sah dahinter die schlimmsten Verräter und Erfüllungsgehilfen der Satanischen. Sie hätten dafür gesorgt, den größten Meister der wedischen Geschichte, Jesus, zu vernichten, so wieder einmal die Satansbrut obsiege. Die jetzt noch tätigen Klingsoren versteckten sich im sogenannten Urchristentum oder anderen Religionskonstrukten der Stämme. Innerhalb dieser Konstrukte waren sie am sichersten. Lupinos und auch die anderen noch aktiven Klingsoren waren sich bewusst, dass so eine Taktik für die künftigen Generationen wie eine Aufgabe all ihrer Ideale aussehen könnte. Doch sie hatten die Hoffnung, dass das Wedische, innerhalb der Religionen versteckt, die größte Überlebenschance hatte. Es wurde nur noch von Angesicht zu Angesicht weitergegeben.
Damals waren bereits 90 % der Menschen kollektiviert.

361 nach Christus: Als Klingsor namens Chalmis I. schien ich sehr konfus zu sein. Chalmis hielt sich für einen Nachkommen des *Religionsstifters* Jesus und beanspruchte den Thron der Erde, um mit den Seinen die Herrschaft auf Erden wiederherzustellen. Ich erkannte dabei keine wirkliche Klarheit in ihm – es sah aus, als sei er in einem Religionswahn gefangen. Chalmis lebte in einer Zeitspanne relativen Friedens und einer Wiederbelebung geistig-magischer Kräfte auf der Seite der Erdenmenschen – und er hatte Kontakte zu Innererde, die er als Engel bezeichnete. Seine Liebe zu ihnen hat ihn scheinbar zu Lobeshymnen bewegt – er war äußerst engelsgläubig und stellte vieles, was passierte, als Werk der Engel dar. Aber vielleicht war er ja in Wirklichkeit gar nicht so wirr und benutzte nur die Worte, die er innerhalb der Kirche benutzen durfte? Ich konnte das nur schwer deuten.

Als Letztes erkannte ich mich im Jahre 1799, als Mönch namens

Lamonte Karasov. Er ließ sich darüber aus, dass die Weltherrscher nicht mehr von Erdenmenschen unterscheidbar seien und zum letzten Angriff übergingen, indem sie die Erkenntnisse der Mechanik dazu verwendeten, das Universum als Mechanismus und nicht mehr als Organismus oder etwas Geistiges zu lehren. Er sagte ganz deutlich in einer fast schon hämischen Art, das würde den Teuflischen das Genick brechen.

»Einem spirituell-biologischen Wesen zu vermitteln, es sei ein mechanischer Organismus, ist gleichbedeutend, einer mechanischen Hebelwirkung ein Bewusstsein zuzusprechen. Was immer sich aus der Mechanik noch entwickeln wird, es wird auch die Entwicklung der kollektiven Verwicklungen offenbaren. Ich weiß nicht, wohin sich diese Lehre noch bewegen wird, aber ich erahne, dass sie dahin geht, dass in der kollektiven Endzeit ein mechanischer Gott erscheinen wird. Dann, wenn das menschliche Wissen weniger wert sein wird, als das mechanische, werden sich die weltlichen Geister, von den Nichtweltlichen trennen. Das ist die Wiederauferstehung von uns Klingsoren und allen urmenschlichen Stämmen irdischer Beschaffenheit.«

Ich sah weiterhin Bilder von unterschiedlichen Bevölkerungsschichten und Lebensweisen und einer ziemlich dekadenten Oberschicht.

In den Bildern von Lamonte war nichts Fanatisches oder Mönchsmäßiges, sie gaben einen sehr klarsichtigen Eindruck ab. Insgesamt erschien mir der Mönch Lamonte Karasov sehr nahe an meinem heutigen Ich zu sein. Ich spüre zu ihm am meisten Übereinstimmung – abgesehen vom Ersten dieser Runde, der ebenfalls meinem heutigen Wesen auch recht nahe kam.

*

14. Dämonen

27.03.2010 Treffen mit Ulluer

Ulluer gehört zu jenen Achelern, die derzeit den Schutz der Erde von außen koordinieren. So brachte ihn eine Lieferung diesbezüglicher Gerätschaften mal wieder zur Erde. In gewohnt ruhiger Manier, aber erfreut über das Wiedersehen, umarmten wir uns. Es dauerte auch nicht lange, bis wir wieder im intensiven Gespräch waren. Er erzählte, dass sich derzeit die asurischen Fürsten in Innererde fast die Klinke in die Hand geben.

»Bei allem, was im Moment passiert, darf keiner übersehen, dass sowohl Asurische, Dämonische als auch Erdenmenschen jetzt die Möglichkeit zur Besinnung erhalten«, erklärte er. »Soweit ersichtlich, beginnt auf der Erde alles drunter und drüber zu laufen, was ein Zeichen von Auflösung alter Strukturen ist. Zeitgleich laufen mannigfaltige Geschehnisse parallel zueinander ab, wozu auch die Forschungen, die fast alle Kontaktler derzeit verstärkt durchführen, gehören. Nichts ist Zufall im herkömmlichen Sinne, sondern geschieht über vernetzte Energien, die sich jetzt immer deutlicher in Form von rasch aufeinander folgenden Offenbarungen und Manifestationen zeigen. Bleiben wir bei euren Termini, kann man sagen, alle Omen der letzten 13.000 Jahre beginnen sich konzentrisch in Form einer planetaren Reformation zu eröffnen. Inwiefern ihr diese Manifestationen als Aktionsfeldebenen begreift, obliegt euch auf der Erde selbst. Wir sorgen nur dafür, dass dieser Prozess nicht unnötig von außen strapaziert wird. Wir mischen uns jedoch nicht ein, wenn ihr euch erneut dafür entscheidet, weiterhin mit Kollektivspezies Geschäftsbeziehungen zu pflegen.«

»Es wird jedoch irgendwann zu Verhandlungen mit ihnen kommen müssen, um die gesamte Tragweite dieser Einflussnahmen für alle Menschen ersichtlich zu machen«, sinnierte ich. »Solange sie nicht öffentlich bekannt gemacht werden, sehe ich persönlich massive Probleme, der Menschheit den Umbruchsprozess als eine natürliche Sache plausibel zu machen.«

»Du hast deine Hausaufgaben gemacht«, lächelte er, »und du siehst alles sehr klar. Selbstverständlich werden Verhandlungen noch viel ausführlicher kommen, wobei sowohl die Kollektivfürsten als auch die Vertreter der Erdenmenschen miteinander konferieren müssen, zumal beide Parteien – die Individuellen genauso wie die Kollektiven – Probleme mit den Dämonischen haben. Um das Dämonische etwas aufzuschlüsseln: Sie sind Elementalwesen, erschaffen durch die Reibereien zwischen Asuras und euch. Sie inkarnieren genauso wie Asuras und Menschen, besitzen jedoch keine Seele. Sie sind somit Geschöpfe einer langen Reihe von Kämpfen zwischen Asuras und Suras (den Individuellen). Ihr ganzes Streben ist Selbsterhaltung, um ein physisches Leben und Erleben aufrecht halten zu können. Dazu benötigen sie weiterhin diese Reibereien, die sie konstant provozieren. Sie treten vermehrt grobstofflich als Menschenwesen auf, so dass man sie kaum noch von echten Menschen unterscheiden kann. Von Angesicht zu Angesicht können sie entlarvt werden, wobei gerade ihr Klingsormenschen die Gabe dazu besitzt. Und das wirft im Moment der Entlarvung ein großes Problem auf – der so entlarvte Dämon wird nichts unversucht lassen, den Entlarver zu vernichten. Deshalb mein Rat: Zeigt es einem Dämonischen nicht, wenn ihr ihn entlarvt habt!«

»Aber spürt so einer nicht die Energetik der Entlarvung?«, fragte ich irritiert.

»Nein – er ist ein seelenloses und auraloses Wesen und kennt solche Seelenenergien nicht«, lächelte Ulluer. »Dämonische benötigen

Verlautbarungen, um in Aktion und Reaktion zu gelangen. Erkennst du so ein dämonisches Wesen, dann behalte es für dich – auch wenn es dir schwerfällt.«

»Schreien deshalb manche Menschen in Politik oder Wirtschaft und anderen gesellschaftlichen Organisationen so herum?«, kam es mir in den Sinn.

»Kein Sura und kein Asura schreit so herum«, nickte er. »Was da laut und polternd ist, hat auf jeden Fall dämonische Hintergründe oder es sind unachtsame Menschen, die von Dämonen geleitet sind.«

Er blickte mich weich an und fuhr fort: »Seid wachsam, äußert euch nicht zu vorschnell, wenn Menschen euch verbal provozieren. Es könnte sich dahinter ein Dämon verbergen oder ein vom Dämonischen infizierter Mitmensch. Und vergesst niemals, Asurische und deren Fürsten und Stellvertreter gehen klar auf Konfrontation. Sie sind auf ihre kollektive Art genauso klar, wie auf seine Art der Wede, der individuelle Mensch. Die Asurischen haben nur eine Mission: Kollektivieren! Konfrontation ist ein uraltes Machtspiel zwischen den Energien, die ihr plus und minus nennt. Absolute Klarheit, wo der jeweilige Mensch steht, sorgt für ein ausgeglichenes Auskommen zwischen kollektiven und individuellen Populationen. Keinem Asura würde es einfallen, sich offen gegen einen klaren Weden zu stellen. Er geht den Weg der Beeinflussung anderer, die das dann versuchen. Zwischen den beiden Kräften Asura (kollektiv) und Sura (individuell) herrscht zwar keine Freundschaft, aber auch keine Feindschaft, es herrscht gegenseitige Akzeptanz der unterschiedlichen Lebensmodelle und Respekt voreinander. Die Reibungsflächen ergeben sich aus jenen, die dazwischenliegen und weder kalt noch warm sind – Jesus sprach von den Lauen. Je breiter die Reibereien werden, desto breiter wird die Münzbreitseite. Ab einer gewissen Dicke der Medaille/Münze manifestieren sich die

Feldebenen der Dämonischen. Je mehr man dieser Breitseite Raum einräumt, desto zielsicherer können sich die dämonischen Kräfte dort eingravieren. Das Symbol eurer Münzen, die an der Breitseite tatsächlich beschriftet sind, zeugt davon.«

Das waren für mich erst einmal zu viele Infos, so dass ich nochmals einhakte.
»Heißt das, die Kollektiven sind nicht wirklich unser Problem, sondern die, aus den Reibereien unter den Lauen entstandenen Elementale namens Dämonen?«

»Asuras schaffen immer Probleme, wenn sie dazu Eingang bekommen«, erklärte Ulluer. »Und sie wissen um die Umstände der Dämonischen – was sie nicht davon abhält, immer wieder zu probieren, das Dämonenwesen in den Griff zu bekommen. Das Kollektivwesen ist der Meinung, alles in den Griff zu bekommen. Das ist ja ihre Mission. Doch immer wieder müssen sie feststellen, dass die Dämonischen nicht zu bändigen sind. Spätestens an diesem Punkt angelangt, versuchen sie mal wieder, mit den Individuellen ins Gespräch zu kommen. Der gemeinsame *Feind* wird ins Spiel gebracht, in der Hoffnung, dass die Individuellen eine Idee haben, das Problem zu beseitigen. In exakt dieser Verhandlungsposition seid ihr nun angelangt. Jetzt ist die Kreativität und Dynamik der individuellen Weden wieder gefragt, den dämonischen Status quo zu brechen. Darin liegt der Grund, warum die asurischen Fürsten derzeit immer wieder nach Innererde eilen.«

»Aha, jetzt sollen also die Innerirdischen die Lösung dafür finden«, brummte ich. »Und trotzdem ziehen sie die Daumenschrauben an, anstatt die ständige Anheizung der Lauen zu unterlassen.«

»Sie unterschätzen enorm die Selbstläufer, die sich dabei entwickeln.«

»Und welchen Rat geben die Innerirdischen ihnen?«

»Damit aufzuhören, alles, was ins Individuelle reicht, über ihre Medien als das Böse anzuprangern. Doch das alleine reicht nicht, wenn von individueller Seite das Gleiche geschieht. Denn dadurch fühlen sich die Kollektiven wieder bedroht. Ich kann nur immer wieder darauf hinweisen, dass ihr eure Visionen stärkt und das aufbaut, was euch wichtig ist und allem anderen keine Nahrung mehr gebt, indem ihr gegenüber den Themen, die gegen eine friedliche Welt gerichtet sind, in die Neutralität geht. Stell dir ein Bild vor, wo ihr friedlich eine bessere Welt aufbaut und auf der anderen Seite die Medien immer wieder mit ihren hässlichen Themen auf die Menschen einpeitschen. Und in der Mitte ist die laue Masse. Ihr könnt euch denken, dass die Tendenzen innerhalb der lauen Masse dahin gehen werden, wo ihnen ein Ausweg aus all dem Hässlichen, das sie hören und das ihr Elend ausmacht, geboten wird. Und je weniger Reibungsfläche ihr bietet, umso geringer wird die Anzahl an Dämonen, denn zu einer Reibung gehören immer zwei.«

»Das leuchtet mir ein«, nickte ich, »noch nicht so ganz, wie ich einen Dämon wirklich erkenne.«

»Wo immer du bei einem Menschen Gewissenlosigkeit, völlige Kälte und unmenschliche Verhaltensweisen siehst, steckt dahinter mit großer Sicherheit ein Dämon. Selbst die Bioroboter spüren noch so etwas wie Zuneigung und können menschlich reagieren. Dämonen können das überhaupt nicht, weil sie nicht einmal ein Fünkchen von einer Seele haben. Dämonische Wesenheiten interessiert nicht das Wohl der Menschen, sondern nur ihr eigenes Tun, das oftmals Widersprüchlichkeit aufweist. Es geht den Dämonischen nur um sich selbst und wie sie sich vor aller Welt als Machtpotenzial profilieren können. Dämonische tun alles, was dem menschlichen Verstand und Gefühl widerspricht. Sie kennzeichnen sich oftmals als die schlimmsten Globalisten, indem sie darauf hinarbeiten, ganze Staaten zu zerstören.«

»Wie kommen Dämonen an einen menschlichen Körper?«, wollte ich wissen.

»Auf zweierlei Wege:«, führte Ulluer weiter, »Es ist meist ein Wechsel nach dem vorzeitigen Tod eines Menschen – die Seele steigt aus und der Dämon steigt ein. Das passiert jedoch nur, wenn Menschen sterben, während sie Dinge tun, die tatsächlich dämonischer Natur sind, zum Beispiel bei Schießereien, in denen großer Hass die Grundlage ist, oder wo ein Mensch, der ein Tier quälte, von diesem so gebissen wird, dass der Körper eigentlich sterben müsste. Du kannst dir selbst ausmalen, bei welchen Gelegenheiten ein Dämon einen Körper übernimmt. In fast allen Fällen sind diese Menschen vorher schon dämonisch besetzt.«

Damit verabschiedete sich Ulluer. Ich hätte dieses Gespräch gerne noch weitergeführt, aber er musste leider weiterziehen.

*

15. Die Kraftlosigkeit erfahren

28.05.2010 Einfahrt – Gespräch mit Vitali

Vitali schrieb mir eine E-Mail mit dem Inhalt, dass er ebenfalls ganz plötzlich solche Rückerinnerungen wie ich hatte und wir trafen uns in Innererde, um uns darüber auszutauschen.

So langsam erweiterte sich das Bild durch Vitalis Ergänzungen. Vitali erfuhr, dass er einer der letzten aktiven Telepathen der Klingsoren war und er hat sich diese Fähigkeit bis heute bewahrt. Er gelangte vorher auch auf diesem Wege immer wieder einmal in die früheren Zeiten.
Die damalige Welt war völlig anders, als es uns unsere Historiker glauben lassen. Es war eine bunte und vielfältige Kulturgemeinschaft wedischer Hintergründe, die jedoch nach und nach über morphogenetische Einflussnahmen außer Kraft gesetzt wurde. Unbewusst trugen wir A und B dazu bei, weil wir in den offensiven Widerstand gingen, anstatt unsere Kräfte für eine Durchlässigkeit aller Manipulationen zu nutzen. Wir Klingsoren hätten damals nur auf eine Durchlässigkeit hinwirken sollen, wie es uns die Voltrain lehrten. Aber wir nutzten unsere Klingsormacht lieber zum Widerstand und zum Kampf. Letztendlich haben wir damals Mist gebaut und sind mit verantwortlich, dass die Kollektiven nach und nach strategisch die Oberhand gewannen. So wurde es für jeden von uns ein persönliches Anliegen, gegen die Invasoren zu kämpfen, anstatt im Sinne einer geschlossenen Klingsormacht jegliche Einflussnahme der Invasoren im Nichts verpuffen zu lassen, so wie wir es anfangs gemacht hatten.

»Es gefiel uns sogar, gegen eine Macht zu kämpfen, die uns scheinbar unterlegen war«, erläuterte Vitali. »Ja, wir wollten ihnen zeigen, dass sie uns völlig unterlegen seien und dieser Hochmut war unser größter

Fehler. Wir haben sie unterschätzt, weil wir ihre Tricks nicht immer durchschauten und uns dadurch überschätzt.«

Wir hatten damals noch unsere Fähigkeit, zwischen den Gebieten hin und her zu teleportieren. Wir durften über die saraphinischen Portale *surfen*, solange wir sie nicht zum Kämpfen benutzten. Innerhalb der noch vorhandenen Lauterkeit konnten wir Klingsoren uns noch so bewegen, um bei den wedischen Stämmen und Clans als Lehrer und Informationsträger aufzutreten. Dagegen konnten die Kollektiven nichts tun, außer zu intrigieren, dass wir Klingsoren böse Zauberer seien, die verhindern wollten, dass die Menschheit endlich im Sinne Gottes zusammenwachse. Viele begriffen damals nicht mehr, dass der Gott der Kollektiven Luzifer ist.
Wir Klingsoren gingen in die Rechtfertigung, aber es wurde immer weniger auf uns gehört und wir hatten das Gefühl, es gehe nicht mehr ohne offenen Kampf und wir verbauten uns dadurch die saraphinischen Portalhilfen. Man muss eine Wahrheit nicht rechtfertigen, sondern einfach benutzen. Dadurch, dass wir uns rechtfertigten, liefen wir in die luziferische Falle der asurischen Gesetzmäßigkeiten. Wir übersahen, dass diese Falle bedeutet, dass sich die Erdenmenschen für ihr Dasein zu rechtfertigen haben – wir übersahen, dass wir Geschöpfe Gottes sind, die sich für nichts zu rechtfertigen haben, außer vor sich selbst und vor Gott. Dass wir in solch einen sinnlosen Kampf um die Eigenrechte einstiegen, hat uns letztendlich in asurische Gefangenschaft geführt.

»Wir müssen dringend umdenken, nicht mehr in Schuld denken, sondern rausgehen ins wahre Leben«, kam mir in den Sinn.

»Das wahre Leben ist heute so schlimm und irre, dass ich mich erst mal eine Weile davon distanzieren möchte«, warf Vitali ein.

*

Ich erinnerte mich während der Darstellung von Vitali ebenfalls erneut an die Inhalte meines *Films*. Ich sah plötzlich wieder Omnibus vor mir, wie er sich auf einem Raumkreuzer befand. Wir Klingsoren wussten damals scheinbar, dass es zwei verschiedene Kategorien der *Götter* gab, die sich einander nicht sonderlich grün waren. Da gab es die Igigi (Itschitschi ausgesprochen), wie sie sich bezeichneten, die von den Raumkreuzern aus agierten und die asurischen Fürsten, die direkt von der Erde aus kommandierten. Die Igigi waren eine Spezies ähnlich den Arkaniern. Sie waren lediglich Beobachter. Sie waren an die Raumfahrt angepasst und mieden den Bodenkontakt auf der Erde, weil ihre Körper mit der Schwerkraft Probleme hatten. Sie sahen sehr feingliedrig und bleich aus, bewegten sich ungemein geschmeidig bei etwa ⅓ weniger Schwerkraft im Raumschiff, als wir sie auf der Erde haben. Sie hatten sich über Jahrtausende zu geschickten und erfahrenen Raumfahrern entwickelt und waren gefragte *Lotsen* in der Galaxis. Sie beherrschten viele Sprachen und waren insgesamt sehr human eingestellt.

Der Offizier, der mit Omnibus sprach, nannte sich Lemzio und er erzählte ihm (meiner damaligen Persönlichkeit), was die *Bodenfürsten* mit der Erde vorhaben. Einerseits würden Bodenschätze geschürft, andererseits experimentierten sie mit allem, was eine kompatible Genetik aufweist, denn mehr als zwei Drittel der Anakalim (so bezeichneten die Igigi unsere Eroberer) unterlägen der Degeneration und seien vom Aussterben bedroht. Sie benötigten bestimmte Mineralien und genetische Auffrischungen, was sie von Planet zu Planet treibe, auf denen es Hominide gebe, die so etwas wie Selbstbewusstsein besitzen. Je mehr die Genetik einer Planetenspezies mit ihrer eigenen Genetik übereinstimme, desto interessanter werde der Planet für sie.

Die Igigi seien ebenfalls vom Aussterben bedroht, erklärte er, doch ihre Mentalität gehe damit ausgesöhnt um. Sie gingen bewusst der körperlichen Auflösung entgegen, nähmen derzeit aber mit, was ihnen das jetzige Dasein noch bereitstelle. Ja, sie seien

inzwischen sehr dekadent, aber nicht gewillt, mit den Anakalim am Manipulationsstrang zu ziehen. Ihre Spezies habe in Jahrmillionen alles erlebt, was es physisch zu erleben gebe. Alle Igigis, die sich im Sonnensystem befinden, wüssten, dass sie in zwei- bis dreitausend Jahren nicht mehr existieren werden.
Sie wüssten ebenso, dass wir eines fernen Zeitalters in der Lage seien, alle Anakalim aus unserem Einflussbereich zu entfernen. Doch zuerst müssten wir durchleben, was es bedeute, einer Dekadenz zu verfallen. Unsere würde jedoch anders verlaufen als die ihrige, da wir planetenbezogen seien und unser Planet uns unterstützen werde. Alle ursprünglichen Erdenmenschen würden diese Dekadenz überstehen. Wir seien eine sehr starke Spezies. Stark von einer Dekadenz erfasst würden nur jene Eingeburten, die aus den genetischen Manipulationen mit den Anakalim entstünden und die genetischen Nachfolger der Nichtirdischen, die sich auf der Erde vermehren würden – davon würde sie auch keine genetische Vermischung langfristig abhalten.
Sie würden die Vorgehensweise der Anakalim sehr gut kennen, erklärte Lemzio, denn diese sei stets identisch und leicht berechenbar. Die Anakalim seien äußerst beschränkt auf ihre Art und könnten ohne Zuhilfenahme genetischer Auffrischungen nichts bewegen. Ihre Macht bestehe alleine durch die Ausübung von Angstszenarien, die sie mental in Form hypnotischer Einwirkungen auf andere Planetenpopulationen ausübten. Auf die Igigis wirke das schon lange nicht mehr. Und sie ahnten, dass wir eine Menschenpopulation seien, die die Anakalim besiegen werde, weil wir die Stärke dazu hätten.

Als Omnibus ihn fragte, warum wir erst durch die kollektive Dekadenz gehen müssten, antwortete er, dass wir erst kennenlernen müssten, was die Anakalim seien. Wir müssten annähernd so werden wie sie sind, um zu begreifen, dass sie nur eine kopierte Schöpfung darstellen. Wenn wir einmal die Kraftlosigkeit eines Anakalim erfahren hätten, dann würden wir aufwachen, um unsere Urkräfte wieder in uns zu aktivieren. In uns schlummere eine machtvolle Schöpferkraft, die

uns vor einer tatsächlichen Dekadenz bewahre. Uns würde nur eine scheinbare Dekadenz wie eine Tarnkappe auferlegt, die beizeiten das Joch abwerfen werde. Wie tief wir scheinbar auch fallen würden, alles sei nur ein Art Gnaden- und Lernakt, den wir uns selbst auferlegt hätten, als wir uns auf diese Eroberer einließen. Letztendlich sei es unser kollektives Unbewusstes gewesen, das uns dazu bewegt hätte.
Ich fragte ihn, was mit den Achelern sei, die uns unterstützten und er antwortete, dass diese sehr viel wüssten, aber nicht mit dem Überblick, den sie hätten. Sie seien involviert, könnten und dürften uns jedoch nicht helfen. Sie würden es tun, wenn sie das Wissen hätten, was wir dazu haben. Doch dadurch würden sie selber zurückfallen und das wäre letztendlich sicher nicht im Interesse der Erdenmenschen.
Wir Klingsormenschen hätten von den Voltrain die Gabe erhalten, die Erdenmenschen zu schützen und könnten sogar jene schützen, die vordergründig für den Schutz der Erdenmenschen da seien, wie die Acheler. Die Klingsoren hätten Gaben, die selbst die Acheler nicht hätten.
Omnibus fragte ihn, wann wir es wieder schaffen würden, die Erde zum Wedischen hin zu verändern und er antwortete ihm, das würde geschehen, wenn alle derzeitigen Klingsoren wiedergeboren sein würden – wenn der letzte Klingsor in einer großen Epoche des scheinbaren Niedergangs seine Anlagen wiederfinde. Wann das sein werde, könne er auch nicht sagen. Er wisse nur, dass das in einer Zeit sein werde, in der seine Spezies nicht mehr auf der grobstofflichen Ebene existent sei. Die irdischen Klingsoren würden in dieser Zeit nicht mehr über ihre starke mentale Kraft verfügen, aber alle feinstofflichen Wesenheiten der Erde würden sich mit ihnen verbinden und sie unterstützen, die Erde wieder zu befreien. Es würde eine Zeit sein, in der die Menschen erkennen, dass keine Wesenheit des Universums über ihnen stünde – auch kein Außerirdischer.

*

16. Saat und Ernte

19.08.2010 Einfahrt – Gespräch mit Mordechai, Nasmakrai und Starsa

In den letzten Wochen waren keine Einfahrten möglich. Die Kontakte wurden auf das Nötigste reduziert, weil Innererde völlig neue Einfahrtsportale installiert.
Heute darf ich diese neue *Technik* zum ersten Mal nutzen. Es ist alles ein bisschen anders geworden. Die Einfahrt erfolgt nun fast in Nullzeit und ist erst einmal etwas irritierend für mich. Ich kann es kaum glauben, dass ich nach dem Einstieg fast schon wieder aussteigen kann.

Nach meiner Blitzankunft holte mich Mordechai ab. Sie zeigte mir die neuen Techniken, die solche Einfahrten regeln. Sie funktionieren über Quantenfeldmodulationen, wenn ich das so richtig verstanden habe. Ich begreife mal wieder nicht viel davon.
Diese Umrüstung musste sein, weil es inzwischen Menschen gibt, die nahe daran sind, die alten Techniken zu knacken – wenngleich mit gehörigem Aufwand. Am Aufbau und der Installierung dieser neuen Technik haben in den letzten Wochen etwa 8.000 Techniker gearbeitet.

»Bis vor kurzem sah man hier keine Veranlassung die vorherige, seit Jahrtausenden gut funktionierende Technik zu erneuern«, erklärte Mordechai. »Auch neue Holographie-Sampler wurden an den wesentlichen Planetenöffnungen angebracht, die sogar feste Materie als Blendwerk generieren.«

»Dass Innererde nun so aufwändig geschützt und verborgen wird, liegt an der aggressiven Technik der Asuras, die mit Gewalt nach

Innererde eindringen wollen und gehäuft Durchbruchsversuche unternommen haben«, erklärte Starsa. »Wir vertrauen zwar auf die Hindernisse der Naturwesenheiten an den Polöffnungen und auch an den Durchgängen, die es auf allen Erdteilen verteilt gibt, doch es kann nichts schaden, die Eingänge zusätzlich verstärkt zu verbergen. Bei euch werden von Seiten der Asuras immer mehr Techniken eingeführt, die nicht nur das Wetter manipulieren. So werden bestimmte Frequenzen den Satellitenstrahlen aufgepulst, die dazu angetan sind, über Fernsehsendungen die Menschen immer stärker auf mentalem Wege zu beeinflussen. Empfänglich dafür sind vor allem jene, deren Eigenschwingung noch recht niedrig ist.«

»Ich fühle mich fast machtlos, wenn ich darüber nachdenke«, warf ich erschrocken ein.

»Hilflos und machtlos ist keiner«, konterte Nasmakrai, »da sich das menschliche Bewusstsein bereits dahingehend verändert, sich solchen Machenschaften zu entziehen. Der bewusste Umgang mit den Medien wirkt sich wiederum auf das Morphofeld aus, so dass es im Umkehrschluss wiederum Einfluss auf Menschen hat, die sich dem bewusst noch nicht entziehen können. Ihr dürft niemals die Auswirkungen, die ihr auf die feinstofflichen Felder habt, unterschätzen.«

»Im Moment sind fast alle Seelen, die vor ca. 13.000 Jahren involviert waren, wieder auf der Erde inkarniert«, folgerte Mordechai. »Ein zweites Mahabharata wird es deshalb nicht mehr geben, weil ihr – wenn meist auch noch unbewusst – auf die Erkenntnisse, die ihr damals erlangen konntet, zurückgreifen könnt. Wir glauben vielmehr, dass sich viele gerade läutern.«

»Die Funktion des Aufwiegelns ist jedoch auch wieder präsent«, warf ich ein.

»Und was sagt die Arjuna-Erinnerung in dir?«, fragte Starsa.

»Es wird nicht mehr so funktionieren wie damals. Du hast recht«, kam es mir in den Sinn.

»Es ist eine Wende, ja«, nickte Starsa. »Der Geist Arjunas ist in den feinstofflichen Feldern sehr stark erkennbar.«

»Man behauptet doch allgemein, dass Täter stets zum Opfer werden und Opfer zum Täter«, warf ich nachdenklich ein. »Und im Neuen Testament heißt es auch, dass die Wiederkunft des Christus dieses Mal nicht mehr als Opferlamm sein wird.«

»Bedenke, dass eine wirkliche Erlösung nicht durch Umkehrung geschieht, sondern durch Erkenntnis aus früheren Erfahrungen«, schaute Starsa mich liebevoll an. »Alles ist derzeit im Aufruhr, sowohl bei euch wie auch bei uns. Es sind aufregende und gleichzeitig spannende Zeiten.«

Ich kam nochmal auf die sich gerade häufenden Naturkatastrophen zu sprechen – ich wollte wissen, inwiefern sie von Mutter Erde ausgehen und wie weit sie künstlich hervorgerufen wurden und noch werden.

»Die Ursachen waren natürlicher Art, doch man machte sie sich zunutze, sie mittels Techniken und Sabotage auszuweiten. In Pakistan wurden mehrere Staudämme durch Sprengungen so geschwächt, dass sie brechen mussten. Die Hitze- und Dürreperiode in Russland wurde genutzt, um viele Feuer zusätzlich zu schüren – über Satelliten ausgelöst. Man will Russland dazu zwingen, sich dem westlichen Markt für Lebensmittel zu öffnen. Die Wetterkapriolen, die dadurch entstanden und jetzt halb Europa und einen Teil Asiens beeinträchtigen, sind eine Folge davon. Dies wiederum machen sich skrupellose Spekulanten zunutze, um eine Lebensmittelknappheit zu prognostizieren und dadurch die Preise für Grundnahrungsmittel in die Höhe zu treiben. Fast alle Katastrophen werden ausgenutzt, um irgendetwas durchzusetzen, was man ohne nicht durchsetzen könnte. Man nutzt sie, um Ängste zu schüren, wo man in Wirklichkeit keine haben müsste. Erst wenn dieses System von den meisten Menschen durchschaut sein wird, wird sich das ändern«, rezitierte Nasmakrai. »Doch ihr dürft auch darauf vertrauen, dass sowohl in Politik als auch in der Wirtschaft Menschen wirken, die unerkannt darauf hinarbeiten, dass es offen ersichtlich wird.«

»Mir dauert das alles zu lange«, sinnierte ich. »Alleine, wenn ich darüber nachdenke, dass unsere Umwelt derartig geschädigt wird, dass immer mehr Pflanzen, Insekten und auch größere Tiere aussterben und auch immer mehr Menschen erkranken an all den Manipulationen gewissenloser Wesen – Menschen mag ich dazu gar nicht mehr sagen.«

»Der Mensch ist erheblich stabiler, als du denkst, Alfons«, erwiderte Mordechai. »Er passt sich immer wieder an. Anders ist es jedoch bei den Insekten, den Vögeln und der Pflanzenwelt. Viele Arten sterben im Oben aus und hinterlassen große Lücken im gesunden Naturhaushalt, so dass sogar das Gesunde erkrankt. Es entstehen neue Arten, die sich anpassen müssen – auch neue Arten von Pflanzen, die man kultivieren sollte, um die künftige Ernährungskette aufrecht zu erhalten. Der noch natürlich denkende Mensch begreift das und weiß um die Tatsache, nicht gegen die Natur zu kämpfen, sondern mit ihr zu leben.«

»Die meisten eurer heutigen Obst- und Gemüsesorten sind derart degeneriert und auf Massenernte ausgerichtet, dass sie sich bei ihrem stark angetriebenen Wachstum kaum noch mit vitalen Stoffen anreichern«, führte Starsa weiter aus. »Es gibt jedoch Tricks, modifizierte Pflanzen wieder ursprünglich werden zu lassen.

Lasst Obstbäume zum Beispiel wieder unbeschnitten wachsen, dann bringen sie letztlich wieder urwüchsigen Samen und Triebe hervor, die sich kultivieren lassen. Und zieht euren eigenen Samen. Eine Selbstaussaat ist etwa nach drei bis vier Jahren wieder widerstandsfähig und ursprünglich. Also nicht Samen sammeln und neu vorziehen, sondern im Garten verrotten lassen und auf Neuwachstum warten. Das geht nicht mit allen modifizierten Pflanzen, aber mit vielen. Selbst Tomaten im Treibhaus solltet ihr im Boden verrotten lassen. Die, die dann von selbst aufgehen, sind bereits viel stabiler. Dafür müsst ihr aber mit dem tiefen Umgraben aufhören. Ein Umgraben von 10 bis 15 Zentimetern geht noch, wenn es mal vonnöten ist und dann eine dünne Schicht gereiften Humus einharken, dürfte kein allzu großes Problem sein. Selbst dort wird altes Bodensaatgut noch aufgehen, weil es bis zu einer Tiefe von 20 cm neu keimt. Ihr könnt euch so euer ganz eigenes Saatgut ziehen, das sich sogar eurer Energetik anpasst.«

»Irgendwie entspricht mir diese Form«, sinnierte ich, »aber wie ist das dann mit dem Mondkalender usw.?«

»Jede Pflanze, die durch das Erschaffen des eigenen Saatguts auf seinen Platz und seine Bewohner eingestellt ist, weiß wann sie aufzugehen hat. Da findet eine ständige Interaktion mit den Bewohnern und dem Umfeld statt. Der Mondkalender ist ein Anhaltspunkt fürs Säen von Samen, die nicht an die Menschen und ihr Umfeld angepasst sind.
Ist das jedoch der Fall, dann braucht keine Pflanze mehr solche Saatvorgaben. Sie wird genau zum richtigen Zeitpunkt keimen. Man braucht immer nur dann kollektive Vorgaben, wenn man auch kollektiv erstelltes Saatgut hat.«

»Ich denke, darüber werde ich mit Christa sprechen müssen, denn sie geht vielfach nach unserem Mondkalender vor.«

»Noch einmal etwas zum wesentlichen Verständnis«, blickte mich Mordechai nun an. »Die Saatintuition ist eine pur männliche Angelegenheit – inklusive der Beetvorbereitung. Die Hege und Pflege ist weiblich/männlich und die Ernte der weiblichen Intuition angelegt. Probiert das mal zwei bis drei Jahre lang aus – ihr werdet langfristig den Unterschied erkennen.«

»Dir würde es auch zur Gesundung gereichen – du wirst es erleben. Wenn du deinen männlichen Saat- und Pflegeaufgaben nachgehen kannst, wirst du immer gesünder werden. Erinnere dich daran, dass du schon vor Jahren sagtest, Bauer zu sein, ist im Grunde dein Ding – dein tiefer Wunsch. Schon damals sagten dir Starsa und Mara: ›dann tue es endlich!‹«, schaute mich Mordechai auffordernd an.

»Du hast recht, Mordechai«, erinnerte ich mich. »Ich brachte immer alle Vorschläge von euch mit nach Hause und Christa setzte sie um – ich weniger.«

»Das hast du wohl bis heute noch nicht so richtig begriffen«, lächelte Mordechai. »Alle Ratschläge gehen grundsätzlich erst einmal an dich persönlich. Sie können für andere ebenso stimmig sein, doch sind sie erst einmal individuell an dich gerichtet. Es ist ein Trugschluss, wenn du meinst, du sammelst hier Informationen, um sie anderen zum Sortieren vorzulegen. Vieles, was wir hier sagen, ist natürlich auch allgemein umzusetzen, doch manches davon ist auch persönlich auf dich abgestimmt. Oder bist du nur ein Sammler, der das Gesammelte nicht verwendet?«

Jetzt war ich erst einmal baff, dachte ich doch, alles, was ich sammle und bringe, wäre für die Allgemeinheit.

Starsa sah mich schmunzelnd an und meinte dann: »Du denkst immer noch zu sehr kollektiv. Wenn du es bisher nicht bemerkt hast, dann bestimmt jetzt.«

»Das heißt jetzt für mich ein Umdenken«, sinnierte ich. »Du – ihr sprecht mich persönlich an – ganz intim und nicht als richtungsweisend für andere.«

»Wenn wir persönliche Informationen geben, bist du gemeint – ja«, nickte Mordechai. »Was nicht bedeutet, dass sie für andere nicht ebenso wichtig sein können – aber nicht in jedem Fall zu hundert Prozent. Ihr solltet lernen, viel mehr auf euren Instinkt zu hören.«

»Und so geht ihr mit allen Kontaktlern um?«

»Natürlich«, grinste Starsa, »ich habe etwa 25 von euch unter meinen Fittichen und jeder hat andere Themen, die für ihn wichtig sind.«

»Deshalb könnt ihr eure Kontaktler so treffend einschätzen«, folgerte ich verblüfft.

»Zum Großteil – ja«, nickte Starsa, »und da du seit acht Jahren ein treuer und interessierter Kontaktler bist, hat es sich auch so ergeben, dass wir den Kontakt mit dir sehr auf dich persönlich zuschneiden konnten.«

Acht Jahre schon – das wird mir jetzt erst so richtig bewusst. Das sind aber auch acht Jahre in meinem Leben, die mich ganz besonders geprägt und auch herumgeschleudert haben. Diese acht Jahre haben mich mehr bewegt und verändert als die 50 Jahre vorher. Sie haben mich einerseits weicher, andererseits härter gemacht und an meinem allgemeinen Befinden sehr gezerrt. Nichts vorher hat mich jemals so erschüttert, aber auch motiviert, wie diese acht Jahre. Jede Menge an Menschen sind in dieser Zeit an mir vorbeigezogen. Ich erlebte Gemeinheiten sowie aufbauende

Faktoren, Einsamkeit und Verzweiflung, Aggressionen und Gleichgültigkeit, Neid und Missgunst und Vertrauensverlust. Aber letztendlich kann ich heute sagen, es hat sich gelohnt, dass ich mich durch all diese Dinge nicht davon abbringen ließ, weiterhin den Kontakt zu halten.

*

17. In Losgelöstheit das Allwissen erfassen

24.09.2010 Einfahrt – Gespräche mit Aristide, Nasmakrai, Mordechai und Starsa

Nachdem ich eingefahren war, traf ich einige Kontaktler, beim Essen an, die schon früher eingefahren waren als ich. Kinder und Jugendliche hatten etwas zum Essen und Trinken gebracht und umsorgten uns – ›als wären wir Götter‹, wie die Baronin mehrfach seufzte.

»Die Energie hat sich bei euch allen verändert«, erläuterte Aristide trocken. »Die Kinder fassen sie auf und freuen sich, euch zu zeigen, dass sie das begriffen haben. Für sie seid ihr jetzt nicht mehr so fern ihrer Lebenssicht, die recht einfach und friedlich ist. Kinder und Jugendliche spüren sehr betont, wenn Erwachsene wieder dahin Einkehr finden. Für sie ist das ein großer Anlass, sich mit euch zu befassen – zumal es sie in eine Position bringt, sich erwachsener zu fühlen.«

»Das klingt paradiesisch«, flutschte es mir heraus, »und so bekannt.«

Nach dem Essen machte sich Vitali auf, den vor uns liegenden kleinen, aber sehr steilen Felsen zu beklettern. Er stand davor, wusste aber nicht auf Anhieb mit welchem Bein er beginnen sollte – er rutschte mehrmals wieder ab. Wir sahen ihm fasziniert zu, wie er sich abmühte. Dann gingen zwei Halbwüchsige zu ihm und zeigten ihm, auf welchen Vorsprung er jeweils sein Bein setzen soll. Einige Kinder kletterten vor ihm bis zur Spitze, um ihm den Weg nach oben zu weisen. Vitali machte es ihnen nach – es schien ihm jetzt ganz leicht zu fallen. Aber als er oben war, schaute er nun irritiert nach unten. Die Kinder und auch wir lachten, als er so schräg dort oben saß und dumm aus der Wäsche schaute. Ein etwas größerer Junge

flog mit einem kleinen Antigrav-Fahrzeug hoch und holte ihn wieder herunter. Den anschließenden lachenden, aber liebevollen Spott der Kinder musste er ertragen.
»Mater im Himmel – wenn es bei uns doch auch endlich mal so sein könnte«, stöhnte Agnes. »Ich mag gar nicht mehr weg von hier.«

Da fiel mir ein, was H. zu uns sagte, als sie fast 10 Tage bei uns war: Am liebsten würde sie nicht mehr weg von hier. Als ich das sagte, meinte Mordechai sofort:
»Dann hat sie bei euch die urwedische Energie aufgenommen, die bei euch zu Hause mit großer Wahrscheinlichkeit vorherrscht. Und diese liebt sie – diese lieben alle noch einigermaßen natürlichen Menschen.«

»Diese Genetik schleppen wir andauernd herum?«, fragte Vitali.

»Sie ist euch eigen – und sobald ihr in eurer Mitte seid, strömt sie aus euch heraus«, nickte Aristide. »Zudem öffnet sich dadurch bei euch die urwedische Essenz von Liebe und Geliebtwerden – es ist in eurer Aura und in vielen eurer Worte.«

»Ganz einfach erklärt – jeder Blutlinier besitzt diesen Schlüssel zum Herzen aller wahren Menschen auf Erden«, folgerte Starsa, »nicht jedoch zu jenen, denen diese genetische Energetik fehlt. Ihr könnt sie zwar auch von eurer Seite aus mit dem Herzen erreichen, doch wenn sie diese Energie nirgendwo andocken kann, dann prallt sie einfach ab.«

»Aber irgendwie sind sie auch Menschenwesen«, warf Agnes ein.

»Das schon – solange sie noch das kleinste Fünkchen einer Seele haben. Aber sie sind nicht rechtmäßig hier«, konstatierte Vitali. »Andererseits können wir sie nicht einfach wegschicken und letztendlich auch nicht offen appellieren, dass sie wieder freiwillig gehen. Jedes dahingehende Wort wird doch sofort als rassistisch beurteilt.«

»Überlasst es dem Naturgeschehen!«, erwiderte Aristide ernst. »Der Planet Erde ist dermaßen feinsinnig und natürlich vernetzt, dass er stets dort zu einer Selektion ansetzt, wo es für ihn zur Reinigung wesentlich ist. Und die ursprünglichen Wesenheiten des Planeten sorgen ebenfalls ganz natürlich für eine Reinigung. Es sind Fauna und Flora und urmenschliches Bewusstsein daran beteiligt. Keine Politik, keine Invasoren haben letztlich ein Mitspracherecht.«

»So in der Art empfinde ich das längst«, warf ich ein. »Es bringt nichts, sich darüber aufzuregen – es sei denn, man möchte das tun, um das Blut in den Klingsoradern rauschen zu hören.«

»Hehe«, machte Vitali, »da hast du etwas gesagt!«

»Manchmal fehlt mir der Schwertkampf – der letzte vielleicht.«

»Ja, einer, der so richtig knackig ist und die Klingsorenergetik entweder befriedigt oder zu den Voltrain zurückschickt«, nickte die Baronin. »Vielleicht stirbt ja in diesem Leben die Klingsorenergetik mit uns wieder aus, weil sie nicht mehr benötigt wird.«

»Dann wird's aber langsam Zeit für mich«, lachte Vitali. »Ich habe keine Lust mehr, mit 85 am Krückstock das Schwert zu schwingen – das sähe ja auch ziemlich blöde aus.«

»Wie wäre es, wenn ihr euren letzten Klingsoreinsatz ganz einfach genetisch begehen würdet?«, blickte uns Nasmakrai der Reihe nach an. »Gebt euer Schwert in Form der Auflösung des Klingsorimpulses ab, entweder jetzt, wenn euch danach ist, vielleicht nach Beendigung eurer Lebensaufgabe oder am Ende dieses Lebens.«

»Du meinst, den Puls - die Klingsorprägung kinetisch auflösen?«, fragte ihn die Baronin.

»Ja«, nickten Starsa, Aristide, Mordechai und Nasmakrai einmütig.

»Und was wird dann, wenn ich keinen Kampfeswillen mehr habe?«, warf ich spontan ein. »Dann mutiere ich noch mehr zum Weichei.«

»Wenn ihr euer Klingsorerbe nicht mehr mit euch in einer Schwertscheide herumtragt, strömt ihr auch nicht mehr soviel Kampfbereitschaft und Streitsüchtigkeit aus und es würde sich freier von Aggressionen leben lassen«, gab Mordechai zu bedenken.

»Ich bin weder aggressiv noch streitsüchtig«, warf ich ein.

Da stimmten mir die anderen zu.

»Das bist du auch nicht«, lächelte Aristide, »aber die Anlagen dazu ziehst du ständig - ihr alle - mit.«

»Die letzte Bastion der irdischen Kämpfer gegen den Kollektivismus aufgeben - das ist mir noch nicht stimmig«, konterte die Baronin. »Erst dann, wenn das Individuelle wieder die Oberhand gewinnt, werde ich das aufgeben.«

Keiner von uns möchte seine Klingsorschwingung schon aufgeben, wozu Starsa meinte, das wäre momentan auch noch richtig so.

»Ich denke, dass wir Innerirdischen und auch die Anderweltler nicht wirklich mitempfinden können, wie die Energien im Oben an euch zerren«, erklärte er.

*

Die Gruppe löste sich auf, weil die anderen Kontaktler wieder ausfahren mussten und ich blieb mit Starsa alleine zurück.

Unser Gespräch verlief in Richtung *Aufstieg 2012* und die Hintergründe, die eine geistige Zeitenwende aufweisen. Die Menschen werden einerseits für das Geistige durchlässiger, andererseits können dabei persönliche Erstarrungen entstehen, die sich in Sturheit kennzeichnen.

»Das Geistseelische ist offen und aufnahmebereit für unendlich viele Erkenntnisse«, folgerte Starsa, »doch die menschliche Persönlichkeit kann damit vielfach nicht Schritt halten. Sie ist ja ziemlich weltlich geprägt, was der Zweck ihrer Existenz ist. Wenn sich die Persönlichkeit von ihrer Prägung lösen und mit dem Geistseelischen verbinden könnte, wäre dies die Ideallösung für die Vielfalt der universellen Geschehnisse in künftiger Zeit. Die Kommunikation mit den höherdimensionalen Wesenheiten kann so viel bewusster wahrgenommen werden – auch die Unterscheidung zwischen wohlwollenden und negativen Wesenheiten ist dann gegeben. Einige von euch schaffen das sicher, aber die meisten Obererdemenschen können das noch nicht.«

»Viele Menschen verhalten sich sehr stur und beharren auf alten Systematiken – wie wir gerade jetzt in fast allen Lebensbereichen feststellen können«, warf ich ein.

»Wie gesagt, das liegt an der menschlichen Persönlichkeit, die ihre Prägungen und Erfahrungswerte nicht gerne revidieren will«, nickte er. »Vielfach hat sie Angst vor Neuem, Ungewohntem und Unberechenbarem. Sie spürt zwar eine unweigerlich heranziehende Veränderung menschlicher Denkweisen, aber sie wehrt sich so lange vehement dagegen, bis sie feststellt, dass ihr eine Offenheit dafür enorm große Erkenntnisse bringen kann.«

»Ich glaube auch, dass unser Wissen auf den Prüfstand kommt«, sinnierte ich. »All das, was wir bisher glauben zu wissen, könnte sich letztlich als falsch, fehlerhaft oder sogar als Dummheit entpuppen.«

»So hart ist es nicht, Alfons«, lachte Starsa auf. »Sagen wir besser, Irrtümer und Teilwissen - das trifft es schon eher.«

»Mag sein, aber ich merke ja selber, welche Lücken und Irrwege mein Wissen aufweist«, lächelte ich zurück. »Mit jedem Tag werde ich nachdenklicher, was mein Wissen anbetrifft. Und es kommen ständig neue Erkenntnisse hinzu - irgendwo aus den tiefsten Tiefen des Universums.«

»Und du kannst erkennen, ob die neuen Erkenntnisse sich stimmig an den bisherigen anknüpfen lassen?«, fragte er.

»Das ist ja das Verwunderliche - ich erkenne so nach und nach, ob sie stimmig sind, oder ob sie fremdbestimmend in meine Gedanken einfließen. Dies ist ein deutlicher Hinweis darauf, dass es tatsächlich luziferische Einflüsse gibt, die verwirren und verhärten sollen.«

»Diesen Einflüssen sind wir auch noch ausgesetzt - wenngleich wir sie zumeist im Ansatz als solche erkennen und ausfiltern«, nickte Starsa. »Zudem reden wir darüber, wenn so etwas bei uns oder in unserem Umfeld vorfällt und wir verdrängen es nicht, wie ihr es vielfach tut. Wenn wir negative und ungute Einflüsse spüren, besprechen wir es umgehend, um eine daraus entstehende Problematik bereits im Keim zu beseitigen.«

»Vielleicht habt ihr von Haus aus das bessere Gespür und lebt deshalb in fast paradiesischen Umständen«, blickte ich mich um.

»Das ist jedoch nicht speziesbezogen, wie du siehst. Hier leben Sapiens und Reptos gemeinsam die wedische Lebensart«, lächelte er. »Ihr oben lebt noch zu stark innerhalb kollektiver Beeinflussungen. Um das aufbrechen zu können, bedarf es noch einiger Anstrengungen im geistigen Freiwerden. Je individueller ihr denkt, je weniger ihr analysiert, erklärt und eure Gedanken rechtfertigt, desto freier wird das Denken werden. Und daraufhin folgen dann die Taten.«

»Schwingen hier alle Menschen in der fünften Dimension oder gibt es da noch große Unterschiede?«, wollte ich wissen.

»Die Menschen hier befinden sich geistseelisch zwischen der fünften und dem Beginn der sechsten Dimension, je nach Erkenntnisfähigkeit. Körperlich sind wir in der vierten Dimension«, erwiderte Starsa. »Komplett geistseelisch und körperlich in einer einzigen Dimension zu existieren, ist für unser Verständnis nicht möglich. Kann der Körper die feinstoffliche 5. Dimension erreichen, muss der Geist samt Seele mindestens in der 6. Dimension schwingen. Diese Möglichkeit besteht, wie auch noch höhere Existenzmöglichkeiten, die wir zwar erahnen, aber in dieser Dichte nicht leben können.«

»Also bedingt das Körperliche auch die geistseelische Erkenntnisbandbreite?«

»Natürlich«, nickte Starsa, »ein drei- bis vierdimensionaler grobstofflicher Körper als Gefäß für Geist und Seele begrenzt die Fassbarkeit des Ganzen. Allerdings ist es immer möglich, für sich selbst, im Zustand völliger Losgelöstheit das Allwissen zu erfassen.

Im Alltagsgeschehen gelingt das weniger. Und wer es erzwingen möchte, wird krank, verbittert sowie unausstehlich starrsinnig. Klare Menschen tun das nicht.«
»Man kann es auch nicht richtig in Worte fassen«, fuhr er fort, weil ich nichts sagte. »Viele deiner Artgenossen würden selbst unser Gespräch nicht begreifen und manche könnten es sogar missverstehen, in der Form, dass wir uns als etwas Besseres erachten. So ist es jedoch nicht – wir reden lediglich offen und ohne Vorbehalte.«

Am anderen Ende des Teiches, an dem wir saßen, beobachteten uns zwei Otter und Starsa klatschte aufs Wasser. Sie wollten scheinbar nicht kommen.
Wir machten einen kleinen Spaziergang, wo mich Starsa auf einen Fluggleiter aufmerksam machte, der tatsächlich nach 8.000 Jahren den Geist aufgegeben hatte.

»Für die Kinder ist das eine Spielsensation«, lachte er und zeigte in eine Richtung, in der viele Kinder herumtollten. »Wir lassen ihn den Kindern zum spielerischen Lernen der Funktionen – sie spielen fast alle gerne Raumfahrer zu sein, um ferne Galaxien zu erforschen.«

Weil ich wissbegierig war, führte er mich um und durch den Gleiter, der etwa 12 Meter im Durchmesser hat. Der defekte Antrieb war bereits ausgebaut. »Er wird runderneuert und später wieder eingebaut. In den nächsten Wochen gehört der Gleiter noch den Kindern«, lächelte er.

»Bei uns würde man so etwas Kindern niemals zur Verfügung stellen – vor allem nicht, wenn man es später noch nutzen will«, erwiderte ich erstaunt.

»Derartige Erzeugnisse eurer Machart würde ich auch keinem Kind zur Verfügung stellen«, lachte er. »Sie sind voller Giftmüll,

Dingen, an denen sich Kinder verletzen können und sehr anfällig für Beschädigungen. So etwas bauen wir erst gar nicht. Wenn Hülle und Ausstattung 8.000 Jahre lang Weltallflüge ausgehalten haben, dann können Kinder in ein paar Wochen dem Gleiter erst recht nichts anhaben. Und was die Materialien anbetrifft, so sind sie alle völlig unproblematisch. Wenn wir die aufgebrachte Schutzschicht entfernen und bestimmte Bakterien auftragen, ist innerhalb kurzer Zeit nichts mehr davon vorhanden. Und auch die Schutzschicht ist natürlichen Ursprungs. Aber da nur der Antrieb defekt ist, werden wir den Gleiter auch weiterhin nutzen.«

Als wir den Pfad in Richtung Ulluers Haus gingen, sah ich im hohen Gras unter dem Gebüsch etwas huschen, ziepen und flattern. Es ist immer wieder ein für mich völlig ungewohntes Erlebnis in solch einer intakten Natur verweilen zu können. Mir fiel dazu ein Wort ein: Raschelruhe! Hier herrscht eine raschelnde Natur, die einfach nur guttut. Das sagte ich auch zu Starsa.

»Ja – es ist schön hier«, nickte Starsa. »Und dennoch finden auch hier Dramen statt. Das Tierleben ist nicht so viel anders als oben. Daran sehen wir, wie pur dreidimensionale Wesen gepolt sind. Da gilt stets das Gesetz des Stärkeren. Der einzige Unterschied zu euch oben liegt darin, dass die Tiere bei uns nur töten, wenn sie hungrig sind und dann auch nur so viel wie nötig. Sie fangen meist nur schwache Tiere, die mit großer Wahrscheinlichkeit nicht überleben würden. Besonders davon betroffen sind Tierpopulationen, die sich zu stark vermehrt haben, weil dabei alles ins Ungleichgewicht fällt und diese Tiere dadurch sehr schwach werden.«

»Bei uns agieren solche dreidimensionalen Wesen sogar in Regierungen«, brummte ich.

»Eine treffende Metapher, der ich leider nicht widersprechen kann«, nickte er. »Aber auch das wird mal sein Ende haben, Alfons – das weißt du.«

Als wir zu Ulluers Heimstatt kamen, erwartete uns schon Mordechai mit einem kleinen Mahl. Es gab eine Art Pfannkuchen mit rohem Früchtemus. Das hat gut geschmeckt.

Ich fragte sie, wie es in Innererde mit dem Thema Lichtnahrung stehe. Bei uns sagt man ja oft, wer in der 5. Dimension sei, müsse nichts mehr essen – er lebe von Lichtnahrung.
»Nun, die spirituelle Nahrung ist schon sehr gut – aber das Körperliche fordert auch seinen Anteil«, lächelte sie. »Die Mengen, die wir essen, sind allerdings gering. Du würdest wahrscheinlich damit ständig an Hungergefühlen leiden. Wir könnten uns pur mit Sonnenenergie ernähren, streben das aber gar nicht an. Warum sollten wir all die wunderbar schmeckenden Früchte, die Mater für uns wachsen lässt, links liegen lassen? Dass Mater sie wachsen lässt, hat doch seinen Sinn.
Du wirkst übrigens derzeit sehr ausgeglichen. Das fiel mir beim letzten Mal schon auf.«

»Ich habe inzwischen keine Probleme mehr mit den verschiedenen Sphären und ich trage Innererde auch im Oben mit. Das macht mir den Wechsel erheblich leichter«, erwiderte ich. »Unser gemeinsamer Planet bietet für jede Persönlichkeit sein Schönes und Lichtes. Man braucht es nur zu erkennen.«

»So ist es«, lächelte Mordechai. »Und es ist auch ein Effekt der Schwingungserhöhung, in der du dich – wie viele andere Menschen auch – befindest. Die Verzweiflung in dir löst sich, deine Wut verraucht und dein Blickwinkel hat sich erweitert. All das ist eingetroffen, was wir dir schon vor Jahren sagten: ›Du wirst durch dein persönliches Erleiden des Weltschmerzes nach und nach heilen.‹ Dein Körper

ist bis an die Grenze des Fassbaren gegangen und es wird noch eine Weile dauern, bis er wieder stärker wird. Aber derzeit sieht es so aus, als seist du auf dem Weg dorthin.«
»Wenn ich nur nicht so schwach wäre. Manchmal bin ich kurz vorm Umfallen«, nickte ich. »Irgendwie habe ich das Gefühl, körperlich so um die 80 Jahre alt zu sein.«

»Das wird sich wieder geben«, folgerte Starsa.» Du hast in den letzten Monaten sehr gelitten – vieles sogar verdrängt – und das muss jetzt ausheilen. Es gibt Zeiten, wo man sich dem Zustand des Leidens ergeben sollte und Zeiten, wo man sich langsam wieder aufrafft, sich dem Heilen anheim zu geben. Und das machst du derzeit sehr ausgeglichen.«

»Und es hilft der Beistand liebender Menschen«, nickte Mordechai. »In Christa hast du solch einen Beistand.«

*

18. Karmische Verwicklungen

17.10.2010 Einfahrt – Treffen mit Nasmakrai

»Augenblicklich schaut es meiner Ansicht nach danach aus, dass es sehr bald so richtig krachen wird«, berichtete ich Nasmakrai über all die Gedanken, die mir seit Tagen durch den Kopf gingen, wenn ich mir die politische Lage betrachtete. »Das auserwählte Stammesvolk, das es so ja gar nicht gibt, fordert im strikten Glauben der Unbesiegbarkeit und des Erdenthrones das Königtum. Und gegen die Völker, die nicht mitziehen, wird rigoros vorgegangen. Mir ist bewusst, dass es früher oder später zu einer grausamen Konfrontation kommen muss. Doch ich lasse mich von dieser Propaganda nicht einschüchtern.«

»In unseren Schauungen wird kein Klingsor damit direkt konfrontiert werden – es sei denn, er sucht bewusst die Kampfkonfrontation«, lächelte er. »Vielmehr werden die Klingsoren die Übersicht behalten und bei Bedarf wichtige strategische Botschaften an ihre Regierungen übermitteln – und zwar an jene Stellen, die bereits von klingsorischen Strategen besetzt und übernommen wurden. Klingsoren erkennen sich immer und überall – in Wort, Bild und Schrift. Es gibt unter euch keine Hierarchie, nur Scheinstellungen in offiziellen Gesellschaftsrelevanzen. Ein G. und ein Jasinski sind ebenbürtige Gefährten, wenn es zur Sache geht.«

»Weiß G. um sein Klingsorerbe?«

»Er weiß um die Reinherzigkeit eines uralten Kriegergeschlechts, das von jeher als Klingsorbluterbe in seinem Clan kursiert«, nickte Nasmakrai. »Er kann es nur noch nicht richtig einordnen. Du kannst dir sicher sein, wenn ihr euch in die Augen blicken würdet, würde er sofort um einen Blutsbruder in dir wissen.«

»Ich habe ihn ja auch intuitiv als einen Klingsor erkannt«, nickte ich. »Sein ganzer Habitus, seine Worte und sein Tun weisen ihn als einen edlen Protagonisten aus. Bei S. bin ich mir nicht so sicher. Einerseits hat er etwas Klingsorisches, andererseits erscheint er mir einfach zu hofnärrisch.«

»Nicht schlecht«, lachte Nas auf, »er ist sich nicht bewusst, dass er ein Klingsor ist – aber er ist in der Tat einer, der in früheren Leben schon öfter den Hofnarren machte und ganze Fürstentümer vor Dummheiten bewahrte. Es gibt einige, die sich selbst noch nicht so ganz ihrer Herkunft bewusst sind. Doch sie sind allesamt dabei, langsam und zielstrebig gegen das System zu keilen. Wenige sind so selbstüberzeugt wie G. und dadurch erreicht er die Herzen der Menschen. Und er motiviert auf eine unsichtbare Art jene Klingsorischen, die noch an sich und ihrer Identität zweifeln. G. besitzt das Charisma, ein Benjaminführer zu werden und nicht nur das. Er hätte sogar das Rüstzeug zu einem europäischen König, der seinem Volk vorangeht und es nicht vorschickt bei Auseinandersetzungen.«

»Vielleicht sollte ich mir doch die Petrusrolle anziehen – als letzter Papst«, grinste ich. »Ich war schon mal so drauf, dass ich dachte, ich hätte das Zeug dazu.«

»Klingsoren haben von jeher das Zeug, eine Rolle zu übernehmen, die ihnen größtmögliche Entfaltungsmöglichkeit einräumt«, blickte mich Nas an. »Wenn ein bewusster Klingsor völlig gezielt und diszipliniert-konzentriert an seine Zielerreichung geht, erreicht er es auch. Welche karmischen Energien er sich dabei anreichert, ist eine Sache, wie er sich ein Folgeleben vorstellt. Gesetzt den Fall, du würdest das Ziel des letzten Papstes Petrus angehen und dabei sämtliche Register ziehen, wirst du im nächsten Leben keine wedische Inkarnation erreichen. Du wirst dann noch die Folgen deiner Papsttaten durchleben müssen, um die Resonanz daraus zu erleben.«

»Also lieber nicht Papst«, grinste ich. »Allerdings wäre das ein gigantischer Abschlusskick dieses Lebens für mich.«

»Das Rüstzeug dafür hättest du«, lachte er laut auf. »Und binnen eines Jahres hättest du dich eingearbeitet, wenn du es wolltest. Es stünden dir Türen von Orden und Weisheitsschulen dafür offen, die sich eines Thalus von Athos annehmen würden.«

»Hätte das einen Einfluss auf die derzeitigen zionistischen Machenschaften?«, fiel mir dazu spontan ein.

»Nein, das nicht – aber so ein Papstwechsel aus dem Säkularen ins Priestersystem würde zumindest die Religionen erschüttern«, entgegnete er. »2.000 Jahre hat es kein Außenstehender gewagt, den Papstthron zu beanspruchen – obwohl es nach den vatikanischen Statuten möglich wäre. Seltsamerweise hat ihn noch nie ein Klingsor beansprucht – obwohl gerade er ein wesentliches Anrecht zur Lösung aller Probleme hätte.«

Das Gespräch nahm skurrile Züge an, weil wir beide uns immer tiefer in irdisch-menschliche und metaphysische Paraphrasen begaben. Aber es hatte auch eine sehr interessante Seite: den Gedanken Flügel verleihen! Von daher war es auch gar nicht widersprüchlich festzustellen, dass des Menschen Aufgabenbereiche nicht determiniert sind und dass man sich selbst welche aneignen kann, falls man sie denn auch in die Tat umsetzen möchte.
Es scheint auch ein Trugschluss zu sein, dass Menschen bestimmte Aufgaben vom Karma erhalten – denn Karma legt man sich nur zu, wenn man eine selbstgewählte Aufgabe nur halbherzig begeht, wodurch man schwerwiegende Fehlentscheidungen fällt.

»Man muss entweder ganz bei der Sache sein oder sie als für sich nicht machbar erkennen«, warf Nasmakrai ein. »Es gehört Weisheit dazu, seine tiefsten Anlagen auszuloten, um zu erkennen, innerhalb welcher Kräfte und Mächte man in diesem Leben steht. Es gab Zeiten, da hättest du ein großer Feldherr eines Friedensheeres sein können. Du zogst es vor, dies lieber anderen zu überlassen. Dabei hast du dir karmisch lediglich Unterlassungssünden aufgeladen, aber nichts Gravierendes. Gravierendes Karma hast du dir in mehreren Leben auferlegt, als du bewusst oder unbewusst die Herzen von Menschen gebrochen hast – weil du damit deine von dir selbst gewählten Aufgaben einfach nicht erledigt hast. Daraus ergibt sich immer noch dein heutiges Herzproblem, das du jedoch bereits am Bereinigen bist.«

Da ich zu verblüfft war, erklärte er mir einmal aus kinesiologischer Sicht und ein andermal aus seiner Omensicht heraus, in welchen Inkarnationen dies geschah:
»In jenem Leben, wo du dich in Lanzenlotter umbenanntest, liefst du vor einer königlichen Verantwortung weg und begabst dich auf die Seite eines Kriegers/Ritters, der sich für seine Dienste bezahlen ließ. Dabei reistest du wahllos durch die Ländereien von Fürstentümern und Kleinkönigreichen und lebtest das Leben eines schlitzohrigen Schaukämpfers. Bei der Gelegenheit hast du auch die weiblichen *Fans* nicht aus deinem Blickfeld gelassen und ließest dich ziemlich wahllos und bevorzugt mit fürstlichen Frauen ein. Du trafst auch auf zwei Frauen, die du unglücklich machtest. Eine von beiden wäre sogar sehr gut für dich gewesen. Du hättest sie bei der Bewältigung deiner Aufgaben gefunden und sie wäre deine Lebensbeigabe geworden. Aber weil du deiner, im Vorleben von dir selber ausgesuchten Aufgabe brüchig warst, stand sie letztlich dem zu, der deine Aufgabe übernahm – und daran scheiterte.«

»Du spielst auf die Artussage an«, blickte ich ihn an.
»Es wäre in deinem klingsorischen Aufgabenbereich gelegen, den du dir selber ausgesucht hattest, der erste Übergangsfriedenskönig

zwischen Christen und der Naturreligion zu werden«, nickte er lächelnd. »Es haben dich dafür die stimmigen Lehrer und Lehrerinnen an deinen Aufgabenbereich herangeführt. Und dann bist du irgendwann verschwunden. Es musste Ersatz gefunden werden und dabei wurden massive Fehler begangen. Es wurde magisch getrickst und ein anderer Kandidat aufgebaut. Dadurch entstanden in Folge viele Fehlentscheidungen, die dazu führten, dass es keinen Übergangsfriedenskönig gab, sondern nur einen, der zwar alles gab, aber inmitten vieler Intrigen und Manipulationen irre wurde und zur heutigen Artussage mutierte. Du selbst hast das in deinen letzten Lebenstagen begriffen – und dein Herz ist gebrochen.«

Nach einer kurzen Pause, in der ich sehr still war, weil ich ganz stark spürte, dass die Erklärungen von Nasmakrai richtig waren, führte er weiter fort: »All die damaligen Dinge haben sich jedoch durch einige Folgeleben wieder einigermaßen geglättet. Als Pippin hast du wieder vieles gutgemacht, um die Machtfülle eines aufgeflammten falschen Adels (Karolinger) abzuschwächen und die Energetik außereuropäischer Friedensvölker reinzuholen. Shalimar[1] war eine gute Wahl, das wedische Urerbe in Europa zu erneuern.«

»Du sagtest, fast alle hätten sich geläutert – also gibt es immer noch welche, die das noch nicht geschafft haben?«, fragte ich angeregt.

»Ein paar damals involvierte Persönlichkeiten, die heute wieder inkarniert sind, sind noch immer schlecht auf dich und einige andere zu sprechen oder sie agieren aus dem Hinterhalt neidisch bis uneinsichtig. Der Persönlichkeitsgeist Marlans (Merlins) versucht bis heute, dir aus dem Hintergrund Strafexerzitien zu vermitteln, indem er magisch an deine bisher erkannten Inkarnationsgefährten und -gefährtinnen heranpirscht. Und da ist noch eine Teilpersönlichkeit des Artus, die fehlgeleitet, gespalten in einer anderen Person haftet,

1 Shalimar war seine damalige Frau.

die sich das durch schwarzmagische Praktiken jedoch unbewusst angezogen hat. Du siehst, das Leben hat vielseitige Spektren, mit denen du vertrauter werden solltest«, meinte er nachhaltig.

»Das heißt, ich habe diesbezüglich noch einiges zu erwarten?«, fragte ich etwas erschüttert.

»Nicht, wenn du vorbereitet bist«, lächelte er leichthin. »Dass ich dir das heute alles sage, ist das Resultat deiner Bitte von vor ein paar Monaten, dich zu informieren, wenn wir erkennen, dass du fest genug bist, all das zu verarbeiten. Jetzt bist du fest genug dafür – zumal dich Menschen umgeben, die intuitiv auf deiner Seite stehen und selbst in Lösung sind.«

»Es kommt also nicht von ungefähr, dass ich heute erneut mit Shalimar zusammen bin und ehemaligen Waffengefährten – jetzt in weiblicher Hülle – sinnierte ich. Und ich habe sogar das Gefühl, dass die damalige Morgana in meinem größeren Umfeld lebt.«

»Du meist Morgain die Freie«, lächelte er. »Ja, sie ist ebenfalls wieder inkarniert – allerdings nicht in deinem direkten Umfeld. Und was deine Waffengefährten anbetrifft, auch diese kennst du noch längst nicht alle wieder. Von euch uralten Weden gibt es viele – und viele sind sich noch nicht so ganz bewusst darüber. Deshalb bestimmt Sympathie die Führung zueinander und Antipathie zur Abweisung von Fremden. Obwohl man selbst dabei vorsichtig sein sollte, denn eine Antipathie kann auch entstanden sein, wenn aus zwei ehemaligen engen Gefährten Gegner wurden – aus welchen Gründen auch immer. In dem Falle sollte man darangehen, diese Antipathie zu überwinden. Liebe ist der beste Weg zueinander, selbst wenn es manchmal schwerfällt. Eine echte Seelenverwandtschaft kann sich selbst hinter einem gehassten Feind verbergen. Sie hat eben noch nicht den harmonischen Ausgleich gefunden.«

»Dass ich zu manchen Menschen einerseits eine enorme Skepsis verspüre und trotzdem das Gefühl habe, dass ich auf ihn zugehen sollte, erkenne ich immer wieder und ich weiß oft nicht so richtig, wie ich damit umgehen soll.«

»Bedenke, die meisten von euch – und auch du – sind immer noch vom System in gewissen Bereichen konditioniert. Ihr solltet lernen, eure Begegnungen stets gewissenhaft zu überprüfen und eurem Gegenüber immer wieder neue Chancen zu geben, alte Dinge aus dem Weg zu räumen. Denke daran, dass es in einem früheren Leben eine völlig andere Persönlichkeit war als jene, die dir heute gegenübersteht, auch wenn Anteile von ihr im heutigen Gegenüber noch vorhanden sind. Es gibt keinen Grund, einem anderen Menschen nicht immer wieder eine neue Chance zu geben. Du wünschst dir ja auch von anderen, immer wieder aufs Neue eine Chance zu erhalten. Denke dabei stets daran, dass auch dein Gegenüber noch alte Verkrustungen und Konditionierungen hat und eure Chancen zu einer Veränderung auf der Erde dadurch in hohem Maße gesteigert werden, wenn ihr euch immer wieder neu aufeinander einlasst. Es sind nur sehr wenige Menschen schon wieder in ihren wedischen Energien, aber sie alle sind auf dem Weg dahin.«

»Warum sprichst ausgerechnet du in letzter Zeit so zu mir. Du, ein wedischer Draco mit kosmischem Hintergrund, sprichst von Kriegern, als wären sie unumgänglich.«

»Viele von uns haben sich die Aufgabe gegeben, das Wedische auf dem Planeten wieder energetisch einströmen zu lassen. Doch das geht zuerst einmal nur innerhalb einer dreidimensionalen Energetik, die ihr Kriegertum nennt«, folgerte er überlegend. »Diese freiwillige Aufgabe macht aus uns ganz naturgemäß Menschenwesen, die sich mit dieser Realitätsfeldebene identifizieren und demzufolge zu

Handlungen fähig sind, die sich in Aggressionen kennzeichnen, wenn es nötig wird. Wir sind ja auch zu einem Drittel stofflich existent. Wir können alle zwischen unseren drei verschiedenen Anteilen hin- und herswitchen – je nach Lage dessen, was wir uns zu tun vorgenommen haben. Jeder Mensch existiert ja gleichzeitig grobstofflich, feinstofflich und geistig. Ich spreche jetzt von unverfälschten Menschenwesen und nicht von dämonischen Hüllenwesen. Im Grunde sind alle ursprünglichen Blutlinier längst in der fünften Dimension, aber die meisten müssen hier im Dreidimensionalen erst noch ihre Läuterung begehen.«

*

Ich brauchte jetzt erst einmal Zeit, um über all das nachzudenken, weil es mir völlig neue Perspektiven eröffnete.

Dass er meine innigsten Gedanken nach außen holte, hat mich am meisten getroffen. Ich hatte bezüglich Lanzelot immer so etwas wie eine Ahnung, habe sie aber nie ausgesprochen – außer mal mit Christa, wobei ich mir bis heute da nicht sicher war. Viele wollen ja irgendwer Besonderes gewesen sein. Was mich einmal auf Lancelot brachte, war die Erfahrung, die ich machte, als ich mit einem holländischen Journalisten in Kriegsgebieten wie Äthiopien und dem Sudan unterwegs war. Ich merkte in lebensgefährlichen Situationen, dass ich nicht die geringste Angst vor dem Tod habe. Als man Lancelot einmal fragte, was ihn zu einem so großartigen Schwertkämpfer mache, war seine Antwort, *weil er keine Angst vor dem Tode habe*. Als ich davon las, hat sich in mir massiv etwas geregt.

Ich wollte von Nasmakrai wissen, ob er in der Lage sei, in mein künftiges Leben zu schauen. Er meinte, das könne er, wenn ich den Weg weiterginge, den ich derzeit gehe. Falls ich ihn verlasse, werde sich dieses Omen sofort wieder verändern.

Er sieht mich in einem Folgeleben in einer gebirgigen Gegend – wieder als Mann. Ich lebe mit einer Frau und zwei Kindern in einem Blockhaus, wo wir in Fülle und in einem wedischen Umfeld durchs Leben gehen. Er meinte, seine Omensicht entnehme er meiner Seelensignatur, die wiederum aufzeige, dass meine Klingsorsignatur zwar noch sporadisch vorhanden wäre, ich sie jedoch nicht mehr benötige. Es sei wohl noch eine letzte nostalgische Anwandlung in diesem Leben, so quasi als letzte Sicherheit, falls sie doch noch vonnöten sein sollte.

Als er mich anfasste, sah ich seine Omensicht durch mich hindurch laufen. Ich sah eine wunderschöne Umwelt, eine Natur und ein Leben in völliger Übereinstimmung – ohne Städte, jedoch mit schönen Dörfern, in denen ein völliges glückliches Leben pulsierte. Es gibt keine Hierarchien mehr, Städte verfallen als Mahnmale einer Zeit der Verblendung und es sind auch Reptos zu sehen und Anderweltler.

Mich wieder von seiner Berührung zu lösen, kostete mich Überwindung. Und Nasmakrai sagte, dass, was er mir gerade gezeigt habe, sei auf dem Wege Realität zu werden.

»Ich kann die Zeitfolge nicht genau sagen – aber es mutet mich an, es ist in einer Zeit, in der deine Urenkel Väter und Mütter sind, also in etwa 70 bis 80 Jahren«, meinte er. »Die Erde scheint sehr schnell zu sein, was Veränderungen anbetrifft.«

»In 70 bis 80 Jahren ein wedischer Planet? Das erscheint mir zu fantastisch«, warf ich skeptisch ein.

»Kein wedischer Planet – wedische Refugien in bestimmten Gebieten«, konterte er, »deshalb auch noch die Klingsorsignatur – sie wird wohl noch Sinn haben.«

»Also noch mal eine Zwischenstation«, brummte ich. »Eigentlich wollte ich ja beim nächsten Mal auf einem pur wedischen Planeten inkarnieren.«

»Naja – wer weiß, was du noch alles anstellst, deine heutige Meinung zu revidieren«, lachte er heraus. »Du hast oftmals nicht so treffsicher deine Folgeinkarnationen gehandhabt. Aber du kannst ja daran arbeiten – dir steht es offen.«

»Es war schon enorm, wie weit wir heute gekommen sind«, sagte er nach einer kurzen Denkpause. »Ich hätte nicht gedacht, dass du soweit mit mir gehst. Schließlich sind wir geistseelisch dort angekommen, wo so mancher physische Verstand nicht mehr mitkommt. Wir beide konnten über unsere derzeitige Existenz hinausschauen, weil du ohne Bedenken und ohne Zweifel mitgemacht hast. Das ist tatsächlich eine wunderbare Sache.«

Jetzt war jedoch für heute mein Fassungsvermögen gesprengt und Nasmakrai stimmte mir zu. Zum Glück war gerade das Ausfahrtfenster offen.

*

19. Plejader und die Blauen

20.10.2010 Einfahrt – Gespräch mit Aristide

In den Plejaden gibt es annähernd 1.500 Sonnen mit Planeten unterschiedlicher Dichte und Atmosphäre. Das gesamte System ist noch sehr jung, aber in annähernd 190 Millionen Jahren entwickelten sich Sonnen sowie Planeten innerhalb kosmischer Parameter. Seit ca. 17 Millionen Jahren haben sich bewohnbare Sonnen- und Planetensysteme entwickelt. Sie wurden zumeist von sehr alten Schöpferspezies als Lebensfelder für jüngere Spezies geformt und vorbereitet.

»Es gibt Menschen, die behaupten, dort gebe es nichts«, warf ich ein.

»Und es gibt Menschen, die behaupten, das Universum sei eine pure Illusion«, lächelte Aristide. »Alles sei bloße Einbildung – ein unendliches Holodeck. Stellt sich lediglich die Frage, wer so eines konstruierte und wozu es betrieben wird.«

Ich erzählte ihm von T. und ihren Behauptungen, dass das Plejadensystem zu jung für Leben und bewohnbare Planeten sei. Und sie wüsste das, weil sie eine Blaue ist.

»Aha«, nickte Aristide, »nun, wir haben Kontakte zu verschiedenen Plejadenspezies und reisen auch dorthin, wenn wir es möchten.
Ja, die Blauen. Das ist ein ganz spezielles Thema. Es gibt viele unter ihnen, die in andere Spezies inkarnieren und dort sehr zerrissen sind. Es ist gut möglich, dass sie eine ursprünglich Blaue ist – dann ist auch die Wahrscheinlichkeit sehr groß, dass sie ein Persönlichkeitsproblem hat, das überall dort auftaucht, wo ursprünglich Blaue als Sapiens inkarnieren.

Ursprünglich waren ein paar der blauen Rassen in einer Föderation zusammen und entwickelten sich immer heftiger zu Herren über Leben und Tod. Sie zerstörten viele von Sapiens und Reptos bewohnte Planeten, im Glauben, dass nur die Blauen Bewusstseinsträger göttlicher Herkunft seien. Alle anderen Spezies waren in ihren Augen abartig und nicht zu bekehren. Irgendwann wurden sie von den Voltrain und Harukaniern an ihrem Expansionsdrang gehindert. Die blaue Föderation wurde zerschlagen und in alle Winde zerstreut, so dass sie ihre Zerstörungsmacht verloren. Einige von ihnen zogen sich auf kleinere Planeten zurück und wurden sehr friedlich. Viele von ihnen sind mit Raumschiffen unbestimmten Ziels im unendlichen Raum verschwunden. Nach und nach erlebten sie Läuterungsinkarnationen in anderen Spezies. Manche erlebten ihre ersten Wechselinkarnationen als sehr schmerzliche Erfahrungen. Sie wurden Opfer ihrer eigenen früheren Willkür und waren nicht mehr die Götterwesen, die über allem standen – für die sie sich ursprünglich hielten.
In der letzten Phase ihrer Machtzerschlagung legten sie sich kurzzeitig auch mit den jungen Plejadern an, die ihnen den Reststoß zum Machtuntergang gaben. Damals waren die jungen Plejaden-Spezies noch sehr ursprünglich und mental stark im Urbegriff des unbedingten Werdens. Junge Spezies sind sehr umfangreich mit einem mentalen Überlebenswillen ausgestattet, der uns ältere Spezies heute eher barbarisch , aber zum Werden einer kosmischen Geschwisterspezies notwendig anmutet.«

»Und wie sind sie heute?«

»Für mich sind sie heute mental starke Raumkrieger, die dort helfen, wo Planetenvölker in offensichtliche Invasorennöte geraten und eine Ausrottung der Bevölkerung droht.«

»Ulluer sagte mir mal, die Plejader seien eher neutral«, sinnierte ich.

»Sind sie auch«, nickte Aristide, »sie mischen sich nie in einen natürlichen Entwicklungsstand von Planetenbewohnern ein – nur dann, wenn diese von außen derart bedroht werden, dass sie ohne Hilfe nicht zum Überleben gelangen.«

»So viel zu den nicht existenten Plejadern«, schmunzelte ich.

*

Aristide musste weg und ich ging zu Mordechai, die gemeinsam mit Starsa in Ulluers und Maras Garten herumwerkelten. »Um es nicht völlig ausufern zu lassen«, lachte Mordechai. Starsa hob gerade eine Grube aus, um später darin Kalk abzulöschen, wie er mir erklärte. Ulluer hatte ihn darum gebeten.
Mir kam es gerade recht, als die beiden meinten, jetzt sei eine kleine Mahlzeit angebracht.

Ich erzählte ihnen ein bisschen von dem Gespräch mit Aristide und wir fielen in eine leichte Konversation. Mordechai führte noch an, dass die Kommunikation zwischen den Blauen und anderen Spezies nicht immer leicht sei, weil sie vieles anders aufnehmen als die anderen Spezies. Daraus hätten sich sehr häufig Fehlinterpretationen ergeben. Und wenn ehemalige Blaue später in andere Spezies inkarnieren, dann haben sie große Schwierigkeiten, mit der veränderten Wahrnehmungsweise zurechtzukommen. Aus dieser unterschiedlichen Wahrnehmungsweise entstand bei ihnen auch der Glaube, dass sie eine allen anderen überlegene Spezies seien.

Nach einer kleinen Gesprächspause schaute mich Mordechai unvermittelt an und sagte: »Du hast etwas zu viel Inkarnationsbewältigung betrieben. Nasmakrai hat dir wohl letztens ein bisschen von deinem Notwendigkeitsdruck genommen. Er erzählte mir, er hätte nicht mehr mit ansehen können, wie du dich förmlich aufreißt durch frühere Inkarnationsfehler. So etwas ist gar nicht nötig. Warum bist du so extrem?«

Ich zuckte mit den Schultern. »Ich weiß es nicht. Erst gestern sagte mir Christa noch, ich würde viel zu viel arbeiten und hudeln – hektisch alles erledigen. Scheint so, dass ich nicht anders kann.«

»Da wirkt wohl noch einiges vom ehemaligen Krieger in dir, der in die Vollen geht, wenn er etwas zu erledigen hat«, grinste Starsa. »Aber für den Krieger gibt es doch im Alltäglichen nichts zu tun. Irgendwie sollte das noch etwas ausgeglichen werden – meinst du nicht?«

Mordechai bot mir eine Harmonisierungssitzung an, die ich gerne annahm und die gestaltete sich als sehr witzig, weil ich so nach und nach meine eigenen Stressfaktoren erkannte. Wir lachten herzhaft, als dabei herauskam, dass ich sogar beim Holzhacken die Axt wie ein Kriegsbeil schwinge und mir für jedes Holzscheit die Spaltanzahl zurechtlege – und sie auch strikt einhalte.

»Bei dir ist fast immer bei körperlicher Betätigung eine rasche und strategisch gezielte Betätigungsdauer im Vordergrund«, lächelte sie. »Du musst es innerhalb dieser Zeitvorgaben schaffen, sonst siehst du deine Strategie in Gefahr und das darf unter keinen Umständen passieren. Dass du viele Tätigkeiten unübertroffen von vermeintlichen Konkurrenten schneller und effektiver erledigst, verschafft dir eine innere Genugtuung – nämlich die des beständig strategischen Siegers. Dass du dieses Strategiespiel mit dir so vehement durchziehst, ist dir wohl bisher noch nie in den Sinn gekommen.«

»Das war mir bisher nie bewusst«, nickte ich verblüfft. »Und es stimmt! Aber woran liegt es, dass ich Zeiten habe, wo ich am liebsten nichts tue, einfach keine Lust am Tun aufbringe?«

»Du hast zu nichts Lust, das keiner Strategie bedarf – also empfindest du gewisse Tätigkeiten als sinnlos oder geradezu unwürdig für dich«, folgerte Mordechai. »Dein gesamtes Dasein ist geprägt von der Notwendigkeit strategischen Tuns. Liegt so eine nicht vor, machst du Siesta.«

»Siesta kann ich ja schlecht beim Arbeiten halten«, brummte ich. »Außerdem arbeite ich nicht wirklich gerne, also muss jede Arbeit schnell erledigt werden.«

Starsa grinste und prustete los: »Typisches Kriegerverhalten – den Gegner schnell beseitigen und dann befriedigt ausruhen. Du hättest dir einen strategischen Kampfberuf aussuchen sollen.«

»Es wäre tatsächlich klug, dir dein Klingsorerbe soweit ins Unterbewusstsein zu versetzen, bis du es wirklich nur noch als Schutzfaktor erkennst und benutzt«, sinnierte Mordechai. »So etwas können Ahan und Aristide bewerkstelligen, wenn du das möchtest.«

»Gingen dann meine gelegentlichen Aggressionen zurück?«, fragte ich nach. »Manchmal gehe ich hoch, wenn ich mich nicht verstanden fühle und hinterher tut es mir leid.«

»Du würdest insgesamt etwas ausgeglichener werden – allerdings kein Friedenssäusler«, lachte Starsa. »Aber es könnte dir helfen, deine Alltagsarbeiten weniger strategisch zu dramatisieren.«

»Ich bin doch kein Dramaturg«, warf ich ein. »Oder bin ich immer noch so drauf, dass ihr euch an meinen Reaktionen erschreckt?«

»Wir haben uns aneinander gewöhnt und liebend schätzen gelernt. Und wir wissen mit dir umzugehen«, lächelte Mordechai. »Und ja, du hast dich schon ein wenig mehr im Griff als vor acht Jahren.«

»Deine Herzinfarkte von vor 6 Jahren haben dich zudem etwas mehr ins Herzlichere gebracht«, blickte mich Starsa ernst an. »Ein bisschen mehr Selbstliebe und Achtung vor dem, was du in diesem Leben geistseelisch alles geschafft hast, wäre sicherlich angebracht. Du hast in nur diesem einen Leben ein Wissen und einen Erkenntnisstand erreicht, wozu die meisten Menschen mehrere Leben benötigen. Ich kenne außer dir nur zwei Sapiens, denen ich derart blind vertraue, dass ich ihnen mein Leben anvertrauen würde.«

»Warum sowas?«, fragte ich verblüfft. »Vielleicht bin ich irgendwann feige und würde dich unter Druck verraten. Das kannst du niemals wissen.«

»Doch, das können wir«, nickte Mordechai. »Dir wurde schon sehr zugesetzt und du wurdest sehr schlecht gemacht von deinen Mitmenschen. Du hast uns nie verleugnet oder in irgendeiner Weise verraten. Bei allem, was du bist oder sein könntest, du bist kein Verräter, sondern stets auf Gerechtigkeit und Ehrhaftigkeit gepolt. Deinem Herzen und deiner Persönlichkeit sind Treue wesentlich.«

Ich wurde rot und etwas verlegen, aber ich wusste, ihre Darstellung stimmt.
»Allerdings würde ich als Krieger einen Feind durch eine List hintergehen«, warf ich ein.

»Ihn aber nie vor anderen offen anklagen oder bloßstellen. So etwas machst du nur mit Freunden, die uneinsichtig sind und wieder in die Spur gebracht werden wollen«, grinste Starsa und spielte damit auf Mk. an, dem ich tatsächlich sehr zugesetzt habe. »Diesen M. dagegen, der dich und deine Familie massiv angegangen ist, hast du nie offen angeklagt, ihn jedoch wissen lassen, dass – falls er sich jemals wieder ungebeten an deine Familie wendet – du ihn mit allen Mitteln angehen würdest. Das hat gereicht.«

»Woher weißt du das?«, fragte ich nun verblüfft. »Darüber habe ich mit keinem gesprochen.«

»Wir haben deine Omenbilder wahrgenommen, was diesen Feind von dir anbetrifft«, folgerte Mordechai. »Und dieser M. hat begriffen, dich besser nicht zum aktiven Feind zu haben. Er versteht sich in Magie und weiß, dass er aus deiner geballten Wucht an Gegenmaßnahmen nicht mehr unbeschadet herauskäme – aber du schon.«

»Im Moment sehe ich ihn gar nicht als Feind – eher als einen Menschen, der sich durch seine magischen Praktiken selber ausschalten wird«, sinnierte ich. »Aber es stimmt schon – ich bin wachsam, was ihn anbetrifft.«

»Wir reden demnächst mal mit Ahan und Aristide, wie wir das machen, dein Klingsorerbe ein wenig zu dämpfen, damit du Zeit erhältst, deine Alltagsstrategien zu harmonisieren auf ein ausgeglichenes Maß«, meinte Mordechai, als ich mich von beiden verabschiedete.

*

20. Unseren Fähigkeiten trauen.

23.10.2010 Einfahrt – Gespräch mit Magath, Nasmakrai, Mordechai und Starsa

Ich berichtete von Hans Peters Fragen bezüglich Nibiru. Soweit es mir möglich war, erzählte ich von dessen Bedenken und Sorgen. Zum Beispiel hatte er irgendetwas in der Richtung gelesen, dass die Erde durch Nibiru unwichtig würde. Keine Ahnung, wo er das nun wieder her hat.

»Dieser sogenannte Nibiru-Planet durchwandert tatsächlich das Sonnensystem und sorgt mit seiner Ekliptik planetar für gelegentliche Verwerfungen und es gab in früheren Zeiten dadurch manchmal große Probleme. Die Planetenbewohner hatten massive Schwierigkeiten, für die sie inzwischen eine Lösung gefunden haben. Nibiru wird weiterhin durch euer Sonnensystem reisen, doch besteht durch seine Annäherung keine unmittelbare Gefahr für die Erde. Dieser Planet war auch früher für euch nur dann stets eine Gefahr, wenn ihr Angst vor dessen Erscheinen und der Wiederkehr der *Göttermenschen* hattet. Diese Angst wurde und wird bewusst geschürt und setzt sich im Morphofeld fest, so dass ihr selbst für Kataklysmen und Oberflächenerschütterungen sorgt. Ihr habt gerade jetzt die Chance und Energetik erreicht, solchen Manipulationen keine Nahrung mehr zu geben«, erklärte Magath. »Die asurischen Götter sind heute in ihrer Macht ziemlich beschnitten und auch die irdischen Nachkommen dieser Spezies besitzen nicht mehr die Macht, die Erde bis in die Bewusstseinsträger zu erschüttern.
Jahrzehntausende wart ihr von diesen Umständen – wozu Seher und Propheten ihren Teil beitrugen – geprägt und energetisch auch gelähmt. In den letzten 2 Jahrtausenden wurdet ihr wacher und stärker in eurer eigenen Energetik – nicht zuletzt bedingt durch das

Phänomen Christos, das Jesus auf der Erde manifestierte, so dass ihr heute all diesen Anforderungen widerstehen könnt. Natürlich gibt es bei euch noch die bewussten Negativströmungen von Zerstörungs- und Manipulationsmentalitäten, die sich von einem Eintreten erneuter Kataklysmen künftig eine neue Herrschaftsform erhoffen – wie das vielfach schon gewesen ist. Wie es jetzt aussieht, wird das nicht mehr zu bewerkstelligen sein, da zu viele Menschen freieren und wacheren Geistes und Willens geworden sind, die Erde zu erhalten und langsam wieder zu renaturieren.«

»Der Bewusstseinsaufstieg scheint zu wirken.«

»Natürlich«, lächelte Magath, »wenngleich es noch Wirren und Zerwürfnisse geben wird. Allerdings wird das Negative in euch immer schwächer werden und damit auch die Manipulationsenergien, die den alten Status quo mit allen Mitteln aufrecht erhalten wollen. Das kommt zudem bei sensitiven Sehern und Propheten an – egal mit welchen Intentionen sie ihre Seherfähigkeiten nutzen. Du kannst sie jedoch unterscheiden. Die im Aufstieg befindlichen erkennen neben den positiven Aspekten auch die Hindernisse und sprechen darüber. Jene, die den Aufstieg verhindern wollen, reagieren hart mahnend bis brutal bedrohlich und sie erstellen schlimmste Szenarien. Diese sind schlicht als despotisch beiseite zu stellen.«

»Kann es durch einen eventuellen Golfstromabriss zur Unwucht der Erde führen und somit zum Kippen der Erdachse kommen?«, fragte ich.

»Der imaginäre Golfstrom ist unabhängig vom benannten Golf«, erklärte Magath. »Beim Zusammenspiel von innerirdischen und oberirdischen Meeresströmungen, die riesengroßen Wirbelsystemen entsprechen, lassen sich zwar eure oberirdischen Meeresverschmutzungen insgesamt als störend an, aber die Wärmeströmungen werden nicht abreißen – sich nur etwas verschieben. Ein rapides Kippen der Erdachse ist für uns weder ersichtlich noch messbar. Es müsste schon von eurer Seite aus ein massives Bombardement gen Nordpol stattfinden, um eine gewisse Unwucht künstlich herbei zu führen.«

»Dazu reicht jedoch euer Potenzial nicht aus«, verbesserte Nasmakrai. »Allerdings würde es reichen, die Küsten der nördlichen Hemisphäre ziemlich in Mitleidenschaft zu ziehen.«

»So wahnsinnig kann doch niemand sein«, warf ich ein.

»Oh doch«, folgerte nun Starsa, der bisher schweigend zugehört hatte, »die gibt es schon. Allerdings sind sie konstant von den Harukaniern und Voltrain unter Beobachtung.«

»Es sind all diese Strömungen, die sensitive Seher und Propheten erspüren und dann besorgt interpretieren«, konstatierte Magath. »Und nun eine Frage an dich, da du ja omensichtig bist – was siehst du?«

Diese Frage hat mich völlig überrascht.

»Ich glaube, meine Omensichtigkeit trifft nur auf mich und meine unmittelbare Umgebung zu – ich kann sie nicht globalseherisch verwerfen«, warf ich irritiert ein.

»Deine unmittelbare Umgebung ist jedoch der gesamte Planet«, lächelte Magath. »Du irrst, wenn du annimmst, deine Sichtigkeit sei auf eine geologische Begrenzung gemindert.«

»Aber ich sehe die Omen stets im Zusammenhang meines Clans – meiner Sippe«, warf ich ein.
»In diesem Leben – oder in allen Inkarnationen?«, lächelte nun

Mordechai. »Letztlich bist du heute die Summe all deiner irdischen und nichtirdischen Inkarnationen. Wie kannst du dann deine Omensicht auf das Jetzt begrenzen und wie kannst du denken, dass du an Fähigkeiten, die du in anderen Leben fraglos hattest, heute nicht mehr herankommst?«

»?!?«

»Was siehst du ganz persönlich als Zeitgeschehen – unabhängig von allen anderen Prognosen«, forderte mich Magath fest auf.

»Ich sehe eine Abkühlung der nördlichen Hemisphäre – aber nur für ein paar Jahre, dann pendelt es sich zum Beispiel bei uns in Deutschland wieder ein, so dass die Jahreszeiten wieder stimmiger werden. Ich sehe einen stetigen Verfall und Zerfall des alten Systems namens Kollektiv, wobei starke Unruhen entstehen, die mich persönlich jedoch nicht erreichen und auch meinesgleichen nicht. Ich sehe viele Reformen, die alles Menschliche betreffen und viele Ungereimtheiten ausräumen. Und ich sehe einen weltweiten Aufruhr gegen Ungerechtigkeiten, der ziemlich heftig in Ballungsgebieten wird. Zudem sehe ich einen Versuch zur Rückkehr des wahren Adels in Form einer Reformation erneuter Fürstentümer und Neukönigreiche, die jedoch wiederum nur Übergangsformen sein werden zum Wedischen hin«, floss es aus mir heraus.

»Wie siehst du dich persönlich darin?«, fragte Mordechai.

»Merkwürdig gelassen, wissend über die Einsetzung von Menschen, die in diese Positionen passen und wohlwissend, dass sie lediglich ein Mittel zum Zweck sein werden«, erklärte ich. »Ich sehe mich nirgends in einer Aktivität dabei.«

»Du konntest also alle Fragen von dir aus beantworten. Du brauchst uns nicht mehr – außer zur Bestätigung und Motivation, dass du mit allem verbunden bist«, schmunzelte nun Magath. »Und da du mittlerweile unaufgeregt alle Geschehnisse und Zusammenhänge begreifst, unterscheidest du dich in nichts mehr noch von uns. Du findest inzwischen in deiner Welt viel mehr Unterscheidungen zwischen anderen Menschen und dir als es hier der Fall ist. Und es gibt bei euch viel mehr Menschen als du glaubst, für die das ebenso gilt. Lernt wieder euren Fähigkeiten zu trauen und ihr werdet erstaunt sein, welche Möglichkeiten sich euch öffnen.«

»Als ihr vorhin von dem riesigen wirbelförmigen Zusammenspiel der Ozeane spracht, kam mir sofort ein Gespräch in den Sinn, das ich mit Christa vor längerer Zeit führte. Christa sagte mir damals, sie sehe alle Strömungen aller Ozeane als einen riesengroßen wirbelförmigen Wasserstrudel an, der sowohl durch Obererde als auch durch Innererde führt. Sie hatte dieses Bild regelrecht vor Augen.«

»Christa hat sehr viele Einblicke und sie traut ihrer Intuition«, nickte Mordechai. »Ich bin immer wieder verblüfft über ihre Antworten, wenn wir in telepathischem Kontakt sind. Das könntet ihr alle, wenn ihr den Mut wiederfändet, euren Fähigkeiten zu trauen.«

*

21. Junkgene

09.11.2010 Einfahrt – Gespräch mit Ulluer

Dass Mara und Ulluer mal wieder in Innererde sind, hat mich sehr erfreut. Ulluer sagte mir, dass das nur noch selten der Fall sein würde, weil er vor kurzem in den Großen Rat eingetreten sei und seine Aufgabe nun eine völlig andere sei. Beide seien langfristig nicht mehr auf der Erde. Das war ein starker Wermutstropfen in meiner Wiedersehensfreude. Mara traf sich mit der Baronin und Vitali, so dass Ulluer Zeit für mich hatte.
Zuerst erzählte er ein wenig über Achele, weil ich ihn danach fragte. Dann fragte er, wie es mir ginge. Da mir dazu nur ein „gut" einfiel, lächelte er und meinte, ich würde wohl noch auf der Bahre sagen, es ginge mir gut.

»Du bist zwar ruhiger als früher, aber dich bewegen ständig deine Gefühle und Gedanken«, folgerte er. »Es ist nicht einfach auf diesem Planeten zu leben, hm?«

»Vieles ist leider so verhärtet, dass ich nur noch frage, warum wir so schwer lernen, das Leben und die Mitmenschen leichter zu nehmen«, sinnierte ich. »Auch weiß ich oft nicht mehr, sprechen die Menschen nur noch über ihren Verstand und das Ego oder ist doch noch ein Herzdenken dabei. Werden wir zu Produkten unserer weltweiten hartherzigen Politik und Rhetorik oder erkranken wir schlicht daran, immer mehr, weil unser Morphofeld all das so spiegelt?«

»Wir beobachten seit längerem, dass sich drei Wesensmerkmale unter euch bilden. Die einen werden härter dadurch, die anderen herzlicher und die Dritten völlig apathisch. Die Härteren wollen bestimmen, die Herzlicheren vermitteln und die Apathischen begreifen sich nur noch als willenlose Gefangene dieses Planeten«, erklärte Ulluer. »Letzteren ist es auch egal, ob sie durch eine Apokalypse hinweggerafft werden. Die Hauptsache ist, man nimmt sie irgendwie von hier weg. Die Härteren bilden sich ein, eine Zukunft herbeiführen zu können, die einer Säuberung des Planeten gleichkommt und die Herzlichen versuchen eine Allgemeinlösung zu finden, durch die keiner leiden muss. Wie es im Moment aussieht, findet eine verstärkte Wechselwirkung zwischen den Härteren und den Herzlichen statt. Verstandeslogik ringt mit der Herzlogik. Wer sich in solche Ringkämpfe begibt, wird immer nur selbst Leid erfahren und schaffen. Du bist ein Klingsor und weißt das selbst sehr genau. Und du weißt, dass Herz und Verstand eine Einheit ergeben müssen, um Neues zu erschaffen.«

»Mich wundert, warum reine Verstandesmenschen ständig darauf pochen, verstanden zu werden. Ihnen müsste doch genügen, dass sie selbst verstehen, wovon sie reden«, sinnierte ich.

»Im Grunde hast du diese Frage bereits selber beantwortet«, grinste er. »Es genügt ihnen nicht mehr, von sich selbst verstanden zu werden. Sie wollen jenen, die nicht nur im Verstand denken, die Richtigkeit des Verstandes erklären. Doch sie hören nicht auf ihr Herz, weil ihr Ego laut schreit und es übertönt. Hier wäre es endlich angebracht, dass alle, die auch ihr Herz mit einbeziehen, über ihr Ego zu den reinen Verstandesdenkern hindurch rufen. Das wird nicht ohne Blessuren abgehen, aber nur so kann eine klare Kommunikation miteinander entstehen – nicht miteinander kämpfen – lernen, euch einander anzunähern, um miteinander richtungsweisender zu werden. Wenn ein bis dahin einseitiger Verstandesmensch in sein Herzdenken kommt, dann kann er ein großartiger Wegweiser sein.«

»Wer wird da wohl die meiste Kraftanstrengung benötigen«, winkte ich ab.

»Ohne Zweifel die Bauchdenker, die ebenfalls ihr Herz außen vorlassen«, lachte er, »denn die fühlen sich häufig als die Besseren. Ist das Herz dabei, kommen am besten die sogenannten Kopfdenker mit Herz bei den reinen Verstandesdenkern durch, weil bei ihnen der Verstand ebenso ausgeprägt ist. Egal, wie ein Herzdenker vorrangig denkt – ob über den Kopf oder über den Bauch – jede Annäherung und jedes Öffnen zu den reinen Verstandesdenkern stärkt das Herz und heilt es aus. Und die Verstandesdenker erhalten im Gegenzug einen Zugang zu ihrem Herzen.«

»Und du glaubst, was du sagst?«, sah ich ihn an.

»Ich weiß es«, lächelte er.

Wir gingen eine Runde spazieren, wobei er mir von einigen seiner früheren Inkarnationen erzählte, wo auf Achele ähnliche Zustände herrschten, wie derzeit bei uns. So war es mehrmals ein Verstandesmensch und mehrmals ein Herzmensch, die ihn begreifen ließen, dass er all seine Möglichkeiten des Denkens in sich vereinen muss. Hat man das mal soweit verinnerlicht, kann man auch darüber sprechen und für alle zu einem Mittelsmenschen werden. Ihm ist nichts fremd, wie ich aus seinen Worten und Gesten hörte und spürte. Seine Worte sind klar und deutlich und doch voller Herzlichkeit und Mitempfinden, so dass sie weder weh tun noch kitschig wirken. Er argumentiert mit Verstand und mit Herz und voller Seele. Für mich ist er einer der bewusstesten Menschen, die mir jemals begegnet sind. Als ich das sagte, meinte er nur:

»All das liegt auch dir inne – schließlich bist du eine Menschenseele.«

Ich wollte wissen, wie sich die Acheler aus ihrem Dilemma befreien konnten – ob es friedlich über die Bühne ging.

»Es ging, nachdem die Kollektiven gebannt waren, erst mal drunter und drüber. Die Verstandesmenschen gingen erst einmal gegen die apathische Mehrheit vor und die Herzmenschen versuchten alles, um ein drohendes Chaos zu verhindern. Es bildeten sich erste Gruppierungen von vereinten Verstandes- und Herzmenschen, die kleine wedische Refugien schufen und sich zu verbergen wussten. Über Jahrhunderte wurden es mehr solcher Refugien und die Folgegenerationen weiteten sich aus. Auf Achele fanden ungeachtet dessen Säuberungsaktionen statt, wobei sich die apathischen und verhärteten Menschen nach und nach reduzierten. Ich muss leider sagen, dass die Apathischen vielfach selbstmörderische Aktionen unternahmen, da ihnen sowieso alles egal war. Die Hauptsache war, sie konnten so viele Verhärtete mitnehmen, wie nur möglich – so wie es bei uns heute die Selbstmordattentäter tun.
Nach etwa 600 Jahren gab es mehr wedische Einflüsse, so dass die Lage bei den noch nicht Wedischen umkippte und sie begriffen, welche Ära nun die maßgebende ist. Von da an gab es immer mehr Menschen, die gleichzeitig Herz-, Bauch- und Verstandesdenker waren – Androgyndenkende, wie wir es bezeichnen – und Achele entwickelte sich zu einem rein wedischen Planeten. Auch andere Raumspezies nahmen wieder offenen Kontakt auf. Seit mehr als 15.000 Jahren sind wir im kosmischen Großratsreigen aufgenommen.«

»Seit wann betreibt ihr Raumfahrt?«, wollte ich wissen.

»Wir beherrschen die Raumfahrt zwar seit über 100.000 Jahren, doch waren Raumreisen, z.B. zur Erde, nur über Generationsraumschiffe möglich – eine Sache ohne Wiederkehr«, erklärte Ulluer. »Wenn ein Raumschiff mehrere hundert Jahre zur Erde benötigt, wird oftmals die ursprüngliche Mission vergessen oder von den späteren Generationen missverstanden oder gar von den auf dem Raumschiff geborenen Nachkommen völlig ins Gegenteil verdreht.«

»Gibt es da auch eine Inkarnation von dir?«

»Sicher – hast du die Episode mit der Kampfamazone vergessen?«, grinste er. »Sie und ich waren damals in Raumschiffen geborene Vril, wovon drei auf der Erde landeten. Viele von uns waren bereits völlig verdreht, sodass wir die Menschen genetisch antreiben wollten, um sie zu *verbessern.*«
Er schüttelte sich: »Das mussten wir auch büßen und zwar zurecht! Manche von uns haben sich wieder geläutert, aber die Mehrheit vermischte sich mit den Erdenmenschen und sie gingen so weiter ins Vergessen. In gewissen Gebieten auf der Erde machten die Menschen einen gewaltigen Entwicklungssprung, was die Technik anbetrifft, der sich jedoch mit weiteren Völkervermischungen wieder kompensierte. Unsere Raumschiffe und alle Technik, die wir mitbrachten, gingen den Weg der materiellen Auflösung. Schon nach 1.500 Jahren zeugte nichts mehr von unserem Eingriff.«

Nachdem er selbst verstarb, als einsamer, geläuteter Acheler auf Erden, wurde er auf Achele wiedergeboren und durchlief dort noch einige Läuterungsinkarnationen.

»Mater sei Dank, dass ich diese Gnade erfuhr«, brummte er nun in Erinnerungen. »Manche der damals Beteiligten, die es ganz arg getrieben haben, inkarnieren noch heute als halbbewusste Menschenwesen auf verschiedenen Planeten. Äußerst sture Vril von damals sind jetzt erst bei ihrer zweiten oder dritten Inkarnation auf der Erde. Für sie ist alles Kampf, Kontrolle und die verzweifelte Suche nach Heimkehr.«

»A. ist so ein Vril, nicht wahr?«, sah ich ihn an.

»Ja«, nickte Ulluer. »Sie ist auf einem guten Weg, doch sie hat noch ein paar Läuterungsinkarnationen vor sich, wie ich vermute.

Dabei kann ihr niemand helfen – die kosmischen Gesetze sind da sehr klar.«

»Sie war ja mal in einem Vorleben deine Frau, liebst du sie noch immer?«

»In meiner Erinnerung taucht manchmal so ein Gefühl für sie auf – wie zu all meinen anderen Lebensbeigaben, die ich als achelischer Mann oder Frau einmal hatte«, lächelte er. »Allerdings sind das nur Erinnerungssequenzen. Sobald ein Mensch in seiner Mitte ist, Herz, Bauchgefühl und Verstand sich die Waage halten, ist er in seiner Gefühlswelt im Hier und Jetzt, wo Mara meine Lebensbeigabe ist. Ich bin auf dem Weg zum Androgyns, wobei eine Unausgewogenheit immer seltener wird.«

»Du begibst dich also ganz bewusst nicht in einseitig emotionale Erinnerungen?«

»Fast gar nicht mehr«, nickte er, »sie sind auch nicht wirklich fruchtbar. Es wäre pure Nostalgie, die mich nicht im Geringsten auf meinem Weg weiterbringt.«

»Du hast es dir also längst vergeben und allen anderen von damals auch?«

»So ist es. Das solltest du auch lernen – ihr alle solltet es lernen, Herz, Bauch und Verstand zu einen, um alle Diskrepanzen auszuräumen. Niemandem hilft es auch nur ein winziges Stück weiter, wenn er sich nicht mit allem und jedem aussöhnt, was er in früheren Leben erlebte.«

»Du bist ja jetzt Großratssprecher für Achele. Wie lange bleibst du noch hier?«, fragte ich ihn.

»Ich kann es noch nicht genau sagen. Das hängt von meinen derzeitigen Aufgaben ab. Da ich so lange Zeit meinen Planeten auf der Erde vertreten habe, stehe ich jetzt für eine gewisse Zeit meinem Nachfolger zur Seite. Wie lange er meine Unterstützung benötigen wird, kann ich jetzt noch nicht sagen.«

»Dann wird er dich hoffentlich noch lange benötigen«, grinste ich. »Ich finde es großartig, dich wieder hier zu wissen.«

»Merkst du, wie eigensüchtig du soeben geredet hast?«, blitzte er mich an. »Hältst du mich gar für dein Eigentum?«

Zuerst war ich baff und dann erschrocken, nachdem ich meine Äußerung noch mal reflektierte.

»Für mich bist du mein bester Freund«, entfuhr es mir. »Ich habe sonst keinen.«

»Das ist ein Trugschluss Alfons«, warf er ernst ein. »Du siehst in mir lediglich einen Menschen, der du selbst gerne sein möchtest. Und natürlich suggeriert dir das eine Freundschaft. Du solltest mich nicht als Vergleichsgröße eines Freundes nehmen, sondern dich öffnen für einen Freund deiner Spezies. Eine Freundschaft über den Planeten hinaus, funktioniert nur über das Wissen, dass es diesen Menschen gibt und wenn du dich mit telepathischen Kontakten zufriedengibst.«

»Da habe ich noch ordentlich zu üben«, nahm ich ihn in den Arm.

»Ich verspreche dir, ich melde mich bei dir, wenn ich mal zwischendurch einen Raumsprung zur Erde unternehme«, sagte er nun liebevoll zu mir.

Jetzt musste ich lachen und erzählte ihm von T.s Aussage, dass das ohne technische Quantenfunktionalität nicht ginge, wer anderes behaupte, lüge.

»Man muss es ja nicht behaupten – einfach tun reicht schon«, grinste Ulluer. »Und das mit den Quantenfeldebenen ist sowieso Unsinn. Niemand kann in ihnen technisch agieren. Man kann sie nur als Trägerwellen benutzen. Dadurch entsteht lediglich eine neue Nutzung, die nur äußerlich abläuft und nicht durch die Materie hindurch transformieren kann. Ihr Erdlinge vergesst bei allem, dass der Geist über allem steht. Er ist keine Energieform, sondern Grundsatz allen Seins und aller Erscheinungen sowie Abläufe, inklusive Energien, Grob- und Feinstofflichkeiten, Dimensionen, Universen, einfach allem.«

»Auch die Gedanken sind nur eine geistige Auswirkung«, nickte ich.

»So ist es. Das Denken funktioniert im Grob- und Feinstofflichen lediglich als Anhaltspunkt, den der Geist nicht benötigt – er Ist«, dozierte er. »Anhaltspunkte sind im physischen Dasein wichtige Orientierungen. Aber dadurch wird der Geistesfluss angehalten – gestoppt – um Begrifflichkeiten zu schaffen. Versucht jemand, aus Begrifflichkeiten alles zu definieren, hängt er fest, wähnt sich aber allwissend. So etwas ist schlicht dumm und bezeichnend für die physische Hybris.«

»Ich bezweifle längst die Genialität unserer offiziellen Wissenschaften«, warf ich ein. »Wäre Wissenschaft wirklich genial, würde sie aus dem genetischen Wissen schöpfen.«

»Wobei sie die Genetik wiederum nur materiell betrachten und erforschen – nicht jedoch den wirklichen Informationsgehalt, der darin codiert liegt«, lächelte Ulluer. »Lediglich knapp 10 % der

Informationen beziehen sich auf den materiellen Aufbau atomarer Strukturen des Körpers und des sichtbaren Universums. Mehr als 90 % sind rein geistige Informationen. Diese nennt ihr dann *Junkgene*, weil ihr damit nichts anfangen könnt. Und genau darin liegen auch alle Infos über Raumsprünge, Dimensionen, Raumgeschwister aus anderen Dimensionen und über das ewige Seelendasein. Die wahre Genialität befindet sich dort, wo ihr Abfall vermutet. Im gewissen Sinne ist es auch Abfall – ein Abfallen von der physischen Arroganz, eine Befreiung aller Begrenzungen und der Aufstieg in ein geniales Verhalten.«

Ulluer musste nun leider wieder weg und ich fuhr aus.

*

22. Ein Artefakt löst Erinnerungen aus

14.12.2010 Einfahrt

Auch in Endawin herrscht gerade eine kurze Bodenfrostperiode. Sie wird etwa zwei Wochen andauern, wie Starsa meinte. Das hänge mit elektromagnetischen Zyklen zusammen, die erst ein fruchtbares Leben gewährleisten.

»Wäre das nicht der Fall, hätten wir hier tropische Zustände, viele Insekten tropischer Natur und eine fast unerträgliche Feuchtigkeit mit Hitze, die nur wenige Menschen vertragen, Gegebenheiten, in der nur eine ganz spezielle Flora und Fauna überleben«, folgerte er.

»Gibt es überhaupt tropische Zonen und Wüsten in Innererde?«

»Natürlich«, nickte er, »wie auch Dauerfrostgebiete direkt um die Polausgänge. Wüsten sind zum Beispiel wichtige Klimaausgleichszonen, um alles in einer gesunden Wechselwirkung zu halten. Im Unterschied zu euch oben leben wir ausschließlich in den gemäßigten Zonen, versorgen uns jedoch mit Mineralien und Erzen aus dem Wüstensand, aus dem wir verschiedene Materialien formen, die lebenswichtig sind. Und ein bisschen Bequemlichkeit darf ja auch sein, wenn wir unsere Wohnstätten mit ausgiebigen Glasfronten versehen.«

Wir gingen ins Warme, weil ich kalte Füße bekommen hatte. Neugierig geworden, was sie alles aus Wüstensand herstellen, zeigte er mir Geschirr, Kochtöpfe und auch sein Besteck – alles aus Ton und Quarzsand hergestellt. Selbst die Wasserrohre sind aus diesem Material, das nur unter äußerster Gewalteneinwirkung kaputtgeht. Auch Knöpfe können aus diesem Material gefertigt werden.
Viele Kleidungsstücke sind aus Pflanzenfasern gefertigt, die sie

sogar aus gewöhnlichem Laub gewinnen können – die Vielfalt der Pflanzenfasern ist enorm. So etwas wie Schurwolle gibt es selten, weil sie keine Tierzucht betreiben. Wolle erhält nur jener, der eine starke Verbindung zu einem Tier hat. Dieses lässt es sich dann nach der kälteren Jahreszeit gerne scheren. Dabei spielt es keine Rolle, um welches Tier es sich handelt. Man kann aus jedem ausgekämmten Tierhaar Wolle spinnen.
Warme Kleidung stellen sie auch aus Rindenmaterial her, das so aufbereitet wird, dass es sich fast wie Wolle anfühlt. Man trägt aber auch Fell- und Lederbekleidung, die jedoch ausschließlich aus dem Fell verendeter Tiere hergestellt wird.

Faszinierend sind die Produkte aus den Abfällen, die bei der Speiseölherstellung anfallen – aus Oliven, Sonnenblumen, Makadamianüssen und Disteln. Daraus fertigen sie Stoffe, die sie als Umschläge bei Prellungen, Knochenbrüchen, Schnitt- und Rissverletzungen sowie Insektenstichen verwenden.

»Das ist pure Medizin und fördert eine rasche Schmerzlinderung und Heilung«, erklärte Starsa. »Die Technik, die du offensichtlicher wahrnimmst, wie Antigravs oder Raumschiffe, steht bei uns an letzter Stelle einer Notwendigkeit. Unser Augenmerk richtet sich in erster Linie auf das alltägliche und sorgenfreie Miteinander. Wenn es allen gut geht, gibt es keinen Neid und keinen Hader mit dem Schicksal. So muss auch die einzelne Familie keinen Antigrav besitzen oder größere Geräte für die Landsitzpflege. Wir benutzen solche Geräte allgemein, die wir uns bei Bedarf an einer Ausgabestelle leihen können.«

»Du hast aber einen eigenen Antigravschweber«, blickte ich ihn an.

»Ja«, grinste er, »den habe ich mir selbst gebaut, weil ich einer der wenigen Reptos bin, der gerne durch die Gegend reist. Ist wohl eine Macke von mir, die ich von euch Sapiens abgeschaut habe. Trotzdem ist es nicht wirklich wichtig für mich.«

Er ging in sein Schlafgemach und kam mit einer Art Machete zurück.

»Dieses Ding ist sehr wichtig für mich«, zeigte er auf die beidseitige Schneide. »Das hat einer eurer Schamanen einem meiner Vorfahren geschenkt mit dem Vermerk, es würde nie stumpf werden und alle organischen Gewächse wie weiches Wachs schneiden. Und es schneidet selbst härtestes Holz fast wie Butter. Selbst die Acheler und die Ohai haben nach reiflichen Untersuchungen nicht entdeckt, wie sie es nachbauen können. Und das absolut Wundersame ist, niemand außer mir und meinem Sohn kann es so handhaben. Bei einem anderen schneidet es nicht besser als eine normale Machete. Ich fälle damit jedoch einen mitteldicken Baum mit einem Hieb, zerlege ihn mit Leichtigkeit und ohne Anstrengung.«

Er gab sie mir in die Hand. »Nimm einen der Holzscheite dort neben der Tür und mache ihn klein.«

Ich tat es und der etwa 15 Zentimeter dicke Holzscheit ließ sich tatsächlich wie Butter durchschneiden.

»Das gibt es doch nicht«, japste er. »Mach nochmal!«

Ich nahm immer dickere Stämme und hackte sie ohne Anstrengung nach und nach klein. Das Ding ist ein Wunder.

Ganz bleich nahm er es mir wieder weg und brummte recht erregt: »Wieso funktioniert das bei dir? Das kann es doch nicht geben!«

Ich war jetzt selbst etwas verwirrt.
Starsa holte nun Mordechai, Aristide und ein paar seiner Nachbarn hinzu. Alle sollten es probieren. Bei keinem von ihnen klappte es,

woraufhin Aristide auf seine knappe, trockene Art lapidar meinte: »Das lässt nur zwei Schlüsse zu. Erstens: Alf ist mit Starsa blutsverwandt oder zweitens: Alfons ist die Reinkarnation des Schamanen, der die Machete anfertigte und an Starsas Ahnen weitergab, damit sich der Kreislauf heute wieder schließt.«

Starsa und ich hackten und schnitten abwechselnd mit der Machete, so dass Starsas Frau alsbald meinte, jetzt sei es aber genug mit Feuerholz.

Jetzt sei es an uns, dieses Phänomen ausführlicher zu reflektieren, meinte nun Mordechai.
»Dass ihr nicht wirklich verwandt sein könnt, ist bewiesene Tatsache. Aber die Schamanensache leuchtet ein. Lasst uns mal mit euch beiden einen Reflextest machen, dann sehen wir weiter.«

Letztlich kam heraus, dass ich vor Jahrhunderten dieser Schamane war, der Starsas Ahnen (ihm selbst in einem Vorleben) diese Machete schenkte.

»Schamane ist nicht ganz richtig«, folgerte Mordechai, »wohl eher ein Alchemist mit dem Wissen um dauerhafte Materialien. Auch mit dem Wissen, welcher Menschengeist diese Machete in Ehren benutzt, denn zum Töten ist sie nicht benutzbar.«

Weder Starsa noch ich fanden in uns eine Erinnerung daran. Allerdings mochten wir uns auf Anhieb – empfinden uns ziemlich verbunden und sehr wohl im Beisammensein.

»Ja, für mich ist Alfons irgendwie ein Sippenmitglied«, nickte Starsa, »auch, wenn ich das nicht rationell erklären kann. Mir wird warm ums Herz, wenn wir uns treffen und miteinander reden.«
»Genauso geht es mir auch«, nickte ich.

»Ihr beide seid Jahrtausende immer wieder aufeinandergetroffen – das sagen alle Reflexe von euch«, folgerte Aristide. »Das geht bis in die Zeit Arjunas zurück.«

Aristide testete noch weiter und erklärte, dass meine damalige Persönlichkeit mit den Rakshanas[1] zusammengearbeitet hat und sie dabei unterstützte, sich nach Beendigung des Krieges nach Innererde zurückzuziehen. Arjuna hatte einen Rakshana-Berater namens Yudischdira – ein König der Reptos, der im Mahabharata fälschlicherweise als der leibliche Bruder Arjunas dargestellt wird. Doch sie sahen sich als Waffenbrüder und waren keine leiblichen Brüder. Sie waren unterschiedlicher Speziesherkunft. Starsa war damals Yudischdira und die damalige Persönlichkeit von Alf sein Begleiter, obwohl er ein Homo sapiens war.

»Was so eine Machete auslösen kann«, sinnierte ich.

»Es sind zumeist Gegenstände und Artefakte, die etwas auslösen«, lächelte Mordechai, »manchmal auch Menschen, die uns begegnen – und oftmals begreifen wir zuerst nicht, wenn es zu Diskrepanzen oder sogar zu fliegender Liebe kommt. Wir finden diese Dinge jedoch meist sehr schnell heraus und solche früheren Inkarnationen werden dann zu einem Informationsquell sondergleichen.«

Den Rest des Tages verbrachten Starsa und ich mit Rückerinnerungen, die fast sprudelten. Da mir klar war, dass ich sie nicht mehr vergessen werde, habe ich das weitere Aufschreiben gelassen.

*

1 Die Pandavas (Homo sapiens) haben vor langer Zeit die Rakshanas (Homo repticus) bekämpft - dieser Kampf wird im Mahabharata beschrieben.

23. Ein Acheler von Obererde

18.12.2010 Einfahrt – Gespräch mit Nasmakrai und J.

Nas hatte einen älteren Acheler dabei, der seit mehr als hundert Jahren bei uns auf der Erde lebt – auf Obererde.
Laut seinen Papieren heißt er seit 1960 J. K. und ist seit 5 Jahren offiziell Pensionär. Er wirkt wie ein siebzigjähriger fitter Mann – schlank, fast asketisch und recht weise. Und er lebt in P. recht bescheiden, wie er sich selber bezeichnete. Anhand seines langsamen Alterns – wenngleich auch wesentlich schneller als auf Achele – ist er mehrfach umgezogen und hat sich eine Legende zugelegt sowie mehrere Namen in den hundert Jahren.
Er gehört zu jenen Achelern, die bewusst unter uns leben und leise ihre wedische Energetik in ihr Umfeld abgeben. So ist seine Legende eine Mischung aus Privatier und Reisender zwecks Studien, die er auswertet. Er kennt viele Hintergründe von Geschehen in den letzten hundert Jahren und betätigt sich auch als leiser Mentor für interessierte Menschen. Er wäre gerne auch bereit, bestimmte Fragen von mir zu beantworten, meinte Nasmakrai.

Zuerst wusste ich ihn nichts zu fragen, so dass er einfach zu erzählen begann. Er hat hauptsächlich in Deutschland gelebt.

»Dieses begnadete Land hat sich sehr verändert, seit es zweimal in diese schlimmen Kriege gezogen wurde«, erzählte er. »Die heutigen Menschen sind vielfach nur noch ein Schatten ihrer selbst und ihr wedisches Wissen ist fast gänzlich zerstört worden. Die Stammesgeschichte Benjamin war noch bis in die 40er Jahre des letzten Jahrhunderts bei den meisten Deutschen vorhanden. Mit den Siegermächten wurde dieses Wissen systematisch ausgerottet. Heute wird diese Stammesgeschichte lediglich als Metapher unter der Hand

behandelt, weil sie verpönt war als angebliche Rassekunde, die sie ja in Wirklichkeit nicht ist. In der Bibel dürfen die Stämme stehen, in Wirklichkeit darf es sie nicht geben.
Man hat mit der Zerstörung der Benjamingeschichte – aber auch jener aller anderen Stämme – zugleich jegliche Abstammungslehre vernichtet. Nur noch die israelische 12-Stämmelehre darf von Juden und Zionisten gelehrt werden. So wurde aus den ursprünglichen 12 Stämmen der irdischen Menschheit eine zionistisch-jüdische Lehre konstruiert, um die Einzigartigkeit Israels zu begründen.
Gehen wir vom Anrecht aller irdischen Stämme aus – die aus den wedischen Landverteilungsstrukturen entstanden, hat dieses Konstrukt nur noch auf den Stamm Juda eine Rechtmäßigkeit«, folgerte J. »Alle anderen Stämme werden entweder als die verlorenen jüdischen Stämme deklariert oder einfach verleugnet. In den Prophetien findet sich dieses Konstrukt als das Tier aus den Tiefen des Meeres – als die Bestie des kommenden Antichristen.«

Er erzählte ruhig und fließend Zusammenhänge und Geschehnisse, die offen nachweisen, dass die Initiatoren des Staates Israel ausschließlich wollen, dass Israel eines Tages die gesamte Erde übernimmt.

»Bei diesen Gruppierungen handelt es sich um wahrhaft dämonische Menschenwesen, die sich diesen Planeten unter den Nagel reißen wollen«, konstatierte J. »Deren Pläne gehen noch viel weiter. Da die asurischen Fürsten nicht das Zeug zur Menschenselektierung aufbringen konnten, wollen die Zionlamas (wie sie sich selber nennen), die Nachfolge effizienter antreten – um letztlich auch den Kollektivspezies zu zeigen, dass diese sich ebenso alsbald zu unterwerfen hätten. Die Zionlamas und ihre Helfershelfer haben gerade im letzten Jahrhundert viele Raumschiffe der Kollektiven annektiert und umgerüstet mit grausamen Waffen, um bei Bedarf andere Raumspezies mit Gewalt zu bekehren – sprich: zu vernichten. Da die Zionlamas weltweit zerstreut sind und ihre Netze unter euch ausgeworfen haben, ist es sehr schwierig, ihrer habhaft zu werden«, nickte J. »Kaum noch jemand von euch besitzt ein Gespür für solche Dämonenmenschen, deshalb ist es auch sehr problematisch, euch klar zu machen, wie ihr sie und ihr Tun erkennen könnt. Nur wenige von euch besitzen das uneingeschränkte Gespür für diese große Gefahr und genau diese sitzen inzwischen an Stellen, von denen aus sie einiges bezüglich der Gegenwehr tun können und sie setzen alles daran, um ja nicht aufzufallen. Sie werden konstant eingeweiht von uns, um einen absolut schlagkräftigen Beraterhintergrund aufzubauen. So wie es vor Jahrtausenden mit den Klingsoren begonnen hat, wird es auch mit ihnen enden. Es kann und darf keinen offenen Weltkrieg geben, um die Feinde jeglicher Menschlichkeit zu neutralisieren – es wird ein internationaler Bereitschaftskampf ganz anderer Art werden. Und diese Art wird nach und nach alle Urstämme soweit energetisch freimachen, dass sie ebenfalls in ein Handeln gelangen. Klingsoren deiner Natur können zum Beispiel ihre Omensichtigkeit trainieren und soweit ausdehnen, dass sie als Späher ihren Dienst tun können. Wenn du es möchtest, kann ich dich zu einem sehr gezielten Omenseher ausbilden.«

»Mir macht meine Omensicht jedoch oftmals Angst«, sagte ich.

»Nur, weil du die Handhabung noch nicht richtig kennst«, nickte J. verständnisvoll. »Wenn du lernst, deine Omensichtigkeit so zu benutzen wie das Besteck beim Essen, wird sie dir zur Selbstverständlichkeit. Im Grunde bist du soweit, wie mir gesagt wurde, du brauchst jetzt nur einen sanften Lehrer, der dich langsam heranführt. Und ich sehe, ich könnte dein Lehrer sein. Du zeigst mir gegenüber Zuneigung und keinerlei Feindschaft.«

»Es sind deine Stimme, deine sanften Augen und dein väterliches Äußeres, die dich für mich so sympathisch machen«, warf ich ein.

»Skepsis zeige ich eigentlich nur mir selbst gegenüber. Ich weiß nicht, ob ich das wirklich kann, was du glaubst.«

»Ich glaube das keinesfalls«, lächelte er belustigt, »ich sehe es an und in dir.«

»Wenn das mal nur mein Willi mitmacht«, brummte ich nachdenklich.

Nasmakrai lachte auf und klärte J. in kurzen Worten über Willi auf.

»Natürlich beziehen wir dein Ego und deine Charaktermerkmale mit ein«, schmunzelte J. »Aber ich finde es schon sehr klug und weise, wie du deine Existenzfeldebenen charakterisierst. Es erleichtert uns die Sache sehr, wenn wir den ganzen Wust an Egoismen, die sich anfangs häufig mit einmischen, kaum noch bearbeiten müssen.«

Er blickte mich interessiert an und schien mich ausgiebiger zu taxieren und sagte auch gleich, ich solle mich nicht irritiert fühlen, weil er mich gerade so taxiere.

»Das erspart wochenlanges Erklären über Warum und Wieso beim Egoverhalten«, plauderte er weiter, »zudem bist du ja längst gewohnt, kinesiologisch abgetastet zu werden.«

Ich blickte ihn direkt an und reichte ihm meine Hand. Dabei erklärte ich ihm, er solle ruhig ungeniert weitermachen.

Nach ein paar Minuten meinte er lapidar:
»Du wirst das Omentraining sehr rasch vollenden, denn du lebst längst danach.«

»Ich tue schon lange nichts mehr gegen meinen Instinkt, reagiere entsprechend und schlage auch nichts mehr einfach in den Wind«, nickte ich. »Und es ist sehr gut, dass Christa – meine Frau – meinem Instinkt ebenfalls vertraut, auch wenn sie es selber nicht so spürt.«

»Schöne Lebensbeigabe«, lächelte J. »Das erleichtert das Leben sehr.«

»Christa kann dafür im Akashafeld lesen«, erklärte ich weiter.

»Oh – dann wird sie sicher oft anecken, wenn sie das verlautbart«, blickte er mich offen an. »Stillschweigen ist dabei das Sicherste. Auch du solltest mit deiner Omensichtigkeit nicht hausieren gehen. Ich werde dir beibringen, wie du deine Sichtigkeit richtungsweisend anwenden und einsetzen kannst.«

Mir gefällt dieser J. und ich bin auf die *Lehre* bei ihm sehr gespannt.

*

24. Genussmittel

07.01.2011 Einfahrt

Mehrere Erdbeben haben Endawin erschüttert und Sachschäden angerichtet – wenngleich nicht sonderlich schlimm. Das ist nun zehn Tage her und die Schäden waren inzwischen fast alle behoben. Starsas Haus erlitt Risse im Holz und der Teich war an einer Stelle aufgebrochen.

»Man kann sagen, wie oben so unten«, sinnierte Mordechai. »Der gesamte Planet ist unruhiger geworden und das überträgt sich auch nach Innererde. So etwas ist seit Jahrhunderten nicht mehr so auffällig vorgekommen.«

»Kamen Menschenleben zu Schaden?«, wollte ich wissen.

»Ja, es wurden einige verschüttet oder in Erdspalten gerissen«, nickte sie. »Einige Flüsse versiegten, wobei sich anderweitig neue auftaten. Es war schon eine gravierende Sache.«

Wir gingen zu Starsas Landsitz. Gewisse Stellen im Boden haben sich gewölbt und andere sind eingebrochen. Der Teich wurde zwar wieder eingefasst, aber er hat eine etwas andere Form eingenommen. Einige Otter seien leider verschwunden, erklärte Starsa bedauernd. Starsa sagte, dass dieses Beben nur bedingt natürlichen Ursprungs war. Der Auslöser war ein gewaltiger und gezielter HAARP-Anschlag, ausgehend von einem oberirdischen Gebiet im Irak.

»Wir konnten von dort eine Signatur ausmachen – aber sie ist nicht eindeutig genug, um das als gezielten Angriff auch für Innererde zu deuten«, meinte Mordechai. «Es ist auch möglich, dass die

Kontinentalverschiebungen auf Ober- und Innererde synchron liefen, was solche Beben ebenfalls auslösen kann.«

Starsa winkte ab. Er glaubte wie viele andere auch, dass es ein gezielter Anschlag von Obererde war und dass es an der Zeit sei, die noch bestehenden Anlagen vollständig zu vernichten.

»Eine vollständige Vernichtung wäre ein kriegerischer Akt, das können wir nicht machen«, brummte Nasmakrai ernst, »auch wenn wir uns das öfter mal vorstellen.«

Nasmakrai lud mich ein, die betroffenen Gebiete zu überfliegen, damit ich mir ein Bild machen könne. Beim Überflug konnte ich nun gut erkennen, was alles passiert war. Es wurden zwar inzwischen die meisten betroffenen Gebäude wieder repariert, aber die Landschaften und Gärten waren vielfach verformt und noch nicht wieder gerichtet. Sie sahen aus wie Wellen.

»Es wird noch einiges herzurichten sein, aber das ist das geringste Problem«, erläuterte er. »Das größere ist der Verdacht der Bevölkerung, von Obererde angegriffen worden zu sein. Wir hoffen, dass die Menschen soweit in ihrer Mitte bleiben, um sich nicht von vereinzelten – vor allem jungen Menschen mit wenig Erfahrung - von ihrer Forderung nach einem Rückschlag anstecken zu lassen. Das könnte nicht nur für die Menschen auf Obererde sehr gefährlich werden, sondern für den gesamten Planeten.«

»Das mutet mich gar nicht gut an«, warf ich nachdenklich ein.

»Die innerirdischen Reptos, aber auch Sapiens, benötigen jetzt sehr viel Fingerspitzengefühl, um ihren jugendlichen Heißspornen aufzuzeigen, was dabei alles geschehen könnte. Sie wollen kein zweites Mahabharata«, erklärte Nasmakrai.

Zurück bei Starsa sprachen wir über dieses Thema, wobei Starsa bestätigte, dass keiner ein zweites Mahabharata wolle. Jedoch müsse man was tun, gegen die sich häufenden Versuche oberirdischer Militärs, nach Innererde vorzudringen.

»Natürlich benötigen wir noch den klaren Beweis, dass das große Beben von euren Militärs verursacht wurde«, folgerte Starsa. »Haben wir klare Beweise, werden wir auf keinen Fall diesen Angriff einfach übergehen. Was wir dann tun werden, wird sich zeigen.«

»Eine Kampfbereitschaft ist aber nicht wedisch«, warf ich ein.

»Wede zu sein, bedeutet nicht, sich widerstandslos vernichten zu lassen«, erklärte er fest. »Innererde wird nicht den Fehler wiederholen, den wir vor 13.000 Jahren machten, indem wir Reptos uns einfach zurückzogen und Innererde abschotteten, während ihr euch größtenteils zu Sklaven machen ließet. Viele von uns denken heute, dass unsere Vorfahren damals alles hätten daransetzen müssen, um einen Weg zu finden, der euch davor bewahrt hätte. Allerdings sagen diejenigen, die heute so sprechen, nicht, wie man die Gefahren hätte aufzeigen können, in die sich die verblendeten Homo sapiens begaben, als sie die Kollektiven mit offenen Armen aufnahmen und ihnen alles glaubten, was diese erzählten. Wie kann man einem Kind, das einen scheinbaren Gott anhimmelt, erklären, dass dieser Gott nichts Gutes im Schilde führt?«

»Ich weiß es auch nicht. Vielleicht mussten wir wirklich diesen Weg gehen, um ein für alle Mal davor gefeit zu sein«, nickte ich. »Doch was wollt ihr nun machen?«

»Es wird auf keinen Fall zu Kampfhandlungen kommen«, sagte Starsa. »Wir denken gerade alle Möglichkeiten durch. Notfalls holen wir einige eurer Militärs hierher und zeigen ihnen, welche Möglichkeiten wir haben und wie stark uns notfalls sogar die Natur hilft, wenn es darauf ankommt. Kein Militär schickt bedenkenlos alle Soldaten in einen Kampf, der aussichtslos erscheint. Vernunft kennen selbst die hartgesottensten Militärstrategen.«

»Jedoch warten wir erst einmal ab, was unsere Forschungen bezüglich der Ursache ergeben«, führte Nasmakrai an.

»Es gibt etwas, das für uns derzeit vordringlicher ist«, meinte Starsa. »In den betroffenen Gebieten sind Ernten ausgefallen und Erdkeller eingefallen. Wir müssen, bis die Natur sich wieder erholt hat, Nahrungsmittel aus den nicht betroffenen Gebieten umlagern. Und der Schock innerhalb der Bevölkerung sitzt tief – vor allem, da wirklich Menschen dabei umkamen und auch Tiere in größerer Anzahl betroffen waren.«

»Dann kannst du jetzt vielleicht auch ermessen, wie es uns geht, wenn durch menschengemachte Katastrophen bei uns hunderttausende Menschen sterben und durch Kriege Millionen«, sah ich ihn ernst an. »Vielleicht sind wir sogar stärker als ihr, weil wir ständig unter solchen Katastrophen und Verlusten leben.«

»Wie haltet ihr das nur aus?«, schüttelte Starsa sich.

»In der tiefen Hoffnung, eine neue, wedische Ära aufbauen zu können, ohne Kriege, nur mit friedlichem Mut und eisernem Willen«, folgerte ich.

Starsa dachte eine Zeit lang über meine Worte nach. Dann blickte er mich an und meinte: »Vielleicht haben wir euch unterschätzt. Ihr habt nichts mehr zu verlieren, nur noch zu gewinnen – wir haben jedoch sehr viel zu verlieren.«

»Wenn es ums Überleben geht, sind wir gegenüber von euch wahrscheinlich Profis. Ich will es mal so sagen: Alle irdischen Blutlinier sind nicht beteiligt an dem, was unsere Regierungen, Religionen und Militärs veranstalten. Wir wissen uns zu tarnen, um bei einer richtigen Gelegenheit Wiederaufbau zu leisten«, konstatierte ich. »Man kann nur mit Gerissenheit dem Kollektivismus widerstehen und nicht durch offenen Kampf.«

»So, so«, grinste jetzt Starsa, »dann erklär mir doch mal, wie wir uns zu diesem Angriff – sollte er einer gewesen sein – verhalten sollen? Nicht verzagen – Klingsor fragen?«

»Genau«, blickte ich ihn fest an, »ihr könntet uns oberirdische Klingsoren tatsächlich ja mal mit einbeziehen. Steigt mal von eurem hohen Ross herab und nehmt auch von uns mal einen Rat an. Vielleicht könnte der ja ganz hilfreich sein.«

»Habt ihr Kontaktler euch etwa abgesprochen?«, lachte Starsa auf. »Beinahe identische Worte kamen fast von allen.«

»Keine Ahnung, was du meinst«, blickte ich ihn verblüfft an.

»In den letzten vier Tagen haben wir mit vielen Kontaktlern darüber gesprochen und es gab keinen unter euch, der sich nicht mit ähnlichen Worten darüber ausgelassen hat«, folgerte Mordechai. »Es ist offensichtlich, dass ihr alle ähnlich denkt, obwohl ihr euch teilweise nicht einmal kennt oder nur mal sporadisch hier in Innererde seht. Auf jeden Fall werden wir sie dem Großen Rat vortragen und wir sind sehr gespannt auf die Reaktion dort.«

Starsa kam mit einem Tablett, auf dem ein Krug mit Habla stand und vier Gläser. Habla steht für süß, er wird aus Obst gemacht und hat einen leichten Alkoholgehalt (wie bei uns der Cidre). Für mich ist er ein Nektar fruchtiger Freuden.

»Mich wundert immer wieder, dass ihr ein Getränk braut, das Alkohol enthält«, entfuhr es mir.

»Alkohol in sehr geringen Dosen ist für Menschen ohne Suchtpotenzial überhaupt kein Problem«, erklärte Mordechai. »Für Menschen mit Suchtpotenzial, wie sie eure Gesellschaft hervorruft, ist alles ein Problem – egal, ob es sich dabei um Alkohol handelt, um Tabak, konzentrierten Zucker, um Computerspiele oder auch Sex.
In wedischen Zivilisationen gibt es keine Menschen mit Süchten und es kommt auch keiner auf die Idee, irgendwelche Dinge im Übermaß zu benutzen – denn dann handelt es sich nicht mehr um einen Genuss, es wird nur noch benutzt, um das Glückspotenzial anzuheben, Glücksgefühle, die ihr ohne all diese Mittel nicht mehr erlebt.
Wir sind jedoch von Geburt an glücklich in unserem Sein und wir gehen mit allem sehr bedacht um, egal worum es sich handelt. Auch ständig etwas zu essen, was dem Körper nicht bekommt, ist Sucht!«

»Du siehst mich hin und wieder mal eine Pfeife rauchen«, führte Starsa nun an. »Am liebsten rauche ich getrockneten Salbei mit getrockneter Pfefferminze, weil ich den Geschmack sehr mag. Und dabei gelangt nur ein ganz kleiner Teil davon in die Lunge – nicht mehr, als es beim Räuchern eines Hauses beim Einatmen der getrockneten Kräuter auch geschieht. Manche von uns lieben einfach den Geschmack von sonnengetrockneten Kräutern auf der Zunge. Doch wir machen das mit Muße, wenn uns mal danach ist und es hat nichts mit dem gierigen Rauchen zu tun, wie es eure Dauerraucher brauchen.
Das Gleiche gilt auch für das Habla. Wir brauen es für besondere Momente und wir genießen es dann mit allen Sinnen. Doch niemand von uns käme auf die Idee, so viel davon zu trinken, dass seine Sinne benebelt würden. Habla trinken bedeutet, für uns, etwas zu uns zu nehmen, was unserem materiellen Körper sehr hohen Genuss bereitet.«

»Bei uns geht der Trend derzeit dahin, das Essen ganz aufzugeben und nur noch Lichtnahrung zu uns zu nehmen«, erwiderte ich.

»Wer seinem Körper weltliche Genüsse verweigert, verweigert seiner Seele auch die nötige Hinwendung und der Geist wir starr – es fließt nur noch bedingt dynamisch. Genussentzug ist zugleich eine Kristallisation auf allen drei Seinsebenen. Die Folge ist, der Mensch zerbricht sehr rasch und kann sich nicht mehr so gut gegen Manipulationen wehren. Ein Zuwenig ist stets genauso schlecht, wie ein Zuviel. Lichtnahrung kann erst einmal zu einer Stärkung des Menschen führen, wenn er spürt, dass er nicht essen muss, um zu existieren. Er entdeckt dabei die Kraft seines Geistes und der Körper reinigt sich enorm, wenn vorher nicht mit Bedacht gegessen wurde. Doch als langfristige Maßnahme ist es unserer Sicht nach nicht gut. Warum hat Gott für uns all die wunderbaren Früchte, Nüsse, Kräuter usw. geschaffen, wenn wir sie nicht genießen sollten? Wir essen allerdings nur einen geringen Teil, von dem, was ihr als Nahrung benötigt. Der Grund liegt darin, dass ihr lauter Dinge esst, die den Körper nicht wirklich nähren und dann habt ihr ständig das Bedürfnis zu essen. Menschen, die viel essen, tun das, weil ihr Körper Mangel leidet, sowohl in Form von Nährstoffen als auch in Form von Glück und Liebe.«

»Es stimmt, bei uns leiden viele Menschen Mangel in allen Bereichen«, nickte ich. »Für mich ist ein weiterer Genuss im Leben der Umgang mit Wesensfreunden, wobei oftmals schon das Wissen genügt, dass es sie für mich gibt. Ich müsste mir das nur viel öfter mal bewusster machen und diesen Wesensfreunden auch mitteilen.«

»Ja, das ist wesentlich wichtig«, sagte Starsa und auch Nasmakrai und Mordechai nickten dazu. »Jenen, die man mag und liebt, es immer wieder zu zeigen und zu sagen, fördert einen genussvollen Umgang miteinander.«

Ich musste nun wieder ausfahren. Aber ich fühlte mich auf eine gewisse Weise sehr leicht. Ich muss wieder lernen, mein Dasein zu genießen – mit meinen persönlichen Mitteln für mich das Wünschenswerte Wirklichkeit werden zu lassen.

*

25. Auswirkungen des Bebens

05.02.2011 Einfahrt – Gespräch mit Mordechai und Aristide

Als ich in Innererde ankam, erwartete mich ein Empfangskomitee, das mich bis auf die Kleidung gründlich untersuchte. Man wolle sichergehen, dass mit unserer Kleidung und dem, was wir mitbringen – bei mir mein Schreibblock und Kugelschreiber – keine Nanopeilgeräte mit nach Innererde gebracht werden, erklärte mir Mordechai freundlich.

»Zudem untersuchen wir eure Sachen, ob sie verwanzt sind. Wir haben festgestellt, dass ein Minisender genau dort installiert war, wo die Beben konzentrisch begannen. Wir wissen nicht, wer von euch das getan hat und warum. Über ein Ausschlussverfahren checken wir jetzt alle Kontaktler durch und wir werden ihn finden. Jener, der das getan hat, wird dann vor dem Großrat zur Rede gestellt. Es wird jedoch kein Urteil vom Großrat geben – dafür sorgen die kosmischen Gesetze. Er wird allerdings mit Sicherheit von den Einfahrten ausgeschlossen. Uns geht es eher darum, herauszufinden, wer die Auftraggeber waren – das waren ganz sicher keine Kontaktler.«

»Das klingt ja heftig!«, gab ich erschrocken zur Antwort. »Sind unter uns Verräter?«

»Sei unbesorgt – du bist sauber. Wir untersuchen ja nicht nur die Kleidung, sondern ich habe dich auch gerade kinetisch erfasst«, schaute sie mich an. »Wir hegen schon länger den Verdacht, dass ein paar Kontaktler gezielt umgedreht wurden. Bis wir diese alle abgecheckt haben, gelten unsere Sicherheitsmaßnahmen nach der Einfahrt.«

Vor Sprachlosigkeit sagte ich erst einmal nichts. Deshalb fuhr sie fort: »Nun, wir können alle Kontaktler ausschließen, die schon über einen sehr langen Zeitraum nicht mehr eingefahren sind. Bei jenen, die so oft einfahren, wie du, Vitali und die Baronin sind wir sehr sicher, dass sie es nicht waren, weil wir in den Gesprächen alleine viel spüren. Es gibt etwa 1.500 Kontaktler, die nur alle paar Monate bis hin zum Abstand von einem Jahr einreisen. Die werden wir verstärkt sondieren. 26 von ihnen waren zur fraglichen Zeit hier, diese überwachen wir nun besonders.«

»Ich dachte, elektronische Geräte überständen die Einfahrt nicht.«

»Dem ist auch so – bei normalen, für euch käuflichen Geräten. Euer Militär hat jedoch längst die Möglichkeit derartige Peilsender in Nanoform mit einer entsprechenden Schutzhülle versehen, so dass die elektronischen Daten bei einer Einfahrt nicht behindert oder zerstört werden. Nach der Einfahrt brauchte derjenige, der den Sender installierte, diese Schutzhülle nur zu entfernen.«

»Hoffentlich findet ihr ihn oder sie, wenn es mehrere waren, bald. Und ich hoffe, es ist keiner von denen, mit denen ich mich hier immer wieder treffe.«

»Wir haben schon einen gefunden. Es ist jemand, den du kennst«, blickte sie mich offen an. »Wir sind ziemlich sicher, dass er damit zu tun hat und wollen nur noch prüfen, ob er allein ist, oder ob mehrere dahinterstecken. Gesichert ist es, weil er vorgestern von uns kinetisch abgetestet wurde und sich in seiner Jacke Spuren einer nanotechnischen Substanz fanden. Es ist W.«

»Seid ihr wirklich sicher?«, fragte ich erschrocken.

»Ja, ganz sicher«, nickte Aristide. »Außerdem zeigte er sich enorm geschockt vom Ausmaß der Katastrophe hier, wie das nur jemand ausstrahlt, der tiefste Schuldgefühle in sich trägt. Wir sind jedoch sicher, dass noch andere dahinterstecken. Die Teile des Peilsenders wurden nicht von einem alleine eingeführt und W. hat nicht das technische Wissen, ihn auch zusammenzusetzen.«

Ich konnte nichts mehr sagen, weil ich einerseits völlig baff war, andererseits es nicht begreife, wie man sich für sowas hergeben kann. Er weiß doch, wie friedlich diese Sphäre ist.

»Er schwärmte doch regelrecht von Innererde«, warf ich ein.

»Wir kennen bisher seine Motive nicht, weil wir ihm nicht sagten, dass wir ihn ertappt haben. Wir wollen ja seine Hintermänner finden. Wahrscheinlich hat er sich von Leuten missbrauchen lassen, die alles Friedfertige zerstören wollen«, sinnierte Aristide ernst. »Es ist auch möglich, dass man ihm vermittelt hat, Innererde sei für den Fortbestand der irdischen Oberfläche eine Gefahr. Wir können derzeit nur spekulieren und das bringt uns nicht weiter.«

»Dagegen sind ja jene harmlos, die Innererde als ein Fantasieprodukt abtun, vor allem auch die Wissenschaftler, die nicht einmal ansatzweise über eine solche Vorstellung nachdenken. Das ist immerhin ein Schutz für euch.« Ich konnte es immer noch nicht fassen.

»Es gibt bei euch eine Hand voll Wissenschaftler, die ganz genau Bescheid wissen. Sie sorgen dafür, dass das Wissen um die Planetenbeschaffenheit geheim bleibt«, erklärte Aristide. »Es wird ein ungeheurer Aufwand getrieben, dieses Wissen durch mathematische Formeln, die von falschen Gegebenheiten ausgehen, zu verhindern. Jeder, der diese Formeln als fehlerhaft oder falsch bezeichnet, verliert sehr schnell seine wissenschaftlichen Betätigungsfelder und sein Ansehen. Die Angst unter euren Wissenschaftlern geht so weit, dass sie vielfach ihr Gehirn umprogrammieren, um die Fehlerquoten auszublenden. Und so etwas findet auch in Politik und Wirtschaft statt, denn der Status quo ist die künftige neue Weltreligion.«

»Bei uns geht's sowieso drunter und drüber«, sinnierte ich. »Manchmal könnte ich dazwischen gehen und einfach nur noch schreien.«

»Bei euch läuft gerade wieder etwas ab, was schon mehrmals in der Erdengeschichte ablief – eine planetare und kulturelle Säuberung«, nickte Mordechai. »Da treffen primitive Interessen mit innovativen zusammen und das beschert Reibung. Und noch ein dritter Faktor schwimmt mit: Die Befreiung uralter Verkrustungen, um das Wedische wieder in den Lebensgrund zu bringen. Sowas geht nicht ohne Kampf und Verzicht auf Egomanie ab.«

»Mir beschied heute eine Bekannte, ich verhalte mich unberechenbar und würde somit ständig Diskussionen und Mitmenschen stören, die sowas nicht verdient hätten«, folgerte ich.

»Wer berechenbar ist, ist auch einfacher zu manipulieren«, lächelte Mordechai. »In mancher Hinsicht reagierst du über das Begriffsvermögen normal strukturierter Menschen. Das heißt auch, du bist ihnen einerseits über, andererseits brauchst du deine Mitmenschen und musst ständig Kompromisse eingehen. Da den goldenen Mittelweg zu finden, ist nicht leicht – es sei denn, du outest dich als *Wissender* und lebst dann mit den Konsequenzen.«

»Hier könnte ich das.«

»Hier bist du einer von uns – ein Wede. Oben bist du ein Grenzgänger, der mit jedem Wort und mit jeder Emotion aufpassen muss, nicht als Provokateur und unguter Zeitgeist deklariert zu werden«, nickte

Aristide. »Da kannst du nur eins machen – schweigen oder dich als unberechenbar bezeichnen lassen. Was ist schlimm daran?«
»Wahrscheinlich finde ich deshalb kaum Freunde – ich tue mich sehr schwer damit, anderen Menschen recht zu geben, wenn ich weiß, dass sie sich irren«, erwiderte ich. »Aber es ist sinnlos, sich mit Menschen auseinanderzusetzen, die ihr Gehirn fast ausschließlich nur halbseitig benutzen, auch mit Mitmenschen, die stets alles gut reden und nach Harmonie betteln, damit ja keine Klärung entsteht.«

»Das sollte dich jedoch nicht verbittern, Thalus«, warf Mordechai ein. »Betrachte solche Menschen einfach als Kinder, die ihre Augen zuhalten und dann glauben, dass man sie nicht mehr sieht.«

»Ich glaube, darin findet sich auch die Antwort meiner Fragen, warum es mir oftmals schlecht geht und ich mich ausgehöhlt fühle«, sinnierte ich.

»Zumindest hast du dich soweit wieder stabilisiert, dass dein Körper sich wieder zu regenerieren beginnt«, lächelte Mordechai. »Deine Vitalwerte steigen wieder. Wenn noch etwas zwickt, so wird sich das auch noch ausgleichen. Du solltest dringend lernen, dein Herz nicht für jeden Angriff zu öffnen.«

*

Wir haben jetzt das Katastrophengebiet noch mal besucht und überflogen. Es waren doch mehr Tote, als es den ersten Anschein hatte. Es sind knapp hundert Menschen, die dabei den Tod fanden. Die Schäden sind wieder soweit ausgeglichen, dass man am Aufbauen ist. Trotzdem überkam mich Scham, weil Obererde das verursachte. Und wenn W. in dieser Sache mit drin hängt, ist er an einem Massenmord beteiligt.

»Mir fehlen die Worte«, sagte ich betroffen. »Wir bringen offensichtlich unsere perverse Weltsicht auch noch hierher und lassen uns als Täter für so etwas rekrutieren. Ich werde das niemals begreifen!«

»Es ist auch für uns nur bedingt zu begreifen«, nickte Starsa, der uns mit seinem Antigrav durch die Gegend gefahren hatte. »Tatsache ist jedoch, dass ihr insgesamt nichts dafürkönnt. Es sind nur sehr wenige von euch, die sich für so etwas hergeben. Und das erhärtet die Tat jener, die hier aus- und eingehen und so etwas ausführen.«

»Falls W. und Co. daran beteiligt waren, was passiert dann mit ihnen?«, fragte ich.

»Das kann ich noch nicht sagen. Der Großrat wird nach einer Anhörung darüber entscheiden. Vermutlich werden wir sie ihre Kontakte und die Existenz von Innererde völlig vergessen lassen, so dass sie auch für die Dunklen nicht mehr brauchbar sind. Wir haben kein Strafsystem wie das eure, weil wir um die Wirkung der kosmischen Gesetze wissen. Es wird auf sie zurückfallen, das ist sicher – wie, das wissen wir natürlich nicht. Es wäre auch möglich, dass man sie auf einen anderen Planeten bringt, der ihnen adäquat ist.«

»Dann holt endlich alle hier weg, die uns das Leben so schwermachen«, brummte ich ungehalten.

»Das können wir nur mit jenen, die gegen Innererde offensiv vorgehen«, erläuterte Aristide. »Innererde wird als Sphäre Eins vom Großrat besonders geschützt.«

»Und warum nicht die gesamte Erde?«

»Obererde hat sich vor Jahrtausenden vom Großrat abgesondert und sich so als Sphäre Zwei deklariert«, folgerte Mordechai. »Es wurde ein

Pakt mit den Kollektiven geschlossen, wodurch sich Obererde vom Gesamtirdischen abgesondert hat. Nicht wir haben uns abgesondert, sondern ihr. Damit habt ihr euch auch von allen Kontakten zu den individuellen und wedischen Spezies abgesondert, mit denen ihr in wedischen Zeiten regen Austausch hattet. Ihr habt euch den kollektiven Religionen und Paradigmen unterstellt und die gesamte Führung aus euren Händen gelegt. Seither sind 90 % von euch davon infiziert, dass es keine Außerirdischen und keine Innerirdischen gibt und ihr die Krone der Schöpfung seid. Alles, was von woanders herkommt, wird als teuflisch, als Zweitschöpfung und mit Satan im Verbund dargestellt. Aus diesem Dilemma werdet ihr nur kommen, wenn ihr euch besinnt oder soweit untergeht, dass nur noch ein kleiner Rest an Erwachten übrigbleibt. Es gibt immer nur diese beiden Wege und den zweiten seid ihr schon mehrmals gegangen.«

*

26. Zwei, sich ideal ergänzende Spezies

13.02.2011 Einfahrt – Gespräch mit Mordechai, Aristide und Starsa

W.s Beitrag zu dem Beben hat sich geklärt. Er hat in vermeintlich guter Gesinnung mit zwei anderen Kontaktlern Peil- und Aufnahmesender in dem Gebiet aufgestellt, um angeblich an Fotos von Innererde zu gelangen. Die beiden anderen wussten jedoch, was wirklich dahintersteckte – nämlich eine Auseinandersetzung zwischen Innererde und Obererde herauszufordern. Gewisse Kräfte wollen sich an Innererde gütlich tun, wie Aristide sagte. Um an die Bodenschätze und Ressourcen zu gelangen, muss die ständige Sperre zu Innererde überwunden werden.

»Falls Innererde die sieben großen Ein- und Ausgangsportale für ein Kampfgeschehen geöffnet hätte, hätten diese Kräfte zugeschlagen«, erklärte Mordechai. »Sie sind der Ansicht, dass sie mit Streitkräften und Nuklearwaffen eindringen könnten, wenn die innerirdischen Sicherheitsmaßnahmen zum Ein- und Ausflug abgeschaltet würden. Zu dumm nur, dass das so nicht funktioniert. Im Grunde ist es ein Segen, dass sie keine Ahnung davon haben, was man mit Naturwesen gemeinsam schafft und mit welchen Mitteln diese die Menschen unterstützen, wenn ihr Ansinnen lauter ist.«

»Was geschieht nun mit W. und den beiden anderen Verrätern?«

»W. war nie sonderlich zuverlässig und ist leicht zu beeinflussen – wir haben ihn neutralisiert und das Wissen um Innererde ins Traumbewusstsein versetzt. Er kann damit problemlos weiterleben, hat aber nur noch vage Erinnerungen, dass es so etwas wie Innererde gibt. Die beiden anderen wurden vom Großrat ausführlich vernommen und ihnen wurde zur Wahl gestellt, entweder sich einer totalen Erinnerungslöschung zu unterziehen oder auf einen geeigneten anderen Planeten gebracht zu werden – jedoch getrennt. Beide haben sich für die erste Variante entschieden«, sagte Aristide. »Sie haben nun massive Erinnerungslücken – einer Amnesie gleich und sind somit für ihre Auftraggeber unbrauchbar geworden.«

»Wisst ihr, welche Kräfte dahinterstecken?«

»Ja – alles«, nickte Mordechai. »Wir haben ihre Anführer und Planer bereits kontaktiert und ihnen mitgeteilt, dass sie keine Chance hätten, jemals nach Innererde einzudringen, weil ihr Denken nicht einmal im Ansatz an unseres heranreicht und wir Möglichkeiten hätten, uns zu schützen, die alles überträfen, was sie sich auch nur vorstellen könnten.«

*

Starsa empfing mich bei sich zu Hause und wir plauderten einfach nur locker eine Zeit lang. Ich genoss es, mit ihm in der Sonne zu sitzen und die Atmosphäre zu spüren.
Ich sprach ihn nach einiger Zeit auf die Tellem an, weil jemand aus dem Forum danach gefragt hatte.

»Die Thellam Ta Scara, wie sie sich damals nannten – das bedeutet Menschen des Urlandes – waren die ersten Mischlingsnachfahren von Reptos mit kompatiblen Sapiens. Von außen noch ziemlich reptiloid, aber mit Eigenschaften von Sapiens. Sie waren zwar noch wedisch strukturiert, unterlagen jedoch schon kollektiv-asurischen Einflüssen. Sie sind irgendwann vor ungefähr 12.000 Jahren in alle Himmelrichtungen verschwunden, wobei sich noch heute Restpopulationen in unwegsamen Gebieten Asiens und Südamerikas befinden. Sie wurden zu Nomaden und waren Meister im Spurenverwischen.

Vor den Tellem lebten im Gebiet der heutigen Dogon Sapiens und Reptos gemeinsam – sie waren noch pur wedisch. So nach und nach kamen weitere Sapiens hinzu, die bereits mit den Kollektiven Kontakt hatten und bei ihnen tauchte die Idee auf, sich mit willigen Reptos zu kreuzen, um eine neue Rasse zu schaffen, die den Asurischen besser widerstehen könne. Vereinzelt klappte es mit der Vermischung. Im Laufe von nur zwei Jahrhunderten entstanden so Mischlingsmenschen, die sich für die bessere Rasse hielten und versuchten die Sapiens und Reptos dazu zu zwingen, weiterhin Mischlingsverhältnisse einzugehen oder woanders zu siedeln. So kam es, dass sowohl Reptos als auch Sapiens diese Gebiete verließen. Die Tellem weiteten ihren Einflussbereich als neue Menschenart aus, wurden jedoch von den ankommenden Dogon dominiert und letztendlich versprengt. Die Dogon waren eine zusammengewürfelte Sklavenschar, die von den Kollektiven in diese Gegenden gebracht wurden, um Bodenschätze zu schürfen. Überall auf der Erde kamen Sklavenvölker an, die von anderen Planeten geholt wurden, um die Drecksarbeit für die Kollektivspezies zu machen, weil die ursprüngliche Erdenmenschheit nicht willig genug war. Reptos und Sapiens erfuhren dadurch auch eine erste manipulierte Rassendiskriminierung, so dass sich unsere beiden irdischen Rassen letztendlich trennten. Ein Teil der Sapiens und fast alle Reptos machten sich in den nächsten Jahrtausenden auf den Weg in Sphäre Eins – Innererde – und fanden Einlass bei den dort lebenden Menschen. Viele der Flüchtlinge gingen in unterirdische Gelasse – große Höhlensysteme, die sie sich ausbauten und ihre eigene Kultur gründeten. Sie veränderten sich auch physiognomisch und wollen nichts mehr mit uns und mit euch zu tun haben. Manche sind degeneriert und befinden sich heute in einem Stadium, in dem das Aussterben einer Rasse beginnt.[1]«

Starsa trank etwas und fuhr nach einer kurzen Pause fort:
»Bei euch und auch bei uns leben Artgenossen, die sich langsam

1 Lacerta, deren Bericht im Internet veröffentlicht wurde, gehört dazu.

zurückentwickeln und nur noch ein Dahinvegetieren aufzeigen. Bei uns ist die Anzahl sehr klein – bei euch sind es um die 25 Prozent mit stark ansteigender Tendenz. Auch hierbei ist zu ersehen, dass Mutter Erde sich allem entledigt, das nicht mit ihr konformgeht. Die Rede ist von jenen Menschen, die gegen die irdische Natur agieren – und zwar in Folge von familiären Inkarnationsstrukturen. Es gibt viele Familienclans, die sich immer mehr im Kampf gegen die Natur und das wedische Prinzip verstricken, so dass sie sich unweigerlich als planetenfeindlich kennzeichnen[1]. Auf unserem Planeten gibt es eine wesentliche Gesetzmäßigkeit, der sich kein Lebewesen entziehen kann. Das ist das Gesetz der natürlichen Anpassung. Wer sich zum Beispiel in meinem Lebensfeld nicht den Gegebenheiten anpassen kann oder will, kann nicht angenommen werden. Beginnt nun jemand, mich als Feind zu behandeln und möchte mich verdrängen, wird er von mir abgestoßen und muss sich dann ein für ihn passendes Umfeld suchen. Menschen, die konstant gegen die irdischen Gesetzmäßigkeiten verstoßen, werden irgendwann selber verstoßen. Wenn dann irgendwo kein Platz mehr für solche Menschen zu finden ist, degenerieren sie und werden von der Natur darauf vorbereitet, auf einem für sie passenden Planeten wiedergeboren zu werden, um einen neuen Kreislauf der Reifung zu durchlaufen. Alles, was wir um uns herum erleben, ist lediglich eine langsame, aber kontinuierliche Äußerung unseres Planeten.«

»Ist das nur planetar oder nicht auch menschlich so formuliert?«, fragte ich ihn.

»Natürlich ist es noch der naturverbundene Erdenmensch, der planetenkonform diese Energien hervorbringt«, nickte Starsa. »Wer sich noch identifizieren kann mit dem Boden und der Natur, auf dem und in der er steht und lebt, arbeitet an der Wiederbelebung des wedischen Ursprungs und je mehr Sapiens wieder mit Reptos

1 Damit ist das gemeint, was wir als Inzucht bezeichnen.

gemeinsam imaginieren, desto stärker wird unsere gemeinsame Kraft der Manifestation.«

Jetzt grinste er und fuhr fort: «Je mehr Sapiens sich ihres Stammhirns (Abstammung!) – ihr bezeichnet es zurecht als Reptiliengehirn – bewusst werden, desto leichter wird es ihnen fallen, mit uns Reptos wieder Frieden zu schließen und Geschwisterschaft anzunehmen. Das setzt natürlich auch voraus, sich mit der Tatsache auf neuer wissenschaftlicher Basis auseinanderzusetzen. Bisher wird euer reptiloider Gehirnstamm lediglich mit dem kreatürlichen Überlebensprogramm gleichgesetzt – und das soll ja eurer Sicht nach über Leichen gehen. Dass auch eure Kleinkinder in den ersten fünf Jahren größtenteils über das Stammhirn lernen und sich alle Überlebensformen in friedlicher Form aneignen – es sei denn, sie werden schon als Kleinkinder durch äußere Umstände traumatisiert, wird schlicht unterdrückt.«

»Die Reptomentalität bei Kleinkindern ist ja auch nicht so ohne«, grinste ich. »Sie fordert laufend Aufmerksamkeit, ist oftmals stur und kann sich auch in einem unwilligen Fauchen ausdrücken«, sagte ich in Erinnerung an eine Situation, die wir mit unserer kleinen Enkelin erlebten. Ich erzählte ihm davon.

»Interessant – so sind unsere Kleinen auch«, klopfte er sich lachend auf den Schenkel. »Für uns ist das ein klares Zeichen, dass die Entwicklung natürlich vonstattengeht. Wir haben – wie ihr auch – drei zentrale Gehirnlappen, die unsere Physis lenken und bewegen. Unser Großhirn unterscheidet uns jedoch von eurem, denn bei uns fehlt der Bereich, der für Fremdeinflüsse offen ist. Auch sind wir emotional ausgeglichener sowie klarer in Aktion und Reaktion. Dadurch heißt es bei euch, Reptos seien gefühlskälter und zu keiner Liebe fähig. Unsere Liebesfähigkeit ist tatsächlich viel einfacher strukturiert, als eure, denn wir machen kein Drama daraus – was nichts über die Tiefe einer Liebe aussagt. Ich habe mir mal euer Drama *Dantes Inferno* zu Gemüte geführt. Ich habe es nicht verstanden und es hat mich zutiefst erschüttert. Dass Sapiens so etwas durchleben können, empfinden wir als pure Energieverschwendung. Und ihr bezeichnet das noch als *Göttliche Komödie* – ich sehe dahinter nur die asurische Tragik.«

»Waren wir Sapiens ursprünglich anders?«

»Oh ja!«, nickte er. »In wedischen Zeiten waren wir zwei Spezies, die sich auf ideale Weise ergänzten und aus diesem Planeten eine paradiesische Hochkultur gestaltet haben. Von überall kamen andere Planetenvölker hierher, die sich bei uns wohl fühlten, sich bei uns Anregungen holten und mit denen wir regen Austausch hatten. Der blaue Planet namens Erde hatte in der gesamten Galaxis eine ganz besondere Note. Aber das zog auch Neider und Invasoren an. Beide irdische Spezies waren zu naiv, um zu begreifen, dass wir irgendwann von Feinden des Wedischen infiltriert werden könnten. Wir kannten so etwas einfach nicht. Ich sehe das heute so: Wir mussten erst diese Erfahrung machen, um eines Tages das Wedische zur Hochblüte zu führen – egal, welche Anfeindungen dann noch kommen werden. Jetzt erst sind wir reif, die Erde zu einer wedischen Bastion zu machen – wie das auch andere Spezies, wie die Acheler und die Ohai geschafft haben. Ich denke sogar, dass wir auf der Erde die große Chance haben, die kosmische Evolution tatsächlich zu erweitern, da hier zwei auf dem gleichen Planeten entstandene Spezies leben, die sich in ihren Anlagen hervorragend ergänzen. Das gibt es nur äußerst selten.«

»Vielleicht muss man ja wirklich *Himmel* und *Hölle* ausführlich kennengelernt haben, um zu begreifen, wohin man gehört«, sinnierte ich.

»Das zeigen die vielen Beispiele anderer Planeten, die es erlebten«, nickte Starsa. »Planetenvölker, die das begriffen und verinnerlicht haben, treten in die kosmische Gemeinschaft ein. Was uns betrifft, sind wir auf dem Weg in eine galaktische Gemeinschaft wedischer Planeten, die nie mehr zu beeinflussen ist. Die Erdenbevölkerung wird sich irgendwann soweit von nichtwedischen Einflussnahmen befreit haben, dass ihre Population auch gesund und reich am Dasein wird.«

*

Wir waren spazieren und ich konnte bewundern, wie sehr sie nach dem Anschlag alles wieder aufgebaut haben. Bis auf die Toten, die man hier ehrt als baldige Wiederkehrer in den Clans, ist es fast wieder wie vorher.
Auf einem weiten Gebiet beginnen erneut langsam Gras und andere Pflanzen zu sprießen. Es wird nicht lange dauern, bis die winzigen keimenden Baumsprossen wieder zu großen Bäumen wachsen werden und eine bunte Flora entsteht. Teilweise wurden aus anderen Gebieten kleine Bäumchen und Sträucher geholt und eingesetzt. Die geschädigten Landsitze wurden mit Hilfe der Menschen, deren Landsitze nicht betroffen waren, erneut aufgebaut und die Häuser gerichtet. Die Natur werde den Rest wieder richten, erklärte Starsa.

»Wie du gesehen hast, wurde bei mir der veränderte Bachlauf und die neue Teichformation bereits wieder von Fischen und Getier in Besitz genommen. Auch zwei Otterfamilien sind dabei, sich hier niederzulassen. Der natürliche Kreislauf ist wieder eingetreten«, erläuterte Starsa. »Es braucht noch ein bisschen Zeit, bis hier alles wieder ins Lot kommt, aber die Natur befindet sich eifrig im Aufbau.«

Er sah mich an und sagte dann ganz weich: »Für uns Reptos und die Sapiens in Innererde hat selbst eine solche Katastrophe einen Sinn. Letztendlich wird durch eine derartige Zerstörung eine Neuinformation ausgelöst, die eine Erneuerung zur Folge hat. Wir

gehen selbst bei den vielen Toten davon aus, dass es in deren Leben in irgendeiner Form einen Stillstand gab, der nun gelöst ist und sie unter neuen Bedingungen in ihrem Clan wieder inkarnieren können. Alle Menschen, denen nicht viel passierte, haben vorher gespürt, das etwas kommen wird und konnten sich instinktiv vor den Auswirkungen schützen, sei es, indem sie vorher an eine andere Stelle gingen und sich an einem sicheren Ort unterstellten. Menschen, die in diesem Fall ihrem Instinkt nicht trauten, waren an einem Punkt in ihrem Leben angelangt, an dem ein spontaner Neubeginn ein großer Segen sein kann.
Unsere anfängliche Wut ist einer Gelassenheit gewichen und wir geben auch den Menschen von Obererde keine Schuld, wohlwissend, dass hier Kräfte wirkten, die bereits am Absterben sind. Du kannst also aufhören, dich für deine Spezies zu schämen. Die, die das angestoßen haben, gehören nicht zu euch.«

*

27. Ein Wolf hat mich adoptiert

10.03.2011 Einfahrt – Gespräch mit Mordechai, Aristide und Starsa

Die letzte Einfahrt ist fast einen Monat her und Mordechai ist erschrocken, wie mein Körper aussieht.
Die Ärztin im Gesundungszentrum meinte sofort nach meiner Begutachtung, das sähe nach einer schweren parasitären Attacke aus. Nach einem Test mit irgendeinem Gerät (Blutuntersuchung, ohne Blut abzuzapfen) bestätigte sich die Annahme. Sie bestätigte aber auch, dass die Kräutertinktur, die mir Walter gab, als er mich vor kurzem aufsuchte, eine gute Wahl für die Therapie sei.
Dass ich nachts Fieber- und Schwitzschübe bekomme, wäre zudem sehr gut, weil diese die parasitären Ausscheidungen ausschwemmen und die Parasiten aushungern würden.
Kinetisch wurde der Befall in der Leber lokalisiert, was eine Leberreinigung in Erwägung ziehe. Doch erst soll ich noch eine Woche abwarten – vielleicht löse sich das Problem durch Walters Tinktur. Wenn es keine merkbare Besserung gäbe, solle ich zusätzlich zu Walters Tinktur[1] eine Aufbereitung der Schwarzwalnuss nehmen – egal, ob als Kapseln oder als Tinktur. Auch das Trinken von Tee aus Nelkengewürz mit ein paar Tropfen Nelkenöl könne unterstützend wirken.

»Du hast sehr lange damit gewartet, etwas dagegen zu tun. Du musst doch längst bemerkt haben, dass dich etwas fast umbringt«, sah mich die Ärztin an. »Jeder halbwegs vernünftige Mann wäre schon bei den ersten Symptomen zum Arzt oder einem Heiler gegangen. Du solltest auch kinesiologisch die Ursache ermitteln.«

»Warum die Betonung auf Mann?«, fragte ich irritiert.

1 Diese Tinktur bestand aus verschiedenen Kräutern, die viele Bitterstoffe enthalten.

»Weil wir Frauen hormonell so ausgestattet sind, dass solche Parasiten kaum eine Überlebenschance haben«, lächelte sie. »Solch einen Befall bekommen fast immer nur Männer – besonders dann, wenn sie organisch sowieso geschwächt sind, was bei dir der Fall ist.«

»Du meinst also, ich solle einem Arzt im Oben vertrauen?«, fragte ich.

»Nun ja, er würde es anders bezeichnen als wir hier – für ihn wäre es Leberkrebs«, nickte sie. »Sowas würde dich jedoch mit deinen Kenntnissen in eurer *Neuen Medizin* nicht erschüttern und es hätte dich sowieso hierhergeführt.«

»Du hast aber Vertrauen in mich«, lachte ich auf. »Vielleicht hätte mich diese Diagnose ja umgehauen.«

»Nein, nicht dich!«, blickte sie mich offen an. »Du hast ein zu umfangreiches Wissen, um von solch einer Diagnose erschüttert zu werden. Außerdem bist du als Mann frappierend widerstandsfähig. Viele andere wären schreiend vor Schmerzen und Angst ausgerastet. In dir steckt schon eine gehörige Kämpfernatur – das lasse dir von einer Kennerin der Materie sagen.«

»Trotzdem bin ich ziemlich ausgelaugt und habe die Faxen gehörig dicke«, brummte ich unter Tränen.

»Logisch, sowas geht seelisch auch an dir nicht vorbei, ohne Spuren zu hinterlassen«, nickte sie. »Du hast ein komplettes Jahr mit Reinigungen, Lösungen und Karmaaufbereitungen hinter dir. Du hast das totale Anrecht darauf zu weinen und Mitgefühl mit dir zu haben. Nichts ist jetzt wichtiger als dein Mitgefühl zu dir selber zu leben und nur das zu tun, wonach dir ist. Und wenn es eine Zeit für absolutes Nichtstun ist, dann lasse es einfach zu.«

»Mich gehen lassen?«

»Ja, lasse dich seelisch dorthin gehen, wohin dich die Seele führt«, lächelte sie. »Der Mensch ist in erster Linie Geistseele und dann erst Körper. Die Seele sagt dir, was in nächster Zeit gut für dein Sein ist. Und jetzt gehst du zu Mordechai und Aristide. Die werden kinetisch mit dir arbeiten. Heute ist Heilungsförderungstag für dich.«

Was da bei der kinesiologischen Sitzung alles herauskam, hat mich in Tränen ausbrechen lassen. Da sind noch enorm viele versteckte Schuldgefühle aus früheren Leben; vermeintliche Schuld aus diesem Leben; nicht gestillte Sehnsüchte auf ein Leben unter wedischen Verhältnissen; Zorn auf die eigene Ohnmacht, das Wedische in diesem Leben noch nicht leben zu können; Wut, noch immer im Kollektivwesen mit den ganzen Dummheiten und Auswüchsen konfrontiert zu werden und die Enttäuschung, nicht einfach in Innererde verschwinden zu können, weil meine Familie ja nicht mitkann. Ich habe das Gefühl, die Aufarbeitungen hören in diesem Leben gar nicht mehr auf.

Aristide dachte eine Zeit lang nach und meinte dann: »Dich hat die Sphäre hier weitaus mehr und tiefer berührt, als wir dachten. In allem bist du dem Wedischen näher als deiner Klingsorprogrammierung. Das Kämpfen gegen etwas fällt dir schwerer als für etwas – diese Erkenntnis könnte ein Umdenken in dir erleichtern.«

»Was für ein Umdenken?«

»Das, was gerade in dir zu reifen beginnt«, folgerte Mordechai. »Da wachsen seelische und geistige Früchte heran – neben all deinen Heilungsgeschehen – die es dir irgendwann ermöglichen können, eine Brücke zwischen den Kollektiven und dem Wedischen zu schlagen.«

»Das ist treffend gesagt«, nickte Aristide. »Da gebiert sich wahrscheinlich eine Fähigkeit, zwischen Kollektivismus und Individualismus zu vermitteln, ohne dass eine Kampfmentalität nötig wäre.«

»Für mich ist es sowieso unbegreiflich, wieso man sich streiten muss, ob nun jemand wedisch oder kollektiv eingestellt ist«, erwiderte ich. »Beide Faktoren wirken als Dogma dargestellt destruktiv. Es muss einen friedlichen Weg geben, auf beiden Seiten gleichwertige Gespräche führen zu können. Sowohl die Befürworter des Wedischen – solange sie noch nicht in ihrer Mitte sind – als auch des Kollektivs führen sich oft auf, als hätte jeder von ihnen das Allwissen geerbt. So entstehen dogmatische Verhaltensweisen.«

»Beide Seiten benutzen denselben Boden, auf dem sie stehen und wirken«, folgerte Mordechai. »Sie atmen dieselbe Luft, leben und lieben, essen und trinken und dennoch bekriegen sie sich und verbrennen sich dabei. Rechthaberei ist pur kollektiv – das sollte sich jeder, der sich für einen Individualisten hält, hinter die Ohren schreiben.«

»Ich habe auch erkannt, dass in vielen kollektiven Verhaltensweisen wedische Impulse stecken und das Wedische im bisher winzigen Rahmen selbst im Kollektivwesen Wirkung zeigt – es ist vom Wedischen infiziert. Viele Menschen, die noch im Kollektivsystem feststecken, wollen nicht mehr kämpfen, sie sind kriegsmüde geworden. Und was das Soziale anbetrifft, so wird es immer mehr durch Liebe durchdrungen. Die Menschen sehnen sich nach mehr Natur in ihrem Umfeld. Ich sehe eine große Möglichkeit, solche Dinge auszuweiten, ich weiß nur noch nicht genau wie. Aber ich glaube, dass es mir einfallen wird, wenn es soweit ist.«

»Wir denken auch, dass du jemand bist, der das können wird, wenn er wieder fit ist«, lächelte Aristide. »Es gibt weltweit einige Menschen, die diese Fähigkeit langsam entfalten.«

»Ich kann beide Seiten sehr gut begreifen in ihrem Überlebenswillen«, nickte ich. »Doch es bedarf tatsächlich der Vermittler. Noch stehe ich fast machtlos da, wenn es solche Diskussionen gibt, weil ich sie als wenig fruchtbar empfinde. Vielleicht liegt mir ja tatsächlich die Vermittlerrolle.«

»Das war und ist von jeher die eigentliche Aufgabe von Kontaktlern«, konstatierte Aristide, »jeder in seinem Bereich – ein Wissenschaftler im Bereich der Wissenschaften, ein Völkerkundler im Bereich der Völkerkunde, ein Heiler im Bereich des Heilwesens, ein Schreiberling im Bereich der schreibenden Zunft und so weiter.«

Ich ging ein wenig spazieren, setzte mich an einen Aussichtspunkt und ging meinen Gedanken nach. Ein Wolf beobachtete mich geraume Zeit und sprang manchmal im Kreis herum. Er kam näher und lief dann wieder fort, um wieder umzukehren und das Spiel erneut aufzuführen. Als ich ihm dann mit aller Kraft mein *Wolfsgeheul* entgegenschleuderte, stieß er ein staccatoartiges Gebell aus. Es fühlte sich an, als würde er mich auslachen. Dann heulte er – und das war imposant.
Er fixierte mich und kam über Umwege näher. Ich war total gespannt, wie weit er gehen würde. Im Zickzack ging es immer weiter in meine Richtung. Er fletschte kurz die Zähne und stieß kleine Laute aus, die mein Herz schneller schlagen ließen. Mich verließ mein Mut und ich hielt ganz still. Als er nur noch zwei Meter von meiner Bank entfernt war, fixierte er mich fast hypnotisch und ich stieg ganz langsam auf die Bank – obwohl mich das im Notfall sicher nicht geschützt hätte. Er sprang auf mich zu, knapp an mir vorbei, wobei er mich anrempelte. Er umrundete die Sitzbank und kam mit seiner Schnauze auf mich zu, nahm meine linke Hand in sein Maul – ich war total erstarrt. Dann leckte er sie ausgiebig ab und lief davon, wobei er Geräusche abgab, die einem Gackern nahe kamen. Mir schlug das Herz sonst wohin, aber ich hatte nicht wirklich Angst. Es war vielmehr ein ganz

starkes Angespanntsein aller Sinne. Im Nachhinein verspürte ich ein Wahnsinnsgefühl irrer Emotionen. Der hat mir was mitgeteilt und der Wolf ist seit einiger Zeit für mich so etwas wie ein Totemtier. Als ich vor einigen Jahren den *Steppenwolf* von Hermann Hesse gelesen habe, fühlte ich mich so, als hätte dieser es für mich geschrieben.

Wie durch Watte hörte ich plötzlich Starsas Stimme. Starsa stand hinter mir, rüttelte mich und sagte: »Das war Nax – der Rudelführer des Wolfsrudels im hiesigen Revier. Er hat dich scheinbar adoptiert.«

»Mann, war ich fasziniert von dieser Szene«, stieß ich hervor. »Kurzzeitig war mir nicht mehr ganz wohl.«

»Ich war immer in deiner Nähe. Nax hätte dir nichts getan. Wenn er gespürt hätte, dass du große Angst hast, wäre er sogar weggelaufen. Aber du hast ihm scheinbar signalisiert, offen für ihn zu sein«, lächelte Starsa. »Ich will dir gerne vermitteln, was er dir sagte: ›Bruder Mensch, du hast Wolfskraft, wenn du sie brauchst!‹
Ja, das hat er dir gesagt.«

»Aber ziemlich heftig«, sagte ich noch immer beeindruckt.

»Na ja – Wölfe sind keine Schoßtierchen. Sie sind wunderbare Gesellen und unterstützen den Menschen gerne, wenn man sie achtet und sich an ihnen erfreut«, grinste Starsa. »Wer sich ihrer Kraft und ihrer Angebote zu bedienen weiß, zu dem werden sie kommen – und zwar real und nicht in Analogie. Ein Totemtier oder Krafttier zu haben, wie ihr es beschreibt, bedeutet tatsächlich, dass man diese Tiere real zur Unterstützung anrufen kann. Ihr habt es nur vergessen und euch auf die Bilder verlegt.«
»Bei uns gibt es kaum noch Wölfe«, sinnierte ich.

»Es gibt sie – außerdem habt ihr Hunde mit Wolfsgeblüt. Zudem hast

du Zugang zu Tieren jeglicher Spezies, es ist dir angelegt«, meinte er lapidar.
»Ich war allerdings nur gekommen, um dich zu erinnern, dass dein Ausfahrtsportal nur noch eine Stunde besteht. Ansonsten geht die Ausfahrt erst wieder in acht Stunden. Als ich jedoch das Spiel des Wolfes bemerkte, musste ich erst einmal zusehen, so faszinierend war es. Doch jetzt ist es an der Zeit sich zu sputen, wenn du noch ausfahren willst.«

Ja, am liebsten würde ich mein Leben in Innererde vollenden. Aber niemals ohne Christa und ohne die Kinder samt Enkel.

*

28. Der Köper ist ein Mysterium

24.03.2011 Einfahrt – Gespräch mit Mordechai und Starsa

Meine Verfassung sei im Rahmen des Ausheilens, das nun mal seine Zeit benötige, meinte die Ärztin. Meine Nerven würden noch massiv vibrieren, weil auch sie einer Reinigung unterlägen. Zum anderen würde es Monate benötigen, wieder Muskelkraft aufzubauen. Das heiße auch, dass ich im Moment nur bedingt körperlich tätig sein könne. Das würde sich jedoch in ein paar Wochen soweit wieder normalisieren, weil sich Muskeln und Sehnen relativ schnell wieder aufbauen können.

»Mental bist du ziemlich frei von Elementalen, so dass du klar denken und handeln kannst. Das hat auch die kinetische Testreihe ergeben. Dein Blut sieht insgesamt schon besser aus, nur in Leber und Nieren laufen noch massive Reinigungsprozesse ab. Meiner Sicht nach sind die Parasiten bereits am Ende und müssen nur noch gänzlich entsorgt werden.
Was du jetzt durchmachst, ist ein ganz natürlicher Vorgang, den die meisten Obererdemenschen nicht mehr durchleben, weil sie durch Impfungen, Medikationen und chemische Mittel verhindert werden. Dafür bekommen sie – das ist der Preis – im Alter Alzheimer, Parkinson, Multiple Sklerose und all das, was ihr als Alterskrankheiten bezeichnet. Es gibt keine Alterskrankheiten – ihr züchtet sie. Wenn bei uns ein Mensch mal krank wird, sehen wir darin stets eine Klärung der Seele mit einer dazugehörigen Reinigung des Körpers, weil seine Psyche irgendwelche Dinge nicht ohne die Hilfe des Körpers verarbeiten konnte.«

Ein sehr interessanter Aspekt bei meinen Untersuchungen war für sie, dass ich alte Impfstoffe absondere – und zwar durch die Gesichtshaut. Da sei sogar eine erhöhte Radioaktivität zu messen.

»Der menschliche Körper ist ein Mysterium«, lächelte sie. »Manche sind sogar in der Lage, schwerste Gifte solange einzulagern, bis eine natürliche Reinigung erfolgt. Solche Depotreinigungen fanden bei dir nun über ein Jahr lang statt – es ist faszinierend, dass du noch stehst.«

»Ich habe gute Schutzengel«, brummte ich.

»Ja, du hast etwas in deiner Aura«, sinnierte sie nachdenklich, »etwas, das deine Lebensenergie immer speist. Und du hast, trotz deines geschwächten Herzens, immer noch das Herz eines Kämpfers, der umringt ist von ähnlichen Energien. Dazu möchte Mordechai nachher noch mit dir kinetisch agieren.«

*

Die Sitzung mit Mordechai hat mich sehr verblüfft, weil sie jetzt etwas aus mir herausholen konnte, das ich bisher stets verweigerte. Es hängt mit meinem Klingsorerbe zusammen, das wohl ziemlich mysteriös gelagert scheint.

»Nach dem heutigen Stand lässt sich nur noch sagen, dass du einer der Ideengeber warst, bei den Erdenmenschen das Voltrainerbe auf ausgesuchte Gegner der Kollektiven zu prägen«, erläuterte sie. »Auch war es deine Idee alleine, jedem Klingsor mindestens zwei Schutzelementale in die Aura zu prägen, die kosmische Energie ins Körpersystem pumpen, wenn es nötig ist. Du nennst sie Schutzengel, doch es sind saraphinische Programmierungen. Saraphinen fördern das Wedische, jedoch anders, als es sich die meisten von euch vorstellen. Anastasia hat hunderte von ihnen um sich – sie lässt sich von ihnen tragen, ohne sie zu bezweifeln.«

Da ich darauf keine Antwort oder Frage wusste, warf Starsa lächelnd ein: »Du bist gesund krank – oder krank gesund!«

Nun schielte ich ihn scheinbar doof an und er fuhr lachend fort: »Geistig bist du völlig gesund und seelisch wirst du gerade über deine Körperlichkeit gesund gemacht. Dass das schmerzt, stresst und dich physisch schwächt, sollte dir klar sein. Auch deine Gelenk- und Knochenschmerzen sind ein Ausdruck, dass deine Heilung bis in die Knochensubstanz erfolgt. Wenn du so weitermachst, bist du in drei oder vier Monaten wieder fit wie ein Vierzigjähriger, wenn nicht inzwischen weitere Dinge wieder bei dir auftauchen. Du machst gerade etwas durch, wofür andere mehrere Leben benötigen.«

Ich hatte noch eine Frage an die Ärztin, die dabeigeblieben war: »Ich bekomme von lieben Freunden Hilfe und Tipps angeboten, doch auf die meisten möchte ich gar nicht eingehen. Warum reagiere ich da so verschlossen?«

»Du bist ein Mann, der intuitiv weiß, auf welche Tipps er eingehen kann«, erwiderte sie. „Es gibt bei euch nicht viele Menschen, die nur mit dem in Resonanz gehen, was für sie relevant ist. Zum anderen gehst du auch mit deiner Welt in Resonanz und erkennst, wo die Fehler und Irrtümer liegen. Und du bist dabei, dir diese nicht mehr als deine Probleme anzuziehen. Bist du erst mal wieder gesund, wirst du wahrscheinlich sogar heilend auf die Welt einwirken können.«

»Im Moment werde ich wieder sehr müde«, stellte ich laut fest.

»Dann lege dich doch in den Garten«, folgerte Mordechai.

*

Das Ausruhen hat mir gutgetan. Ich frage mich gerade, ob ich auch im Alltag das tue, was mir guttut – eigentlich schon. Vielleicht sollte ich öfter tagsüber schlafen, wenn mir danach zumute ist. Meist verdränge ich das, weil man das ja nicht tut als Bürger. Und manchmal tue ich es nicht, weil ich nicht will, dass Christa sich wieder Sorgen um mich macht und so viel für mich tut. Ist schon komisch, wie das abläuft.

Starsa, der nach mir schaute, sagte dazu, wir hätten noch viel zu lernen und zu üben.
»Besonders im freien Umgang miteinander finde ich bei euch Menschen im Oben noch so viele Verlautbarungen, die nicht zum Allgemeinwohl führen«, sinnierte er. »Ihr sorgt euch ständig mehr um andere als um euch selbst. Es ist doch ganz natürlich, dass ich für meine Frau Tätigkeiten übernehme, wenn sie mal geschwächt ist – solange, bis sie wieder in ihrer Kraft ist.«

»Ja, das begreife ich Starsa – und es läuft bei uns auch nicht anders. Ich bekomme jedoch ein schlechtes Gewissen, weil Christa derzeit alles übernimmt – angefangen vom Garten, über den Haushalt und die Einkäufe, bis hin zum Holzhacken. Doch mir fällt es sehr schwer, sie Dinge machen zu lassen, die eigentlich meine Sache wären.«

»Hast du derzeit mehr Kraft als Christa«, schaute er mich listig an.

»Nein, natürlich nicht. Ich wundere mich eh‘ wie Christa zupacken kann – selbst als ich noch meinen Beruf als Schmied ausübte, hat sie mir in der Werkstatt geholfen. Doch da machte sie es freiwillig – jetzt muss sie es tun, weil ich nicht kann. Das ist etwas anderes.«

»Hast du sie einmal gefragt, ob es für sie überhaupt so schlimm ist?«

»Nein, das habe ich nicht«, schaute ich ihn perplex an. »Es sind nur meine Gedanken, weil ich mich derzeit so schwach fühle. Ich werde sie fragen.«
»Tu einfach nur noch, was für dich richtig ist, denn nur du weißt, was du jetzt brauchst. Wenn es einem bei uns nicht gut geht, sagt er dem Partner, dass er für eine Weile in sich geht. Dann weiß der

Partner fraglos was los ist«, lächelte Starsa. »Wir können uns nur selber heilen. Und das geschieht am besten in einem Rückzug in sich selbst, um die Störfaktoren zu finden. Deshalb gibt es bei uns auch keine Heiler im Sinne eurer Vorstellung. Wenn es ganz arg ist und wir alleine nicht klarkommen, dann wenden wir uns an einen Menschen, von dem wir wissen, dass er uns jetzt weiterbringen kann – zum Beispiel einen Kinesiologen oder einen unserer Schamanen, mit dem wir uns wesensverwandt fühlen. In eurem Schamanismus ist nur noch eine winzige Spur von dem vorhanden, was bei uns ein Schamane bedeutet.«

»Kann ein Mensch, der selber nicht vollständig in seiner Mitte ist, Schamane sein?«, fiel mir spontan ein.

»Niemals – und wenn, dann nur für sich selbst, niemals für andere«, folgerte er. »Ein Schamane benötigt eine angeborene Fähigkeit des Androgynen.«

»Starsa, es waren damals Sapiens von Oben, die sich um dich gesorgt haben und dir die Flucht ermöglichten – wie willst du diesen Widerspruch erklären?«, fragte ich ihn spontan. »Hätten sie sich nicht um dich gesorgt, wärst du vielleicht dort verendet.«

»Ich bin noch heute in Kontakt mit ihnen«, lächelte er. »Sie haben mir eindeutig gesagt, sie haben sich um ihr persönliches Seelenheil gesorgt und mich deshalb unter Einsatz ihres Lebens befreit. Sie konnten es für sich selbst nicht mehr verantworten, mich solchen Qualen auszusetzen.«

»Kein Mitleid?«

»Kein Mitleid, sondern Miterleben!«, nickte er. »Deshalb haben sie auch wortlos die Initiative ergriffen, um ihr Seelenheil zu retten. Alfons, es geht grundsätzlich nur um das Seelenheil im Universum.«

»Dann war diese Handlung für dich nur zu logisch?«

»Nein, mit Logik kannst du im Leben nur das erklären, was physikalisch berechenbar ist. Das Seelische und menschlich Verbundene ist reine Herzenssache. Es folgt dem Gesetz des kosmischen und dynamischen Lebens und Erlebens«, lächelte er.

»Sollten wir lernen, das Verlautbaren alleine auf uns selbst zu beziehen?«

»Natürlich«, nickte er. »Wenn ich verlautbare, so ist und bleibt es ein Teil von mir, das ich einem Gegenüber niemals aufprägen kann.«

»Ich denke gerade darüber nach, dass ich immer dachte, für Christa sei es eine große Last, wenn sie all das übernimmt, was ich tun sollte«, sinnierte ich, »obwohl ich sie niemals danach fragte, ob dem wirklich so ist. Wir denken so oft, irgendetwas sei so, ohne es wirklich zu wissen. Wir spekulieren, ergeben uns in Vorstellungen, wie ein anderer denkt, obwohl diese vielleicht völlig anders denken. Mir wird gerade bewusst, dass ich das dringend bei mir ändern muss.«

»Ihr prägt euer persönliches Denken und Gefühl anderen damit auf. Ihr fühlt, was ihr in einem bestimmten Augenblick denken oder tun würdet und übertragt es auf euer Gegenüber. Oder ihr übertragt Dinge, die ihr früher mit anderen Menschen erlebt habt, auf euer heutiges Gegenüber, weil bei euch ein entsprechendes Muster abläuft. Das sind alles noch kollektive Verkrustungen, die euch steuern. Am einfachsten wäre doch, ihr würdet euer Gegenüber einfach fragen, anstatt zu spekulieren.«

Wir gingen schweigend eine kurze Strecke spazieren – ich bestimmte die Wegstrecke und Starsa passte sich meiner derzeit sehr langsamen Gangweise an.

»Zwei Dinge sind mir aufgefallen«, sagte er nach dem Spaziergang. »Du zwingst dich weiter zu gehen, als du es anfangs willst. Und du ignorierst dabei deine momentanen Grenzen. Das hat Vor- und Nachteile. Der Vorteil ist, du glaubst fest daran, durch solche Spaziergänge wieder zu Kräften zu kommen, was natürlich stimmt – du solltest es so oft wie möglich tun. Der Nachteil ist, du überschreitest deine physische Befugnis und erzeugst dadurch erneute Schwächeanfälle. Der goldene Mittelweg wäre, etwas kürzer zu treten und sich vorzunehmen, beim nächsten Spaziergang nur noch 100 Meter weiter zu gehen, nachdem es beginnt weh zu tun. Du bist mindestens 1.000 Meter weiter gegangen, das war Egosache und einfach dumm.«

»Du hättest ja was sagen können«, warf ich ein.

»Wozu denn? Du solltest doch lernen, selbst in jeder Situation wachsam im Sinne deiner Konstitution zu bleiben. Du musst nichts beweisen – du darfst sein, wie dir momentan zumute ist.«

»Ich muss darüber nachdenken, Starsa. Für mich ist das heute einfach zu viel geworden«, merkte ich.

»Dann reise heim und reflektiere darüber«, lächelte er. »Und stehe zu dir – das ist wichtig für deine Heilung. Warum willst du Bäume ausreißen, wenn du noch nicht mal einen Grashalm knicken kannst? Akzeptiere dich in deiner momentanen Schwäche und liebe dich selbst wieder zur Gesundung – egal, was andere sagen. Du bist auf dem Wege der Ausheilung, störe das nicht durch Wut auf deine momentane Verfassung. Auch ein Klingsor benötigt mal eine Auszeit.«

»Eine Auszeit, die jetzt schon ein Jahr andauert – das nervt gewaltig.«

»Stehe endlich dazu und es wird vorbeigehen. Du stehst dir oftmals selber im Weg, weil du immer stark sein willst«, erläuterte er. »Lasse endlich zu, in einer Schwäche die Ausheilung zu erleben und du wirst sie erleben. Solange du wütend daran festhältst, sperrst du eine natürliche Stärkung.«

»Ich soll mich meiner Schwäche ergeben? Dann breche ich doch zusammen«, brummte ich. »Das kann ich nicht gebrauchen.«

»Ergib dich deiner Schwäche, du brichst kurz zusammen, aber dann geht es wieder aufwärts«, nickte er ernst. »Du solltest diesen Zusammenbruch bewusst zulassen, mein Freund. Er bringt dich nicht um. Nur über das Zusammenbrechen brichst du sämtliche Ängste des Versagens. Lasse es zu, wenn du spürst, dass du zusammenbrichst – ergib dich diesem Erlebnis und du wirst anschließend viel schneller in die letztendliche Ausheilung gelangen. Lässt du es nicht zu, kann es sein, dass der Körper noch auf wesentlich heftigere Weise den Zusammenbruch des Systems herbeiführt, so dass du dich dem nicht mehr entgegensetzen kannst.«

»Ich habe Angst davor, Starsa. Ein gänzlicher Zusammenbruch ist für mich die Hölle – ich weiß das«, konterte ich.

»Ganz klar, dass du das weißt«, klopfte er mir auf die Stirne. »Aber du wirst nicht umhinkönnen, dieses Wissen auch zu erleben. Wie auch immer – es wird dich fassen. Besser, du weißt, wann es dich fasst.«

»Scheiße – und wann soll das sein?«

»Dann, wenn du bereit dazu bist«, sagte er. »Und wie ich an dir ablese, dauert es nicht mehr lange. Dein Gesicht ist bereits in diesem Zeichen.«

*

29. Mutter Natur schützt die Ihren

03.05.2011 Einfahrt – Gespräch mit Starsa und Mordechai

Starsa erwartete mich schon, weil er mir gleich etwas zeigen wollte. Sie hatten sich schon länger überlegt, wie sie einen nahen See, der vom Erdbeben ziemlich zerstört wurde, wieder renaturieren wollen. Bisher hatte jedoch keiner die Muße daran zu gehen, erklärte er mir auf dem Weg dorthin.
»Dann haben sich Biber angesiedelt und genau dort ihre Dammbauten vorgenommen, wo wir sie geplant hatten, so dass der See wieder volllaufen kann. Nun hat der See ohne unser Eingreifen wieder sein altes Fassungsvermögen erreicht. Insekten und die Vogelwelt taten das Ihre dazu, dass dieser See wieder so vollkommen ist, wie er einmal war und in einer nun entstandenen Insel wachsen bereits Büsche, wo weitere Vogelarten brüten. Das ist alles so perfekt geworden, wie wir es mit unseren Möglichkeiten in dieser kurzen Zeit niemals hinbekommen hätten«, erzählte er begeistert. »Die Symbiose menschlichen Schöpferdenkens mit der Natur, Flora und Fauna funktioniert immer wieder gut, obwohl wir so etwas Ausgefeiltes schon lange nicht mehr erleben konnten. Unglücke und Katastrophen besitzen in sich eine besondere Kraft, uns zu zeigen, dass die Natur mit uns ist.«

»Das ist ja fantastisch!«, staunte ich.

»Ist es auch für uns«, nickte Starsa. »Meine Frau sagte, als sie das sah: ›Wir erfahren immer dann hautnah, welche Kräfte in uns stecken, wenn wir uns mal ein Bein gebrochen haben. Die Natur lässt es heilen und der Knochen ist anschließend stabiler, als er vorher war.‹ Und ich denke, dass es dir ebenso gehen wird, wenn du deinen Körper ausgeheilt hast, Alfons.«

»Bei mir geht es derzeit auf krasseste Weise auf und ab, Starsa. Vor kurzem hatte ich wieder einen massiven Rückschlag. Ich wollte einfahren und es ging nicht, weil ich *energetisch phasenverschoben* sei, wie Nasmakrai feststellte, der extra ausgefahren war, nachdem es bei mir nicht klappte. Er wollte mich abholen, weil er meinte, mit ihm würde das Portieren funktionieren. Doch die Einfahrt gelang trotz Nas nicht.«

»Ich habe davon gehört, Alfons, und auch von den Problemen, die dir schon wieder diesen Einschlag versetzten. Heute scheint es dir jedoch wieder erheblich besser zu gehen. Du vibrierst überhaupt nicht mehr zornig, sondern schwingst ziemlich geöffnet für alles.«

»Ich war bei einer Bekannten, die kinesiologisch arbeitet und wir haben das Problem gelöst. Und tatsächlich habe ich seitdem das Gefühl, dass sich meine Wahrnehmung verschärft. Ich nehme derzeit Dinge wesentlich klarer wahr. Ich bin noch empfindsamer geworden und spüre zudem Schutzfaktoren in mir, die mich vor Verletzungen besser bewahren.«

»Du bist wieder etwas durchlässiger geworden – ja«, nickte er. »So warst du schon vor längerer Zeit mal. Doch durch die ganzen Angriffe in den letzten beiden Jahren hattest du alles wieder geschlossen. Durch deine erhöhte Durchlässigkeit, die ich heute an dir wahrnehme, wirst du auch nachsichtiger gegenüber deinen Mitmenschen sein. Das darfst du dir festigen.«

*

Ich ging nun zu Mordechai, weil sie mir angeboten hatte, noch einmal mit mir zu arbeiten. Sie stellte fest, dass in mir Herz und Verstand dabei seien, eine Symbiose einzugehen.
»Herz und Bauch nehmen bei dir zwar immer noch den größeren

Anteil ein, jedoch hat sich deine Emotionalebene mehr zur Verstandesebene verschoben«, erklärte sie. »Es tun sich neue Potenziale für dich persönlich auf, weil du voraussichtlich nicht mehr in so heftige Reaktionen gehen wirst, wie noch vor einem Jahr. Dennoch ist es wichtig, das bis zur Festigung für dich zu behalten, um keine negativen Gegenreaktionen von anderen Menschen hervorzurufen.«

»Meine Spezies ist schon seltsam«, nickte ich. »Sie kann es nicht lassen, gegeneinander zu sticheln und so werden die Menschen entweder verhärtet oder überzogen harmoniesüchtig, wobei kein Hinterfragen mehr erlaubt wird.«

»Was soll ich darauf antworten«, grinste Starsa. »Du hast deine Spezies ziemlich treffend skizziert.«

»Ihr seid jedoch auch sehr stark darin, Krisen zu meistern«, folgerte Mordechai. »Diese Stärke werdet ihr auch brauchen, denn es werden weitere Krisen folgen, bis ihr neu und geläutert aus allem hervorgeht.«

»Das klingt nach einem Omen – sollte ich darüber mehr wissen?«

»Du nimmst ja selbst vieles wahr und dir ist dadurch auch bewusst, dass es noch eine Zeit geben wird, in der immer neue Krisensituationen entstehen, die sich intervallmäßig so lange fortsetzen, bis die große Keule der Zerstörung und Erneuerung kommt. Je nach innerer Einstellung werden die Menschen verzweifeln oder hoffnungsvoll sein. Du hast deine persönliche innere Apokalypse überlebt und deshalb wirst du auch die äußere, unpersönliche Apokalypse überstehen. Die Schwingungen von Mutter Natur kannst du bereits spüren und sie die Deine. Sie nimmt sich der Ihren an, hüllt sie in einen Schutzmantel, wenn die natürliche Erdbereinigung losgeht.«

»Ist es soweit?«

»Seit zwei Jahren ist es im Gange und es wird noch viele Jahre andauern. Für die Einen wird es die Hölle, für die Anderen eine Notwendigkeit, an die man sich gewöhnt«, erläuterte Mordechai. »Jene, die Angst davor haben, werden die Hölle in Form von Hunger, Verlust und Darben erleben. Jene, die es als notwendig erachten, werden nichts von dem erleben – außer einem ständigen Verlust von bisher bewährten Techniken und einem Verzicht auf alte Energien. Die neuen Energien werden erst erscheinen, wenn die Reinigung abgeschlossen ist. Je mehr sich die Menschen und vor allem die Machthaber dagegenstemmen, desto mehr wird es sie treffen.«

Sie schilderte mir bildlich das derzeitige Vorgehen der NATO auf unserem Planeten und die schreckliche Missachtung allen Lebens. Diese Kriterien seien ja bereits der *Fahle Reiter* der Apokalypse. Alle daran Beteiligten schadeten sich selbst mehr, als dem Rest der Welt. Diese Form einer dämonischen Besessenheit sei von jeher ein Vorbote für große Umwälzungen gewesen. Die Asurischen seien weg oder kraftlos geworden und jetzt wüte der Mob der früheren Erfüllungsgehilfen, besessen von dämonischen Elementalen, die in solchen Umbruchzeiten entstünden und freigelassen würden. Die Bibel bezeichne das als das Tier.

»Heute herrschen die gleichen Energien, wie zur Zeit der Bruderkriege des Mahabharata und entsprechend geschehen solche Unmenschlichkeiten«, folgerte Starsa. »Wir erkennen aber auch, dass sich die wedisch aspektierten Menschen aus allem heraushalten – sie stellen sich nach einer eventuellen Apokalypse als Erneuerer ein.«

»Ein Irrsinn, die Apokalypse überhaupt zu manifestieren«, schüttelte ich entsetzt den Kopf.

»Das tun nur jene, die ihre eigene innere Apokalypse nicht durchleben wollen und sie deshalb in die Weltmentalität zerren als Kollektivapokalypse, die jedoch nicht bis zum bitteren Ende durchgehalten werden kann«, folgerte Mordechai. »Im letzten Moment wird ein Ereignis eintreten, das die wahre Menschheit davor bewahrt. Denn es muss kein Mensch, der seine eigene Reinigung durchlebt hat, durch eine kollektive Reinigung leiden.«

»Woher wisst ihr das?«

»Weil es immer und überall im Universum so ist«, erwiderte Mordechai. »Nicht nur einmal für eine Planetenspezies, sondern so oft und so lange, bis sie den Sprung zurück ins Wedische geschafft hat. Dem Universum ist es egal, wie lange eine Planetenpopulation dazu benötigt. Es zählt alleine das universelle Gesetz zur Entwicklung eines freien Menschenbewusstseins im Sinne des Schöpfungsgedanken Maters.«

»Gott ist wissend – wedisch«, grinste Starsa. »Warum sollte er seine Bewusstseinsgeschöpfe geringer erachten?«

Boah – den Satz werde ich mir merken.

»Ich merke, meine Auffassungsgabe ist auch wieder besser, so dass ich solchen Gesprächen wieder aufnehmend folgen kann«, freute ich mich.

»Das ist wahr«, lächelte Mordechai. »Du hast allerdings die Zeit für dich gebraucht, um wieder zu neuen Kräften zu kommen. Keineswegs wäre es richtig gewesen, dich in deiner Umbruchsphase zu überfordern. Du scheinst wieder so weit zu sein, deine frühere Kontakthäufigkeit anzustreben, wenn dir danach ist.«

»Mir war heute danach, deshalb rief ich an«, sinnierte ich. »Aber ich glaube nicht, dass ich wieder so oft einfahren werde wie früher.«

»Gib zu, du hattest Sehnsucht nach mir«, grinste Starsa sein Reptogrinsen – das zu einem Pferdegrinsen misslang, wie er lachend meinte.

Da es sehr windig wurde und die Zeit der Ausfahrt näher rückte, wollte ich die Restzeit noch etwas alleine verbringen und ich ging noch mal zum nahen See. Als es mir zu stürmisch wurde, machte ich mich auf den Weg zum Ausfahrtsportal.

*

Ich merke immer noch körperliche Schwachheit, wobei der Geist wach und frisch ist. Es ist ein seltsames Gefühl geistig fit, aber körperlich noch im Hintertreffen zu sein. Aber ich sage mir, das wird schon wieder, Bin ja im Aufwärtstrend und hoffe, dass es so weitergeht.

Insgesamt bin ich mit dem heutigen Gespräch sehr zufrieden. Es sieht alles gut aus und fühlt sich auch so an. Und das Ankommen hier oben hat mich heute auch nicht mehr irritiert, so dass mich die Lautstärke nicht mehr auf dem falschen Fuß erwischt. Es scheint eine neue Art von Normalität zu entstehen.

*

30. Achelisches Folgeleben

01.06.2011 Einfahrt – Gespräch mit Mara, Ulluer und Starsa

Mara und Ulluer sind da! Mara hat mich besonders herzlich begrüßt und gemeint, ich schwinge sehr intensiv. Der Körper müsse das noch kompensieren, dann fände auch die letzte Heilstufe Eingang in meinen Körper.

Beide sehen sehr frisch und erholt aus – beneidenswert!

Da es für mich gerade aktuell war, fragte ich wegen dem Klingsorischen nach und ob es damals Barden waren, die sich diese Voltrain-Energie aufpulsen ließen – der Gedanke kam mir vor kurzem.

»Nur bedingt«, folgerte Ulluer, »es waren viele Barden bereit, sich zu Klingsoren umprägen zu lassen, aber nicht ausschließlich.«

»Woran liegt es, dass die A heute so unterschiedlich reaktionsfreudig oder resigniert erscheinen?«

»Das ist natürlich völlig individuell zu sehen«, konstatierte Mara. »Es hängt von der Persönlichkeit ab und auch vom Grad der Inkarnationen. Du bist zum Beispiel sehr oft inkarniert, so dass du keine Ära übersprungen hast und dich in allen Geschehnissen auf der Erde auskennst. Andere wiederum übersprangen die Vielfalt und reagieren deshalb oftmals sehr kriegerisch, weil sie sich inmitten des Kampfes gegen die Asurischen empfinden. Ihnen fehlt ein gewisses Maß an Weisheit. Bei den B ist es nicht anders.«

»Dass es mich sowohl körperlich als auch psychisch im letzten Jahr so zusammengehauen hat – so vermute ich – liegt daran, dass ich mein Klingsorwesen loswerden oder läutern wollte. Aber genau weiß ich das nicht – was meint ihr?«, fragte ich.

Beide lachten auf. Ulluer meinte schmunzelnd, dass es viel einfacher ginge, meine Prägung zu beseitigen und ich das genau wisse.

»Was du gemacht hast, machen jene Klingsoren, die genau wissen, wann es an der Zeit ist, sich von alten Anhaftungen, Mustern und Verkrustungen zu lösen«, erklärte er. »Da die Prägung auch im Unterbewusstsein mit dem Klarbewusstsein konformgeht, hat dein Unterbewusstsein gemäß deines Klarbewusstseins agiert. Es folgte eine Gesamtreinigung deines Organismus ohne Wenn und Aber. Wenn etwas kompromisslos ist, dann das Unterbewusstsein. Du hast in den letzten Jahren derartig viele Dinge gelöst, wie es nur sehr wenige Menschen in diesen kurzen Abständen können. Du bist dabei sowohl psychisch als auch physisch bis an deine Grenzen gegangen. So etwas geht nie ohne starke körperliche Reaktionen ab. Natürlich sind deine klingsorischen Sensoren geblieben und jetzt sogar geschärfter. Du hast jedoch gelernt, dass ein Kampf auf der physischen Ebene keine wirklich dauerhaften Ergebnisse erzielt. Doch du kannst schon noch emotional in Aktion gehen.«

»Emotional in Aktion gehen heißt wohl explodieren«, grinste ich.

»Tja«, grinste Mara zurück, »aber nicht mehr unkontrolliert.«

Ich erzählte ihnen von O., die derzeit ihr Klingsorwesen erforscht und voller Power dabei ist.

»Was du von ihr erzählst, sagt mir, dass sie eine seltener inkarnierte Klingsorseele ist. Ihr habt sicher interessante Gespräche und sie könnte einiges von dir fordern.«

»Um noch mal auf deine Reinigung zurückzukommen«, warf Mara ein. »Bei dir spricht alles kinetisch so klar an, dass es höchste Zeit dafür war, all deine Programmierungen zu verändern, sonst hättest du aus Mangel an Kampfgegnern alsbald alles und jeden angegriffen. Du lebst gerade in einer Zeitspanne, in der Kampfgegner eine völlig andere Bedeutung erhalten, als in früheren Zeiten. Auch hast du begriffen, dass es andere Parameter erfordert für das Wedische zu kämpfen, als aggressive Worte oder Provokationen, durch die man sich mit dem System anlegt. Du bist insgesamt überlegter und zufriedener geworden und musst nicht mehr den Freiheitskämpfer geben, der du in vielen früheren Inkarnationen warst.«

»Manchmal frage ich mich, ob ich nicht einfach nur bequemer und fauler geworden bin«, brummte ich.

»Keineswegs!«, warf Ulluer ein. »Vielleicht hast du es vergessen – 2010 und 2011 sind deine persönlichen Jahre, in denen du alles tun kannst, was dir wichtig und wesentlich erscheint. Du hast sie genutzt nach deinen Kriterien und Mustern, hast gründlich aufgeräumt und das ist gut.«

»Ich merke an mir auch manchmal eine völlig neue Art von Sanftmut – ich weiß nicht, wie ich es beschreiben soll«, sinnierte ich.

»In dir schwimmen bereits achelische Fragmente – das habe ich heute sofort vernommen«, lächelte Mara. »Da hat sich eine Tendenz des Achelischen in dir eingesenkt – ist das nicht dein Wunsch für dein Folgeleben?«

»Ja, ist es sehr!«, nickte ich. »Aber dass das jetzt sogar erkenntlich wird, verblüfft mich schon.«

»In deinem Herzen schwingt das Achelische. Das spüre ich einfach«, lächelte sie weich. »Wenn bei dir alles so weiterläuft, wird dir ein Folgeleben auf Achele gewiss sein. Wir haben damals schon mitbekommen, als du mit uns auf Achele warst, dass unsere Kultur und unser Planet in dir ganz viel zum Schwingen brachten. Du hast die unterschiedliche Schwingung zur Erde sofort wahrgenommen und aufgenommen und wärst am liebsten ganz darin eingetaucht.«

Die beiden werden die nächste Zeit erst einmal wieder auf der Erde verbringen, weil sie dort Aufgaben für den großen Rat übernommen haben – verstärkt im kaukasischen Raum, was immer das auch bedeuten mag. Sie sprechen nicht drüber.

Freund Starsa, der die beiden bei mir abgelöst hat, meinte dazu lapidar: »So genau wissen wir auch nicht, was sie antreibt – aber sie machen ihre Sache immer gut.«

Das Vertrauen zueinander scheint für die Innerirdischen Alltag zu sein – das bewundere ich sehr.

Da Starsa auch kein Freund vieler Worte ist und wir uns vielfach ohne Worte fühlen und austauschen können, kommunizieren wir auch jetzt auf einer Ebene, die über die Augen und das Empfinden abläuft. So können wir zusammensitzen oder beobachten und wir wissen voneinander, dass dafür keine Worte des Erklärens nötig sind.
Wenn sich zwei so unterschiedliche Spezies auch ohne Worte annehmen, dann frage ich mich immer wieder, woran es liegen mag, dass wir Sapiens uns untereinander oftmals so missverstehen. Ich sprach das aus.

»Vielleicht, weil bei euch nicht alle Sapiens wirklich Menschen sind«, sinnierte er. »Vergiss nicht, was sich bei euch alles Mensch nennt, muss nicht wirklich menschlich sein. Du wagst es nur nicht, deine Fähigkeiten der Selektion einzusetzen. Du kannst erkennen, wer

Mensch, wer Asura, Dämon oder einfach der Menschheit feindlich gesinnt ist. Und natürlich fühlst du dich enorm einsam damit, solch eine Erkenntnis zu besitzen und nicht offen agieren zu dürfen.«

»Am schlimmsten ist es tatsächlich, wenn ich spüre und erkenne, dass ein vermeintlicher Mensch vor mir in Wirklichkeit keiner ist«, nickte ich.

»Dann mache es dir zur Faustregel, dass nur jeder 7. Mensch tatsächlich ein Mensch bei euch oben ist«, folgerte Starsa, »dass in ländlichen Gegenden echte Menschen in der Überzahl sind, in Städten viele Kopien das Leben gestalten. Es ist dir möglich, diese Kopien – egal ob dämonisch, asurisch oder ob es sich um Fremdeingeburten handelt, denen die Erde egal ist, zu entlarven.«

»Ich bin froh, auf dem Lande zu leben und um mich herum echte Menschen zu haben«, warf ich ein. »Aber was soll ich machen, wenn ich einen erkenne? Ich kann da nichts tun, außer mich von ihm zu distanzieren.«

»Das reicht doch fürs Erste schon«, folgerte Starsa. »Und glaube mir, diese Wesen merken auch, dass sie dich meiden müssen. Sie werden dich in Ruhe lassen aus reinem Selbstschutz. Das läuft bei ihnen unbewusst ab.«

»Können die mir nicht gefährlich werden?«

»Nein, sie finden dich einfach nur unsympathisch. Das reicht ihnen«, konstatierte er. »Wenn du sie nicht reizt oder provozierst, werden sie dir nicht gefährlich.«

Er hielt kurz inne, überlegte und fuhr fort: »Manche von ihnen können allerdings penetrant anhänglich werden, wenn du ihnen einen Gesprächsraum bietest und die Themen für sie interessant erscheinen. Dann signalisieren sie dir, dass du ihnen als ihr Meister vorkommst und sie wollen ihr Leben und Denken mit dir teilen. Das kannst du jedoch sehr schnell unterbinden, indem du ihnen sagst, sie sollen sich einen anderen Guru suchen.«

»So einfach?«

»Ja, alles ist einfach«, grinste er breit, »wenn du nicht gerade auf einen Asurafürsten triffst, aber mit denen hast du ja genug Erfahrungen gemacht.«

»Das bringt mich mal wieder zum sogenannten Gedankenriesen«, folgerte ich und erzählte ihm von meinem Austausch mit O. »Es scheint, dass dieser vielfach übersehen wird und er sich den Anschein gibt, nicht mehr in seiner globalen Macht zu sein.«

»Er ist schon noch da«, nickte Starsa. »Und er suggeriert den Menschen Harmonie sowie die Vorstellung, dass alles gut sei, wie es ist. Darauf fallen auch echte Erdenmenschen herein, die gerade einen Erfolgslauf in ihrem Leben erfahren. Wenn das Denken der Menschen in ihrem Leben eingleisig in Richtung ihrer Wunscherfüllung funktioniert, bekommt er Eingriff in ihre Verhaltensweisen und nutzt das aus. Jeder noch natürlich strukturierte Mensch weiß, wenn er sich einen Wunsch erfüllen will, gehört dazu eine physische Betätigung – man muss also dafür etwas tun. Der Mensch benötigt seine physische Schöpfungsenergetik, um seinen Wunsch materialisieren zu lassen. Eine Seele, die sich körperlich materialisiert als Menschenwesen, weiß, dass sie als physisches Wesen den physischen Gesetzen unterliegt. Und die sagen nun mal, wenn ich etwas will, muss ich dafür etwas tun. Keinem Menschen fällt eine Ernte in den Schoß, wenn er nicht vorher dafür die Saat auslegt. Wie oder welche Kräfte er nutzt, um die Saat auszulegen, ist davon unabhängig. Wenn ich es schaffe, mit den Naturwesen zu kommunizieren und sie dazu bringe, für mich etwas wachsen zu lassen, habe ich auch etwas getan – nämlich meine persönlichen Fähigkeiten aktiviert, auf die die Naturwesen entsprechend reagieren. Und wenn ich mir einen Landsitz wünsche, dann muss ich ihn vorher geistig erschaffen und mich dann auf den Weg machen, um ihn zu finden. Er kommt nicht von selber zu mir. Lebt ein Mensch nach diesen Gesetzmäßigkeiten, wird ihm ein Gedankenriese nichts anhaben können. Glaubt jedoch ein Mensch, er könne ohne Eigenbeteiligung sich alles wünschen, dann erfüllt sich das zwar auch, doch es greift das System des Gedankenriesen und er bekommt alles nach dessen Kriterien – und die sind Sand.«

»Hilf dir selbst, dann hilft dir Gott!«, nickte ich. »Ich glaube, die Sache mit der Wunscherfüllung wird oftmals missverstanden und man landet letztlich ziemlich unsanft in einer Enttäuschung.«

»Na ja – bedenke doch mal, wie sich bei euch die Energien verteilen«, lächelte Starsa. »Da steht ein echter Mensch gegen sechs unechte, die ebenfalls ihre Energien haben. Da heißt es schon, ziemlich aufzupassen, welchen Energien und Vorstellungen man trauen soll.«

*

Ich ging noch eine Weile spazieren und dann zum Ausfahrtsportal. Habe mal wieder einiges zum Reflektieren bekommen.

*

31. Blutlinien

22.06.2011 Einfahrt – Gespräch mit Mordechai

Ich fragte noch einmal nach, inwieweit Blutgruppen und Blutlinien zusammenhängen, weil es uns noch nicht wirklich ganz klar ist. Und ich fragte nach dem Rhesus-Faktor.

»Generell ist es schon so, dass sich die A und die B die Blutgruppenzielkörper aussuchen, weil diese Gruppen genetisch zugänglicher sind«, folgerte Mordechai. »Was den Rhesusfaktor betrifft, so handelt es sich bei ihm um die Vererbung der Oberflächenproteine – eine Kombination davon werden sich in Plus oder Minus kennzeichnen. Das körpereigene Schutzprogramm sorgt dafür, dass eine Vermischung mit anderen Blutgruppen sinnvoll ist oder nicht reagiert. So sind alle Menschen kompatibel, um Nachkommen zu zeugen.«

»Könnte man die Blutgruppe 0 und die Blutgruppen A und B als ursprünglich betrachten?«

»Wenn der Rhesusfaktor stimmt – ja«, nickte sie, »aber alleine darüber lässt sich nicht alles betreffs A-Menschen (die Blutlinie – nicht die Blutgruppe ist hier gemeint) und B-Menschen definieren. Alle 0-Blutgruppen sind ursprünglich, aber nicht alle A-Gruppen und alle B-Gruppen sind es. Blutgruppenbestimmungen können bei einer Mischung A0 oder B0 die 0 darin nicht erkennen. Das lässt sich nur über die Seelensignatur orten. Man kann also sagen, es ist zu eurem Vorteil, dass eure Wissenschaft diese Signaturen noch nicht lesen oder messen kann.«

»Können das die Asurischen/Kollektiven?«
»Nein, und es liegt in der Natur der göttlichen Sache, dass dies nur

friedfertig gereifte Spezies können. Warum asurische Spezies die Seelensignaturen nicht erkennen können, ist wohl ein Geheimnis Maters«, lächelte sie.

»Wir kämen also grundsätzlich mit einer Blutgruppe aus – der Blutgruppe 0«, sinnierte ich.

»Grundsätzlich ja, denn es ist die Einzige, auf der Erde entstandene Blutgruppe. Aber durch die äußeren Umstände seid ihr wohl besser mit allen dreien dran – ihr seid dadurch weniger manipulierbar und unauffälliger. Die Vermischung der Blutgruppen hat für Verwirrung gesorgt und eine endlose Forschung verursacht, warum das so ist«, grinste sie.

Da Mordechai wieder wegmusste, ging ich zu Starsa, der grummelnd auf seinem Landsitz im Boden wühlte. Er riss Wurzeln aus dem Boden und schien streng mit ihnen zu reden. Ich beobachtete ihn eine Weile, bis er mich wahrnahm und grinste.

»Diese Büsche nehmen überhand hier und das mache ich ihnen gerade klar«, begrüßte er mich. »Aber sie scheinen schwerhörig zu sein. Dumm ist nur, ich selber habe sie vor langer Zeit mal gepflanzt als Wind- und Sonnenschutz und nun meinen sie, sie müssten hier alles beschatten.«

Er wusch sich am laufenden Quellentrog, prustete und schüttelte seinen muskulösen Körper ab wie ein Hund.
»Du siehst noch immer nicht gesund aus«, meinte er und hieß mich am Gartentisch Platz nehmen. »Magst du noch mal ins Gesundungszentrum? Ich könnte die Heilerin rufen, dass sie dorthin kommt.«

Das würde ich im Anschluss noch tun, sagte ich ihm.

»Ich denke, du bräuchtest einfach mal ein paar Monate in denen du mit all dem Mist, mit dem du täglich konfrontiert wirst, keine Berührung bekommst. Ich weiß, das ist auf Obererde schier unmöglich. Ich möchte nicht bei euch leben müssen.«

»Du munterst mich so richtig auf«, brummte ich missmutig.

»Das war auch nicht meine Absicht, Alfons. Ihr habt das mit euch machen lassen und euch nicht dagegen gewehrt«, blickte er mich an. »Eure ganzen Ängste lassen euch nicht zur Ruhe kommen. Die Angst vor dem Tod und vor Repressalien steckt euch in den Gliedern und Ohnmacht macht krank, alter Freund.«

»Warum wird Christa fast nie krank? Sie ist genauso wie ich dem ausgesetzt. Hat das damit zu tun, dass sie eine B ist?«

»Die B sind auch erkrankt und ignorieren vieles. Damit hat das nichts zu tun. Christa hat scheinbar in ihren früheren Inkarnationen schon solche Heilprogramme durchlebt, die du jetzt durchlebst. Sie konnte sich deshalb entsprechende Bedingungen für dieses Leben aussuchen«, erklärte mir Starsa.

*

Mich hat es wieder weggedreht und Starsa brachte mich ins Gesundungszentrum, wo ich erneut untersucht wurde.

Milz und Nieren spinnen und mein Kreislauf macht Sprünge – insgesamt ist es offenbar ein herber Rückschlag, wie die Ärztin sagte. Ich bekam eine Trinklösung – ein Mineralstoffkonzentrat – eine regelrechte Mineralstoffdröhnung, wie ich es begriff sowie einen Vitamintrunk. Ich solle dringend entsäuern, meinte sie. Vor allem, weil sich meine Bauchaorta erweitert habe. Das sei ein Zeichen dafür, dass meine Arterien ihre Elastizität eingebüßt hätten. Das sind typische Hinweise für eine vitalstoffarme Ernährung, aber auch dafür, dass ich immer noch zu viele Dinge an mein Herz heranlasse.

»Du musst dringend durchlässiger werden für alles, was auf dich einschlägt, was gleichsam bedeutet, dass auch deine Aorta wieder durchlässiger wird. Du wirst künftig nur noch das tun, was dir dein Körper rät«, bläute sie mir ein. »Kein anderer kennt seinen Körper so wie du. Andere Ratschläge sind stets mit Vorbehalt anzuwenden. Lerne dringend, auf deinen Körper zu hören.«

Sie testete mich auch noch kinetisch ab und nickte dabei.
»Dir fällt zur rechten Zeit ein, was du benötigst – dann handle auch danach.«

*

32. Von Chemtrails, HAARP und Morgellons

08.10.2011 Treffen mit Nasmakrai im Café

Ich sprach Nasmakrai auf das Thema Chemtrails, HAARP und Morgellons an.

»Chemtrails, HAARP und Morgellons muss man differenziert betrachten. Sich mit diesen Themen zu befassen ist natürlich sinnvoll. Doch ihr müsst bei allem, was ihr lest, immer mit einbeziehen, dass solche Themen auch gezielt ständig angeheizt werden, um erneute Ängste zu schüren und euch noch mehr zu verwirren«, erklärte Nasmakrai. »Natürlich gibt es Chemtrails. Doch der größte Teil von dem, was ihr den Chemtrails zuschreibt, kommt tatsächlich vom Flugzeugverkehr allgemein, von den Autos und von der Industrie. Die Haarpanlagen funktionieren nicht zuverlässig durchgängig. Es gibt immer wieder Probleme, an denen wir nicht ganz unschuldig sind.

Was die Morgellons anbetrifft, so wird auch damit gezielt verunsichert. Wer von diesen Morgellons befallen wird, ist ausschließlich medikamentös und chemisch verseucht. Neben Pilzerkrankungen, die durch zu viele pharmazeutische Produkte entstehen, tauchen vermehrt diese Morgellons auf, die sich als kleine Pusteln und Fäden auf der Haut ausdrücken. Der Körper will die Erdölinhalte in der Chemie loswerden, was nicht in allen Fällen über die natürliche Ausscheidung erfolgen kann. Also schleust der Körper sie über die Schleimhäute und die Haut aus.

Diese Tatsachen werden bewusst ausgeschlachtet, um immer neue Ängste um eine Globalverschwörung in die Köpfe und Herzen der Menschen zu pflanzen. Stellt euch mal einen Menschen vor, der damit beginnt einen Garten anzulegen, sein Essen selber anzubauen,

sich immer mehr persönliche Freiheiten zu gestatten und der sich auf diese Weise immer weiter vom System entfernt. Um solch einem Bewusstseinsweg vorzubeugen, braucht man nur ständig neue Katastrophenszenarien in die Welt zu setzen und schon ist dieser Mensch derartig damit beschäftigt, all die Dinge zu lesen, sich auf entsprechende Internetplattformen zu begeben und sich mit anderen darüber auszutauschen, wie klein und machtlos die Menschen doch sind, dass er sein eigentliches Vorhaben vergisst. Das ist ganz gezielt geplant, lieber Alfons, denn ab sofort ist es diesem Menschen wichtiger, gegen das System anzugehen, als sich mit seinen eigenen kleinen Schritten aus dem System herauszunehmen.
Die schlimmste Umweltverschmutzung findet in den Köpfen und Herzen der Menschen statt – vor allem in den dunklen Herzen kollektiver Hetzschreiber, die alles daransetzen, eine Massenhysterie heraufzubeschwören. Es werden noch sehr viele Themen folgen, die man derartig ausschlachtet, um euch in immerwährendem Schrecken zu halten. Daran sind sowohl die Pharmazie als auch die Hedgefondbetreiber beteiligt, um vom Wesentlichen abzulenken: vom friedfertigen Leben in der Natur und mit der Natur! Es sind Abermillionen Menschen darin verwickelt, das menschliche Leben auf einem Niveau zu halten, das schlicht Dummheit und Verblödung zum Ziel hat. Dahinter steckt in der Tat kein System mehr, sondern ein willkürliches Chaos, das sich in den Köpfen unendlich vieler Menschen verselbständigt hat. Viel zu viele sitzen in Ausgangspositionen, aus denen heraus sie ihre mannigfaltigen durchgedrehten Gedanken verteilen können. Es gibt nur noch Widersprüche, Falschmeldungen und ein heilloses Durcheinander an Studien, dass kaum noch jemand weiß, was wirklich Sache ist. Gerade in den sogenannten *Aufgewachten* finden sich die schlimmsten Irrlichter für irrsinnige Verhaltensweisen. Es werden Publikationen, Heilswege, Seminare und Symposien angeboten, in denen die selbsternannten Lichtbringer ihren Wahnsinn in die Welt bringen. Und es sind viel zu viele Menschen bei jenen, die etwas zu

sagen haben, die meinen, ihre Thesen, Recherchen und Erkenntnisse müssten auch mittels Gewalt durchgesetzt werden. Ein sehr großer Teil der Erdenmenschen empfindet sich bereits als die besseren Psychologen, Wissenschaftler und Lehrer. In Wirklichkeit wissen sie nichts, faseln dummes Pseudozeugs und zeigen beängstigende Symptome von Irrsinn. Psychopathen sind die Regel und bestimmen, was getan werden muss. Es ist arg bei euch – so arg, dass über kurz oder lang die echten Wissenden Gefahr laufen, als irre behandelt zu werden.«

Er sah mich an und ich nickte, zuckte mit meinen Achseln und fragte ihn, was man dagegen tun könne.

»Nichts«, folgerte er nun kryptisch, »es sind bereits andere Mächte daran, die Erdenmenschen wieder in die Fassung zu bringen – und das wird für die meisten Menschen ein hartes Aufwachen sein. So wurde damit begonnen, nicht Hierhergehörige, die irre mitmischen, des Planeten zu verweisen.
Ändern könnt ihr nur etwas, indem ihr euch von all diesen Dingen nicht mehr beirren lasst und das macht, was für euch wichtig ist.
Eine Seite all der Krankheiten, der Morgellons usw., könnt ihr als einen Weg ansehen, die Menschheit, die bald nicht mehr auf die Erde passt, aussterben zu lassen. Es mag sich für euch hart anhören, doch die Natur ist hart zu Menschen, die gegen ihre Regeln verstoßen. Die Menschen, die sich ihren Ängsten ergeben, die Industrienahrung zu sich nehmen – angefangen von der Industriebackmischung bis hin zum Fast-Food, die ihren Körper nicht von chemischen Mitteln, Medikamenten und vielem mehr freihalten, werden Siechtum und Selbstzerstörungsmechanismen anheimfallen. Und jene, die sich durch ständig geschürte Ängste irremachen lassen, werden Psychosen entwickeln, die sie soweit beeinflussen, dass sie nicht mehr handlungsfähig sind. Die planetare Säuberung hat längst begonnen. Selbst, wenn du jemanden kennst, der bereits in diesem Psycho-

Leiden ist oder hineinkommt – du solltest mit ihm kein Mitleid haben. Es ist ein Prozess, der in Gang gekommen ist – initiiert von Mächten, die durchs ganze Universum gereichen, denen auch wir Folge leisten. Es sind Naturkräfte, die langfristig nur das zum Leben zulassen, was der göttlichen Ordnung entspricht. Sie forcieren das pur göttliche Leben. Der Mensch hat den freien Willen – ja. Er kann alles ausprobieren, doch sobald er damit beginnt, Gottes Schöpfung zu vernichten und nicht irgendwann an den Punkt der Erkenntnis kommt, die ihm sagt, dass er sie nicht vernichten darf, dann werden diese Kräfte ihn vernichten. Nennt diese Wesenheiten meinetwegen „Wächter des dynamischen Lebens".«

»Ausgenommen von all dem ist Innererde, oder?«

»Richtig, weil die Menschen hier nicht zerstören, sondern aufbauen und schöpfen. Es geht lediglich darum, ein Zeitalter des Wedischen wiederzubeleben«, nickte er. »Würde es zugelassen werden, dass es hier auf der Erde so weiter läuft wie jetzt, würde der Planet in 100 Jahren völlig zerstört sein. Da es mannigfaltiges Leben – Flora und Fauna – auf Erden gibt, müssen auch diese Lebensgrundlagen geschützt und erhalten werden. Es zählt nicht nur das menschliche Leben, sondern alles Leben hier.«

»Das heißt jedoch nicht, dass 95 % der Menschen hier abberufen werden, oder?«

»Natürlich nicht«, lächelte er nun. »Es gibt ausreichend echte Menschen hier, von denen ca. 80 % noch gar nichts darüber wissen. Sie werden eine Veränderung schneller begreifen – sie sind ja nicht verloren, sondern nur noch etwas blind auf einem Auge.«

»Wenn ich mich in meiner Tiefe so abfrage, weiß ich das instinktiv«, sinnierte ich. »Manchmal ist es mir sogar unheimlich, wenn ich dabei meine Emotionen verspüre.«

»Du meinst, wenn du Emotionen der Zerstörung von manipulierten Verkrustungen in dir selber verspürst?«, lachte er auf. »Diese sind ganz natürlich – sie helfen dabei, dich zu orientieren, um das Wesentliche nicht aus den Augen zu verlieren. Das Wedische steckt tief in dir – ist verankert in deinen Genen und deiner Seelensignatur, wie auch bei deiner Christa und vielen anderen in eurem Umfeld und auf der Erde. Ihr wisst darum und nur darum geht es. Wie ihr das handhabt, ist eine rein individuell-persönliche Sache. Klingsoren werden es anders angehen als andere Menschen. Doch grundsätzlich geht es jeder von euch wesentlich an.«

»Christa geht mir manchmal zu forsch und missionarisch vor«, sinnierte ich. »Da spüre ich, andere begreifen das nicht so kompakt.«

»Du meinst, du bist da diplomatischer«, grinste er, »obwohl ein Klingsor Diplomatie nicht so besonders beherrscht? Ihr beide müsst aufpassen, dass ihr die Menschen nicht überfordert. Du kannst manchmal sehr gut mit dem Schwert der Diplomatie umgehen, bis mal wieder etwas vorfällt, wo dein Berserker-Klingsor hochkommt.«

Ich lachte. »Das kommt hoffentlich nicht mehr vor.«

»Wenn du dich zusammenreißt, könnte das sogar klappen«, grinste er mich an. »Du meinst also, du müsstest mit deiner magischen Energetik vorsichtiger umgehen?«

»Na ja, es gibt Menschen, die halten mich für hypnotisch«, konterte ich. »Das Problem bei solchen ist, dass sie jedes Wort von mir bis ins kleinste Detail analysieren.«

»Nimm doch diese Macht an, sie ist dir gegeben«, lächelte er. »Sie ist ein Bestandteil deines persönlichen Klingsorerbes und kommt nicht von ungefähr. Das Klingsorerbe verstärkt unter anderem bestimmte individuelle Anlagen der einzelnen Persönlichkeiten. Du kannst Menschen durchschauen, ohne sie damit zu konfrontieren – du nutzt also deine Kräfte nicht zur Manipulation. Zudem kannst du Menschen erreichen, die solche Kräfte suchen und brauchen.«

»Der Nachteil dabei ist, ich ziehe damit auch Leute an, die sehr kompliziert denken und handeln«, sinnierte ich. »Eigentlich will ich die nicht um mich haben.«

»Tja, darüber solltest du mal nachdenken. Warum passiert dir das und warum kannst du sie nicht einfach ignorieren?«, meinte er lapidar.

»In unserer Gesellschaftsform geht das nicht so einfach. Ich möchte auch nicht Gesprächsinteressierte vor den Kopf stoßen«, warf ich ein.

»Du hast ja Christa, die das kann. Damit meine ich, dass sie dir solche Zeitgeister abnimmt, wodurch du dich ausklinken kannst. Christa reagiert auf solche Menschen wesentlich gelassener. Dafür nimmst du ihr das bürgerliche Geplänkel ab, weil du das kannst und sie nicht.«

»Was du alles weißt«, lachte ich auf.

»Deine Kinetik sagt es«, lächelte er. »Du weißt, dass ich es weiß und ich weiß, dass du es weißt.«

»Du bist ein Klugscheißer!«, lachte ich erneut und er fiel in das Lachen ein.

*

Nachdem er gegangen war, fielen mir die Gespräche im Café auf. Sie waren durchgehend besserwisserisch und egoistisch vom Thema her. Da reglementierte ein Vater seine beiden Töchter (ca. 11 und 13 Jahre alt), nicht so unruhig und frech zu reden. Eine Frau regte sich über die Mutter ihres Mannes auf, zwei ältere Frauen tratschten über andere und eine Familie plapperte ständig durcheinander, wobei keiner den anderen wirklich wahrnahm. Überall herrschte Druck, Unverständnis und die Bemühung, eine Maske zu verteidigen. So etwas wie Harmonie oder harmonische Dynamik war kaum noch zu finden. Das war genauso erschreckend wie ernüchternd.
Drei Damen unterhielten sich über ihre ehrenamtlichen Tätigkeiten und wie stressig sie das über die Jahre empfinden. Aber man tue ja was, um in der Gesellschaft etwas Ordentliches darzustellen. Lauter gequälte Seelen, deren Persönlichkeiten völlig daneben leben und handeln.

Ich kam mir vor, wie im falschen Film.

Doch dann dachte ich an die vielen Menschen, die längst damit begonnen haben, ihren Weg zum Wedischen zu gehen, Freunde, die dabei sind, ihre Landsitze anzulegen. Ich dachte an all die Menschen, die liebevoll miteinander umgehen, mit denen ich in großer Freude nächtelange Gespräche führen kann und dabei wurde es mir ganz warm ums Herz. Ja, ich spürte, es wird sich etwas gravierend auf der Erde ändern.

Hiermit enden Alfs Tagebücher.

Nachwort

Nach dem 8.10.2011 beendete Alf jegliche Einfahrten und Treffen mit den Innerirdischen und Außerirdischen. Er wollte nicht mehr einfahren, weil ihn zum einen die Einfahrten gesundheitlich zu sehr belasteten und zum anderen, weil er den Anforderungen, die dadurch für ihn entstanden, nicht mehr nachkommen wollte. Er wollte sich nur noch auf sich und sein persönliches Weiterkommen konzentrieren.

Im Frühling 2012 platzte in Alfs Bauch ein Aneurysma (eine Ausweitung der Aorta im Bauchraum). Blut drang in den Bauch ein und Alf wurde ins Bundeswehrkrankenhaus nach Ulm gebracht, wo man in einer Notoperation das Aneurysma schloss. Davon erholte Alf sich jedoch bis zu seinem Tod nicht mehr.
Alf bekam Lungenkrebs und wer sich mit der Neuen Medizin auskennt, der weiß, dass Lungenkrebs die Heilungsphase nach einem Todesangstkonflikt ist, der plötzlich auftritt und den man mit sich alleine ausmachen muss. Die Ursache war völlig klar: Natürlich ruft das Platzen der Bauchaorta, die Fahrt ins Bundeswehrkrankenhaus ganz alleine (ich fuhr im eigenen Auto hinterher), die Hektik der Ärzte und all das, was dann folgt, Todesangst hervor und er hatte in dem Augenblick niemanden, mit dem er darüber sprechen konnte. Anschließend wurde er ins künstliche Koma versetzt - für fast eine Woche. Während dieser Zeit konnte er mit niemandem darüber sprechen, auch wenn ich täglich neben ihm saß. Als er zu sich kam, war er so voller Medikamente, so dass er nicht wirklich darüber sprechen konnte. Er musste also über einen gewissen Zeitraum alles für sich alleine ausmachen.
Nachdem er das Krankenhaus wieder verlassen konnte, war er derart geschwächt, dass er nicht mehr alleine gehen konnte - er brauchte eine Gehhilfe und wir übten täglich ein paar Schritte. Nun kamen

die ersten Symptome des Lungenkrebs zur Wirkung und es ging erst einmal noch weiter mit ihm bergab. Alf verlor jeglichen Lebensmut. Er glaubte nicht mehr an eine Heilung, während ich alles daransetzte, ihm so viel Mut wie möglich zu machen. Sein damaliger Leidensweg dauerte etwa 1½ Jahre und Alf äußerte auch schon mal, dass es besser gewesen wäre, er wäre an dem Aneurysma gestorben. Er wollte nicht mehr und meinte, er hätte sein Leben gut gelebt. Alf hörte auf zu essen und später trank er auch nichts mehr – er ging bewusst in den Tod. Für mich war das eine Katastrophe, doch ich konnte ihn nicht dazu bringen, weiter an das derzeitige Leben zu glauben. Nach seinem Tod entdeckte ich, dass er sogar zum Schluss alle homöopathischen Medikamente, die ihm sein Arzt gegeben hatte, unter die Matratze geschoben hatte, so dass ich es nicht mitbekam.

Nachdem Alf gestorben war, hatte ich weiterhin telepathischen Kontakt zu ihm und wir konnten über viele Dinge sprechen, was mir persönlich sehr gut tat. Nach etwa drei Monaten brach Alf den telepathischen Kontakt ab. Irgendwie dachte ich mir: „Er wollte wohl gehen". Es dauerte eine ganze Zeit, bis ich den Tod von Alf für mich persönlich verarbeitet hatte. Etwa ein Jahr nach seinem Tod war ich zur Wintersonnenwendfeier bei Freunden, die dazu ein Agnihotra-Feuer anzündeten. Ich nutzte die Gelegenheit und nahm noch einmal ganz bewusst Abschied von Alf, da ich es jetzt von ganzem Herzen konnte. Ein paar Tage später nahm die Seele von Alf wieder den telepathischen Kontakt zu mir auf. „Alf" begründete seinen Rückzug damit, dass er das Gefühl hatte, dass ich mich nicht wirklich von ihm gelöst hätte, wenn wir durchgehend telepathischen Kontakt gehabt hätten.

Ich hatte inzwischen mein Leben neu ausgerichtet, das gesamte Haus renoviert und nach meinen persönlichen Vorstellungen eingerichtet. Ich wollte einfach nur noch meine Rente genießen und hatte niemals vor, weitere Tagebücher zu veröffentlichen.

Doch es kam alles anders!

Immer wieder mal bekam ich eine Anfrage, ob ich noch ein Exemplar von Alfs Buch habe. Dem war nicht so. Eine Bekannte meinte dann, ich könne doch einige Exemplare im Eigenverlag drucken und nach Anfrage verschicken. Sie würde mir dabei helfen. Ich kratzte also mein weniges Erspartes zusammen und ließ einige Bücher auf Vorrat drucken.

Dann rief mich eine Bekannte an und erklärte mir, dass es in dem Seminarhaus, das Freunde von ihr betrieben, einen Vortrag über Innererde gäbe – ob ich nicht mit ihr dorthin fahren wolle. Ich wollte nicht. Doch sie ließ nicht locker, weil ihre Freunde mich auch gerne dabeigehabt hätten. Ihr zuliebe kam ich dann mit. Mir gefiel der Vortrag, in dem sehr viel Material der NASA gezeigt wurde und viele andere Dinge, die ich damals noch nicht kannte. Während des Vortrages erwähnte eine der Betreiberinnen des Seminarhauses, dass mein Mann direkte Kontakte zu Innererde gehabt hätte, worauf Besucher des Vortrages begannen mir viele Fragen zu stellen. Allerdings war das ja nicht mein Vortrag und ich ging darauf nicht groß ein. Nun regten diese an, ob ich nicht auch in dem Seminarhaus mal einen Vortrag halten wolle und die Betreiber des Seminarhauses schlossen sich dem an. Ich sagte zu und kurze Zeit später hielt ich meinen ersten Vortrag zum Thema Innererde. Dieser Vortrag löste eine Lawine aus, die mein gesamtes Leben auf den Kopf stellte. Ich bekam sofort zwei weitere Angebote für Vorträge und eine Teilnehmerin schrieb Jo Conrad an, der mich gleich zu einem Interview einlud. Damit hatte ich überhaupt nicht gerechnet. Ich kannte ja bisher in Bezug auf die Bücher nur das Interesse aus den Foren, in denen Alf geschrieben hatte, ansonsten hatte ich mehr abstoßende Reaktionen auf das erste Buch erlebt als aufbauende. Die Zeit war nun scheinbar reif für die Bücher.
Da Alf das zweite Buch zur Hälfte fertig hatte, begann ich nun damit,

es weiter zu schreiben. Alf hatte ja ursprünglich vor, nur drei Bücher über Innererde zu schreiben. Doch ich hatte keine Ahnung, welche Inhalte er reingenommen hätte und welche nicht. Vor jeder Zeile, die ich aus seinen Tagebüchern abschrieb, ihn erst einmal zu fragen, ob ich den Inhalt so veröffentlichen soll oder nicht, kam mir irgendwie nicht passend vor und ich entschied mich, einfach die Tagebücher, so wie sie erschienen abzutippen, hätte aber niemals gedacht, dass es so viel Material war, um daraus neun Bücher entstehen zu lassen. Dort, wo ich mit dem Inhalt erst einmal nichts anfangen konnte, weil ich mich nicht mehr erinnerte, worauf sich Alf dabei bezogen hatte, fragte ich bei seiner Seele nach. Ich bekam von dieser Seite sehr viel Unterstützung. Bis dahin war mir jedoch überhaupt nicht klar, wie ich das mit dem Vertrieb der Bücher machen solle. Noch hielt sich alles sehr in Grenzen: Hin und wieder kam mal per E-Mail eine Anfrage nach dem ersten Buch, ich schrieb mir die Adresse in eine Kladde, kaufte einen Umschlag und eine Briefmarke, gab das Buch da rein und schickte es ab. Ich hatte keine Ahnung, wie ich so etwas professionell aufziehen könnte und ich hatte auch keine wirkliche Lust bei Verlagen Klinken putzen zu gehen.

Dann lernte ich Gerhard, meinen heutigen Mann, kennen. Er kam aus der IT-Branche, war lange Zeit seines Lebens selbstständig gewesen und generell mit der Tätigkeit im IT-Bereich unzufrieden. Er wollte eigentlich schon lange etwas anderes machen, wusste aber noch nicht was – er musste ja davon leben können. Ich fragte ihn aus dem Bauch heraus, ob er sich nicht mit einem Verlag selbstständig machen wolle. Gerhard überlegte nicht sehr lange. Sein Bauchgefühl sagte sofort ja, sein Verstand brauchte ein wenig länger, sich zu überlegen, ob er dafür den sehr gut bezahlten Job von heute auf morgen aufgeben solle. Doch er entschied sich dafür und der GartenWEden-Verlag wurde gegründet.

Heute ist mir klar, dass all das, was mich nach Alfs Tod dazu brachte, die Bücher herauszugeben, einfach Fügung war. Ich habe Alf dann mal gefragt, ob ich überhaupt die Möglichkeit gehabt hätte, etwas anderes zu tun und einfach nur meine Rente zu genießen. Seine Antwort: „Natürlich! Nichts ist vorbestimmt. Du hast dich mit deinem Willen und aus ganzem Herzen dazu entschieden, die Tagebücher zu veröffentlichen. Du hättest genauso die Möglichkeit gehabt, den anderen Weg zu gehen. Es war die Entscheidung deiner derzeitigen Persönlichkeit die Bücher zu veröffentlichen."

Während des Abtippens kam mir oft der Gedanke: „Das hast du bisher nicht gelesen, das ist ja ganz neu." Doch dem war nie so. Ich war immer wieder erstaunt darüber, was ich im Laufe der Jahre alles vergessen hatte und wie großartig die Inhalte der Tagebücher sind. Manches hatte ich beim ersten Lesen noch nicht so aufnehmen können, manches Wissen war für mich noch nicht wichtig und andere Inhalte inspirierten mich derart, dass ich die Inhalte aufnahm, weiterforschte, mir meine eigenen Gedanken dazu machte und auf eigene weiterführende Ergebnisse kam. Diese besprach ich auf unseren ausgedehnten Spaziergängen stets mit Alf und dabei kamen uns erneute Ideen. Alf brachte unser, nun erweitertes Wissen, erneut in Innererde vor und dort wurde es entweder bestätigt oder auch ergänzt. So entstanden viele weiterführende Gespräche. Es war ein immerwährender Kreislauf von Gesprächen, neuen Erkenntnissen und Ideen.

Hat Alf sich das alles ausgedacht?

Immer wieder einmal werde ich gefragt, ob Alf sich das eventuell alles erdacht hat. Natürlich wäre das möglich. Ich kann jeden Menschen begreifen, der seine Einfahrten anzweifelt. Es hört sich einfach irre an, zumal ich bisher keinen anderen Menschen kenne, der mir heute direkt von Angesicht zu Angesicht bestätigen könnte, dass er ebenfalls einfährt. Jeder Zweifel ist also berechtigt. Doch ein Zweifel der Tatsache gegenüber, dass Innererde existiert, sollte keinen Leser davon abhalten, die Inhalte der Bücher zu lesen, sie, soweit es eben möglich ist, zu überprüfen, sie zu hinterfragen und zwar so lange, bis er nachweisen kann, dass die Inhalte falsch sind. Ich konnte es bisher nicht, im Gegenteil - ich bekam im Laufe der Jahre viele der Inhalte von anderen Menschen bestätigt. Damit meine ich nicht die Existenz von Innererde, sondern das, was dort alles über die Geschichte der Erde steht, was dort an Aussagen steht über die Erde an sich, über unsere Sonne, unser Universum, darüber, wer wir sind und was uns bisher daran hindert, in unsere Kraft zu kommen und vieles mehr. Im Gegenteil - ich bekam über solche Inhalte Kontakte mit sehr vielen Menschen - darunter auch Wissenschaftler, die über den Tellerrand hinausblicken können und Forscher in anderen Bereichen, deren Forschungen sich mit den Aussagen von Innererde decken. Ich fand bei meinen eigenen Forschungen Aussagen von Innererde in gnostischen Schriften bestätigt und in meinen eigenen Akasha-Gängen. Viele der Aussagen, die ja inzwischen über zehn Jahre zurückliegen, wurden in den darauffolgenden Jahren oder in der Jetztzeit bestätigt. Es traten viele Dinge ein, die ich damals fast nicht für möglich gehalten hätte.

Ich selber hatte in den fast zehn Jahren, in denen Alf einfuhr, nie wirklich seine Aussagen angezweifelt. Erst als ich die Tagebücher abschrieb, kam mir zwischendurch mal der Gedanke, den ich jedoch sofort jedes Mal wieder verwarf. Zu viel war auch in unserem Privatleben passiert, das mit normalen Maßstäben nicht zu erklären gewesen wäre. Hätte Alf all das, was er schrieb, sich selber ausgedacht, wäre er tatsächlich ein Genie gewesen. Ich hielt ihn zwar immer für großartig, aber nicht für solch ein Genie.
Außerdem hätte er sehr viel inszenieren müssen. Zum Beispiel all die Telefonate, die oft mehrfach in der Woche auf seinem Handy

ankamen – auch wenn ich danebenstand – und die, seinen Berichten nach, entweder von Menschen aus Innererde waren oder von anderen Kontaktlern. Falls Alf jemanden gehabt hätte, der von Mitte 2002 bis Ende 2011 häufig Alf angerufen hat, um dieses Spiel vor mir zu legitimieren, würde ich mich heute fragen, warum er sich bisher noch nicht bei mir gemeldet hat. Warum er ohne zu widersprechen, zugelassen hat, dass ich die Bücher herausbringe, die dann ja aufgrund einer Täuschung, an der er beteiligt gewesen wäre, entstanden sind. Wäre es solch eine große Täuschung gewesen, müsste Alf allerdings noch viele andere Dinge vor mir inszeniert haben, zum Beispiel an einem Silvesterabend, den wir in Ruhe zu Hause verbringen wollten. Es schneite sehr stark. Alf lag im Wohnzimmer und las, während ich am Küchentisch saß und mich mit Astrologie beschäftigte, als es klingelte. Da die Küche direkt neben der Haustür lag, ging ich an die Haustür und öffnete sie. Ich sah männliche Fußstapfen im Schnee, die von der Straße durch den Vorgarten zu unserem Haus reichten, jedoch nicht zurück! Und ich sah niemanden vor unserem Haus stehen. Sehr verwirrt zog ich schnell meine Stiefel an, ging zur Straße, wo ich niemanden sah und dann einmal rund ums Haus durch den Garten. Es war nirgendwo ein Mensch zu sehen. Als ich zur Haustür zurückkam, sah ich jetzt die gleichen männlichen Fußstapfen, die nun vom Haus Richtung Straße verliefen. Alf stand unten an der Treppe (unser Wohnzimmer war im ersten Stock, er war also heruntergekommen) und fragte mich, ob ich Ulluer gesehen habe. Ich verneinte erstaunt. Daraufhin sagte Alf, dass Ulluer ganz kurz hier gewesen sei, um ihm ein gutes neues Jahr zu wünschen. Ich hatte niemanden gesehen – außer den mysteriösen Fußstapfen. Auf meine Frage, wie Ulluer das gemacht habe, zuckte Alf mit den Schultern. Bei der nächsten Einfahrt fragte er Ulluer und dieser antwortete, er habe sich mir nicht zeigen wollen. Menschen, die in der fünften Dimension leben, könnten sich für Menschen, die in der vierten Dimension leben, regelrecht unsichtbar machen. Er hätte jedoch auch noch über eine Zeitverschiebung agiert. Das heißt, er hat die Realitäten verschoben. Kurze Zeit war Alf bei ihm in der anderen Realität. Deshalb kam Alf das kurze Gespräch mit Ulluer länger vor als mir mein Gang ums Haus.

Ich frage mich also, wie Alf das hätte inszenieren sollen. Er war tatsächlich im ersten Stock, aus dem es keinen Ausgang nach draußen gab und ich saß in der Küche, wo die Tür zum Flur offen war. Wie hätte er die Fußstapfen im Schnee erstellen sollen, die von der Straße zum Haus führten, aber nicht mehr zurück – der Mann, der sie gemacht hat, hätte vor dem Haus stehen müssen, es sei denn, er hätte ein Antigravfahrzeug gehabt, um sehr schnell wegzufliegen oder sich eben unsichtbar machen müssen, als ich an die Haustür kam.

Ich wüsste auch nicht, wie Alf in der Geschichte, wo er nach seinen Angaben drei Tage mit dem Raumschiff unterwegs – für mich jedoch nur einen Tag weg war (wird in den Büchern beschrieben) – auf normalem Wege sich in einem Tag einen Dreitagebart hätte wachsen lassen können.
Ich könnte hier noch mehr solcher, für mich nicht mit normalen Maßstäben erklärbare, Ereignisse aufschreiben, doch was würde es bringen?

Am wichtigsten wäre in dem Fall jedoch für mich die Frage, warum er das alles inszeniert haben sollte. Die Inhalte der Bücher sind derartig spannend und erklären so viele Dinge, dass er persönlich doch viel mehr davon gehabt hätte, sich als Genie feiern zu lassen. Denn das wäre er zweifellos gewesen!

Aus welchem Grund hätte er mich, sein Weib, das er liebt, zehn Jahre lang derartig belügen sollen?
Ich finde keinen, zumal ihm das Veröffentlichen erheblich mehr Leid als Anerkennung gebracht hat. Und ich weiß, wie er darum gekämpft hat, dass man ihm glaubt, anstatt ihn als Lügner und Betrüger zu

beschimpfen, was ihn immer wieder krankmachte. Ohne damit an die Öffentlichkeit zu gehen, hätte er ein wesentlich ruhigeres und leichteres Leben gehabt.

Viele Inhalte der Bücher sind auch so nirgendwo anders im Internet oder in anderen Büchern zu finden – zumal wir erst zwei Jahre, nachdem Alf seine ersten Einfahrten aufgeschrieben hatte, einen Computer kauften. Er kam bis dahin an keine Internetaufzeichnungen heran, denn auf den Dörfern, wo wir damals lebten, existierten weder Internetcafés oder gab es andere Möglichkeiten. Auch in unserem Freundeskreis hatte in den Anfängen keiner einen Computer. All das, was es im Internet zu Innererde gibt, konnte Alf erst lesen, nachdem er schon über ein Jahr lang Kontakte hatte.

Hinzu kommt, dass ich im Laufe der Jahre selber telepathischen Kontakt zu Innererde bekam, denen ich anfangs eher misstraute, bei denen ich aber im Laufe des Übens sicherer wurde. Heute ist das für mich so leicht, wie ein normales Gespräch mit einem Menschen, der mir gegenübersteht, vor allem, wenn ich gerade dafür offen bin. Ich müsste also auch meinen eigenen telepathischen Kontakten misstrauen, die mir jedoch bisher sehr viele Erkenntnisse brachten.

All das, macht mich sehr sicher, dass Alf das, was er in seinen Tagebüchern notiert hat, wirklich erlebte.

*

Etwas aus Alfs Leben

Wer war Alf Jasinski? Als erstes lasse ich ihn einmal selber zu Wort kommen. Ich veröffentliche hier den ersten Brief, den mir Alf schrieb – er schrieb ihn mir auf eine Kontaktanzeige hin, die ich nach einigen Monaten Alleinlebens in eine Zeitung gesetzt hatte. Alf lebte damals in Amsterdam, las niemals deutsche Zeitungen, als ihm eines Tages ein Arbeitskollege eine deutsche Zeitung in die Hand drückte, die wohl jemand in der Bahn liegen gelassen hatte. In dieser Zeitung befand sich meine Kontaktanzeige. Sie berührte Alf derart, dass er mir unbedingt schreiben wollte. Er antwortet in dem Brief als erstes auf Aussagen, die ich in meiner damaligen Anzeige machte. Ich schrieb unter anderem, dass ich Dogmatismus und Gleichgültigkeit nicht mag und dass ich mich mit vielem befasse, was allgemein als Esoterik beschrieben wird.

Alf Jasinski, Stadionweg 37B, 1077 RW Amsterdam

Amsterdam, den 03. September 1989

Hoi!

„Die Förderung einer, auf menschlichen Beziehungen und menschlicher Güte innerhalb der gesamten Menschheit basierenden, Harmonie“ – so einfach lässt sich die Aussage und Bedeutung jeder einzelnen Religion zusammenfassen.
Dogmen und die Gleichgültigkeit gegenüber Mitmenschen sind die Mittel, einfache und klare Aussagen bis ins Unbegreifliche zu verzerren. Die Folge dieser Tatsache findet sich in allen Schriften, die versuchen, den menschlichen Geist auf die Ebene des Überirdischen zu stellen;

ohne zu erkennen, dass jeder Versuch nur Menschenwerk ist und niemals göttlich sein kann. Die menschliche Sprache und Schrift ist nicht in der Lage, das Mysterium auszudrücken – das tiefere Denk- und Empfindungsvermögen basiert auf einer Ebene, die nur erlebt werden kann und sich im Leben eines Menschen in seiner Sprachlosigkeit zeigt. Die Esoterik ist schön und ein weiterer Versuch, sich in seiner Ursprünglichkeit selbst zu finden – ein Versuch, das Mysterium des Messias zu erfassen und die Begrenzung des Universums mittels Geist zu durchdringen.

Warum ich Dir schreibe? Weil ich ein Mensch bin und die ganze Traurigkeit der Menschheit mitempfinde!

Wir suchen laufend nach dem Sinn unseres Tuns, wollen dies oder jenes verbessern und das, woran wir zutiefst glauben, verwirklichen. So reagiert nur ein Geschöpf, was mit den Gegebenheiten unglücklich ist. Je mehr ein Mensch sich mit dem Mysterium beschäftigt, desto intensiver spürt und erkennt er die Irrtümer und Manipulationen in der Welt. Er wird von sich aus bewusster, sieht seine Umwelt deutlicher und vereinfacht sich in seinem Tun. Er wird seine Essgewohnheiten verändern, sich einer einfacheren und deutlicheren Sprache bedienen und darüber hinaus die Bedeutung der Worte in ihrem Kern erfassen. Er findet sich plötzlich durch das Wirrwarr der sogenannten Intelligenzliteratur hindurch – erkennt, dass vielgepriesene Genies der Geistesliteratur und vieler Wissenschaftszweige nur eine Pseudoklugheit zum Ausdruck brachten (und bringen) und beginnt zu verstehen, dass das momentane Weltbild und -geschehen vielfach auf diesen Pseudoaussagen basiert. Letztendlich wird man in dieser Erkenntnis sehr nachdenklich, traurig und eine nicht ungerechtfertigte Furcht wird zum steten Begleiter. Es stellt sich zudem eine mentale Einsamkeit ein – dies ist der Zeitpunkt der Entscheidung. Man kann sich für das Philosophieren und das Studieren aller Geisteswissenschaften entscheiden – oder man kämpft gegen die Vereinsamung an. Das Philosophieren und Studieren ist der bequemere Weg – man entgeht den Gefahren des tatsächlichen Lebens und bleibt stehen in seiner Entwicklung. Dies ist exakt das Verhalten der Religionsoberhäupter. Sie statuieren ihr Wissen als unumstößliches Gesetz, das von Gott (das Wort Gottes) für alle Menschen als verbindlich eingesetzt ist. Es ist das Gesetz des kalten Intellekts, der wesentliche Gefühle und das menschliche Leben als sündhaft und vom Satan verfolgt darstellt. Es ist nicht das ursprünglich wahre Lebensprinzip, sondern die kalte Ausübung wahnhafter Gesetze, die das Menschenleben bedrohen und die geistige Entwicklung im Keim ersticken. Unser gesamtes Denken ist voller Aberrationen[1]*, voller Angst vor Mitmenschen – wir können kaum noch natürlich lieben, weil unser Glauben durch Jahrhunderte hindurch von Wahnsinnigen mittels Schriften, Dogmen und Völkermord beinahe ruiniert wurde.*

Ja – ich hätte große Lust auf eine menschlich-liebevolle und kreative Beziehung. Ich wünsche sie mir viele Jahre und habe sie bis jetzt nicht gefunden.

Für einen Mann meiner „Sorte" besteht kaum Hoffnung auf eine passende Partnerin – meist wünscht Frau sich finanzielle Sicherheit oder (was noch häufiger ist) sie interessiert sich aus Bequemlichkeit nicht für die wesentlichen Zusammenhänge des Lebens. Frauen sind noch mehr das Opfer der „Weltherrschaft" – ich könnte heulen vor Zorn und vor Scham!

Ein Mann meiner „Sorte" besitzt außerdem das Brandmal der gleichgültigen Dogmatiker. Das heißt, ich falle aus der mir von der Gesellschaft zugewiesenen Rolle; werde von ihr als Sonderling bezeichnet – und was nicht der herkömmlichen Norm entspricht, kann nur gegen jede Ordnung und Moral sein. Dies wurde besonders ersichtlich, als ich vor einigen Jahren gewisse „Unstimmigkeiten" in der Drittwelthilfe in Afrika aufzudecken versuchte. Ich befand mich aus Zufall im Senegal

1 Einwürfen von aber...

auf Urlaub bei einem senegalesischen Freund, den ich aus Deutschland kannte. Er zeigte mir Depots von Hilfsorganisationen – aber auch, was in Wirklichkeit mit den Gütern geschah., In mir regte sich etwas – ich wollte wissen, wollte diese „Sauerei“ allen bekannt machen – besonders den Menschen, die diese Güter benötigen und denjenigen, die dafür spendeten. Bevor ich Fotos und viele andere Beweismaterialien veröffentlichen konnte, musste ich vor ein Gremium[1]*. Im Interesse der Öffentlichkeit könne es nicht verantwortet werden, diese Affäre zu publizieren. Ansehen und das Wohl der Entwicklungspolitik sowie deren redlichen Bemühungen im Kampf gegen Leid und Unrecht in der Welt könne darunter leiden!*

Meine Beweismaterialien verschwanden – kurz darauf geriet ich in eine „simple“ Betrugsaffäre in dessen Verlauf mir unter anderem kriminelle Energie bescheinigt wurde. In meiner Jugendzeit hatte ich schon einmal mit dem Gericht zu tun – fahren ohne Führerschein mit Verkehrsunfall (ich fuhr damals in die Hecken der städtischen Realschule) – und dies beweise nur zu deutlich meinen Hang zum Gesetzesbrecher.

So wurde ich in München zu Haft verurteilt – für eine Sache, die in Kanada geschah und bei der mein Name lediglich als Subunternehmer für Einzäunungsarbeiten auftauchte. Für eine kanadische Baufirma tätigte ich damals die Einzäunungsarbeiten für Sport- und Freizeitanlagen. Ein bis dato unbekannter Teilhaber dieser Firma und ich sollen illegale Baupreisabsprachen gehalten haben – dadurch wären Finanzamt und letztendlich auch Arbeitskräfte erheblich geschädigt worden. Zusätzlich belastend für mich waren die Aussagen meiner Frau und Eltern, sowie ihre Reaktionen, wie Einreichung der Scheidung usw. Frau und Familie bezeichneten mich (teils im Bemühen, irgendwie zu helfen, teils aus Unkenntnis über meine Persönlichkeit) als intelligent, fleißig und stets bemüht mittels Talent und Einfallsreichtum das Beste zu wollen. Gelegentlich neige ich jedoch dazu, dem Spirituellen zu viel Gewicht

1 Alf hatte das gesamte Material einer holländischen Zeitung angeboten.

beizumessen, was sich im allzu nachdenklichen Verhalten ausdrücke. Vor Gericht bedeutete dies natürlich, dass ich sogar zu spiritistischen Praktiken greife, um dunkle Geschäfte voranzutreiben![1]

Nach der Haft begann ich neu. Doch die Bewährungsauflagen bestimmten, dass ich auch noch einen materiellen Schaden zu begleichen hätte – Steuer- und Prozessschulden; Steuern für ein nicht erfolgtes Geschäft, dennoch abverlangt, da ich gesetzlich verurteilt wurde, dieses Geschäft getätigt zu haben![2]

Zudem durfte ich weder selbständig, noch in „unübersichtlichem Einkommensverhältnis" tätig sein – also nur im Lohnverhältnis mit vierteljährlicher Überprüfung durch das Amtsgericht. Somit wären mir knapp 300,-DM zum Leben geblieben – allerdings auch ein Lob und das Wohlwollen der Bewährungsaufsicht!

Im April ging ich nach Holland – ein früherer Freund aus der Senegalrecherche sagte mir, hier könne ich sinnvoll und frei neu beginnen. Zuerst wollte er, dass ich in die Journalistik[3] *ginge – man benötige Menschen mit Idealismus und Mut zur Wahrheit. Doch gefiel mir die Methode der Redaktion und das System der „Themenauswahl" nicht. Widerlich, sensationsgierig und kaum geeignet, wirklich die Wahrheit so zu bringen wie sie ist.*

Ich nahm eine Arbeit in der Automation einer Großbäckerei an, lebe zur Untermiete und mir geht es gut. Mein Einkommen ist bescheiden - meine Bedürfnisse sind bescheiden und ich beginne mittlerweile kärglich

1 Alfs späteren Berichten zufolge, wurden die wirklichen Drahtzieher dieser Sache niemals verurteilt - einer davon verschwand von der Bildfläche. Bei Untersuchungen seines Büros fand man dann noch „Unstimmigkeiten" in den Steuerunterlagen - die er so bis dahin jedoch noch nicht eingereicht hatte. Alf war ganz sicher kein Engel, doch die ganze Sache schrie danach, dass er reingelegt worden war, weil man ihm etwas anhängen wollte.

2 Alf hatte diesen Auftrag niemals abgeschlossen und es war auch kein Geld dafür geflossen.

3 Er selber war Journalist und arbeitete für die holländische Zeitung, der Alf damals seine Senegalrecherche angeboten hatte.

zu sparen. Es hat wohl beim ersten Hinsehen wenig Sinn – dennoch spare ich Minibeträge weil ich damit meinem Traum näher komme. Dieser Traum heißt: Pachten eines kleinen Bauernhauses irgendwo in natürlicher Umgebung, Selbstversorgung, kreatives Arbeiten in Handwerk und Kunst[1] *und bewusstes Leben in Harmonie.*

Du weißt nun viel von mir. Ja – ich bin 37 Jahre alt und Sternzeichen Skorpion (erste Dekade), 180 cm, 75 Kilo, dunkelblond mit graugrünen Augen und viel Mut zum Außergewöhnlichen.

Wirst Du antworten?

Liebe Grüße

Alf

Mein Leben mit Alf war ein ständiges Auf und Ab. Wir machten uns selbständig mit einer kleinen Galerie an der Nahe, wo wir einen alten Winzerhof kauften und sanierten (ich hatte etwas Geld dafür). Es war eine sehr glückliche Zeit – bis Alf mal wieder auf jemanden reinfiel, der mitbekommen hatte, dass Alf dabei war, sich im Rhein-Nahe-Gebiet als Metallgestalter und Künstler einen Namen zu machen. Er bot Alf an, ihn als Manager zu vertreten und ihm alles Geschäftliche abzunehmen. Zu gern gingen wir darauf ein und das, obwohl unser Bauchgefühl uns dringend warnte. Dieser „Manager" hatte uns zwei Künstler vorgestellt, die er schon lange vertrete und die dadurch sehr bekannt geworden seien, wie er erklärte. Tatsächlich waren sie schon in verschiedenen Fernsehsendungen aufgetreten und hatten einen gewissen Bekanntheitsgrad. Sie beschrieben ihren Manager als sehr fähig. Doch wir wurden betrogen, vertrauten jemandem, dem wir

1 Alf war gelernter Kunstschmied

niemals hätten vertrauen dürfen, denn wir erfuhren später, dass die gesamte Gruppe zusammenarbeitet und auf diese Weise auch schon andere Künstler über den Tisch gezogen hatte. Unser Bauchgefühl war richtig. Wir verloren alles, was wir aufgebaut hatten. Für Alf war das sehr schlimm – es war ja schon das zweite Mal in seinem Leben, dass er einem Menschen vertraute, der sein Vertrauen massiv missbrauchte. Dieser Absturz führte bei ihm dazu, dass er in ein Mangeldenken fiel – ein Muster, das er bis zu seinem Tod nicht mehr auflösen sollte.

Alf war wahrlich kein Durchschnittsmensch. Schon als ganz junger Mensch hat er sich mit mystischen Schriften beschäftigt und schreckte auch nicht vor magischen Praktiken zurück, die er später als dunkle Magie bezeichnete. Er sagte einmal zu mir: „Wenn du mich früher kennen gelernt hättest, hättest Du von mir nichts wissen wollen." Er kannte neben all seinen lichten Seiten auch seine dunklen bis in die Tiefe!

Einiges davon holte ihn später ein, was mich und auch meinen damals 13-jährigen Sohn sehr erschreckte.

Als wir noch an der Nahe lebten, klingelte eines Tages eine Frau an unserer Tür und fragte, ob „Mario" hier wäre. Als ich ihr sagte, dass in diesem Haus kein Mario lebe, bat sie um ein Glas Wasser. Ich ging in die Küche, um eins zu holen. In dem Augenblick kam Alf die Treppe herunter und ging zur Tür. Als die Frau Alf sah, veränderte sich ihre Stimme – sie wurde ganz tief – und sie sagte zu ihm: „Du gehörst nicht hierher!" Sie sagte noch mehr, aber ich bekam weiter nichts mehr mit, weil ich meinen Sohn zitternd an der Treppe stehen sah. Ich ging zu ihm, nahm ihn fest in den Arm und wir flüchteten die Treppe hoch. Ich dachte: „Alf wird mit der Frau schon fertig!" Ja, er wurde mit ihr fertig – sie ging dann irgendwann und Alf meinte, dass ihn jetzt scheinbar seine Vergangenheit einhole. Die Frau wurde wohl als Medium benutzt.

Einige Monate später hörte ich Alf im Wohnzimmer schreien - er schrie scheinbar jemanden an: „Nicht mit mir", „Geht dahin, wo ihr hingehört", „Ich will mit euch nichts mehr zu tun haben" usw.. Ich war im Hof, rannte aber sofort ins Haus, wo ich Alf regelrecht durch das Wohnzimmer fliegen sah, als hätte ihn jemand geschubst und durch die Gegend geschmissen. Doch ich sah niemanden! Er wurde vor meinen Augen gestoßen und geschlagen von einem Wesen, dass ich nicht sah! Dann rappelte sich Alf auf und rannte schreiend in den Hof als renne er hinter jemandem her mit den Worten: „Lasst mich endlich in Ruhe!" Als er wieder reinkam, zeigte er mir seinen Rücken und seine Brust - beide waren voller Striemen! Danach hatten wir einige Zeit Ruhe vor solchen Vorkommnissen.

Ein paar Jahre danach zogen wir nach Augsburg. Kurz nach unserem Umzug stand unser Faxgerät noch unangeschlossen auf dem Esstisch in der Essdiele. Plötzlich fängt es an zu ticken und es erscheint ein Fax: „Löse Dein Versprechen ein!"

Alf hatte sich in Zeiten seiner Experimente als Jugendlicher an viele Dinge herangewagt, die scheinbar sehr gefährlich waren - letztendlich aus Unkenntnis heraus, mit wem oder was er sich einlässt. Er wollte ausprobieren, zu was er fähig ist und hat dabei Mächte befohlen, mit denen er in Wirklichkeit nichts zu tun haben wollte. Nun war es endlich an der Zeit, diesen Wesen zu sagen, dass er sich völlig von ihnen und ihrem Wirken distanziert! Er machte das mit einem kleinen Ritual, bei dem er gründlich räucherte und gelobte, sich mit vollem Herzen ausschließlich Gott und Gottes Schöpfung hinzugeben. Danach passierte nie mehr etwas in dieser Richtung. Kurze Zeit später lernte er dann Frater Peter kennen und den Rest kann jeder Leser den Büchern der Thalus-Reihe selber entnehmen.

Für mich ist Alf das beste Beispiel für einen Menschen, der vom Saulus zum Paulus wird. Ich war in den 24 Jahren, in denen wir zusammenlebten, immer wieder fasziniert darüber, wie gewaltig sich ein Mensch ändern kann, wenn er sich dazu aus ganzem Herzen heraus entscheidet.

Letztendlich hat er sein Leben derart verändert, dass seine Seele nach seinem Tod in der Lage war, auf einem Planeten zu inkarnieren, der in der fünften Dimension schwingt – auf Achele. Alf hat in seinen letzten Jahren gezielt daraufhin gearbeitet. Er wusste, dass er seinen Inkarnationszyklus auf der Erde abgeschlossen hatte und sich nun neu entscheiden konnte.

Alf zeigt damit letztendlich, dass alles für jeden Menschen möglich ist, wenn er es nur will. In den Thalus-Büchern wird immer wieder davon gesprochen, dass der Mensch selber es ist, der sein Umfeld und seine Inkarnationen bestimmt. Für mich hat es Alf nicht nur in seinen Gesprächen in Innererde aufgezeigt, sondern auch durch sein Handeln, seine Einstellung zum Leben und seine Gedanken bewiesen.

Ich wünsche ihm alles erdenklich Liebe in seinem neuen Inkarnationszyklus. Mögen ihn seine neuen Erkenntnisse immer weiterführen.

*

ALF JASINSKI, STADIONWEG 37B, 1077 RW AMSTERDAM

A'DAM, 03. SEPT. 1989

CHOI!

„DIE FÖRDERUNG EINER AUF MENSCHLICHEN BEZIEHUNGEN UND MENSCHLICHER GÜTE INNERHALB DER GESAMTEN MENSCHHEIT BASIERENDEN HARMONIE" – – SO EINFACH LÄßT SICH DIE AUSSAGE UND BEDEUTUNG JEDER EINZELNEN RELIGION ZUSAMMENFASSEN.
DOGMEN UND DIE GLEICHGÜLTIGKEIT GEGENÜBER MITMENSCHEN SIND DIE MITTEL, EINFACHE UND KLARE AUSSAGEN BIS INS UNBEGREIFLICHE ZU VERZERREN. DIE FOLGE DIESER TATSACHE FINDET SICH IN ALLEN SCHRIFTEN, DIE VERSUCHEN DEN MENSCHLICHEN GEIST AUF DIE EBENE DES ÜBERIRDISCHEN ZU STELLEN; OHNE ZU ERKENNEN, DAß JEDER VERSUCH STETS NUR MENSCHENWERK IST UND NIE GÖTTLICH SEIN KANN. DIE MENSCHLICHE SPRACHE UND SCHRIFT IST NICHT IN DER LAGE DAS MYSTERIUM AUSZUDRÜCKEN – DAS TIEFERE DENK- UND EMPFINDUNGSVERMÖGEN BASIERT AUF EINER EBENE, DIE NUR ERLEBT WERDEN KANN UND SICH IM LEBEN EINES MENSCHEN IN SEINER SPRACHLOSIGKEIT ZEIGT. DIE ESOTERIK IST SCHÖN UND EIN WEITERER VERSUCH, SICH IN SEINER URSPRÜNGLICHKEIT SELBST ZU FINDEN – EIN VERSUCH, DAS MYSTERIUM DES MESSIAS ZU ERFASSEN UND DIE BEGRENZUNG DES UNIVERSUM MITTELS GEIST ZU DURCHDRINGEN.

– 2 –

– 2 –

WARUM ICH DIR DAS SCHREIBE? WEIL ICH EIN MENSCH BIN UND
DIE GANZE TRAURIGKEIT DER MENSCHHEIT MITEMPFINDE!
WIR SUCHEN LAUFEND NACH DEM SINN UNSERES TUNS, WOLLEN
DIES UND JENES VERBESSERN UND DAS, WORAN WIR ZUTIEFST
GLAUBEN, VERWIRKLICHEN – SO REAGIERT NUR EIN GESCHÖPF,
DAS MIT DEN GEGEBENHEITEN UNGLÜCKLICH IST.
JE MEHR EIN MENSCH SICH MIT DEM MYSTERIUM BESCHÄFTIGT,
DESTO INTENSIVER SPÜRT UND ERKENNT ER DIE IRRTÜMER UND
MANIPULATIONEN IN DER WELT. ER WIRD VON SICH AUS BEWUßTER,
SIEHT SEINE UMWELT DEUTLICHER UND VEREINFACHT SICH IN SEINEM
TUN. ER WIRD EINES TAGES EßGEWOHNHEITEN VERÄNDERN, SICH
EINER EINFACHEREN UND SOMIT DEUTLICHEREN SPRACHE BEDIENEN
UND DARÜBER HINAUS DIE BEDEUTUNG DER WORTE IN IHREM
KERN ERFASSEN. ER FINDET SICH PLÖTZLICH DURCH DAS WIRRWARR
DER SOGENANNTEN „INTELLIGENZLITERATUR" HINDURCH – ERKENNT,
DAß VIELGEPRIESENE GENIES DER GEISTESLITERATUR UND VIELER
WISSENSCHAFTSZWEIGE NUR EINE PSEUDOKLUGHEIT ZUM AUSDRUCK
BRACHTEN (UND BRINGEN), UND BEGINN ZU VERSTEHEN, DAß DAS
MOMENTANE WELTBILD- UND GESCHEHEN VIELFACH AUF DIESEN
PSEUDOAUSSAGEN BASIERT. LETZTENDLICH WIRD MAN IN
DIESER ERKENNTNIS SEHR NACHDENKLICH, TRAURIG UND EINE
NICHT UNGERECHTFERTIGTE FURCHT WIRD ZUM STETEN BEGLEITER.
ES STELLT SICH ZUDEM EINE MENTALE EINSAMKEIT EIN – DIES
IST DER ZEITPUNKT DER ENTSCHEIDUNG. MAN KANN SICH FÜR
DAS PHILOSOPHIEREN UND DAS STUDIEREN ALLER GEISTESWISSEN-
SCHAFTEN ENTSCHEIDEN – ODER MAN KÄMPFT GEGEN DIE VEREIN-
SAMUNG AN. DAS PHILOSOPHIEREN UND STUDIEREN IST DER

–3–

– 3 –

Bequemere Weg – man entgeht der Gefahren des tatsächlichen Lebens und bleibt stehen in seiner Entwicklung. Dies ist exakt das Verhalten der Religionsoberhäupter – sie statuieren ihr Wissen als unumstößliches Gesetz, das von Gott (das Wort Gottes) für alle Menschen als verbindlich eingesetzt ist. Es ist das Gesetz des kalten Intellekts, der wesentliche Gefühle und das menschliche Leben als sündhaft und vom Satan verfolgt darstellt. Es ist nicht das ursprünglich wahre Lebensprinzip, sondern die kalte Ausübung wahnhafter Gesetze, die das Menschenleben bedrohen und die geistige Entwicklung im Keim ersticken. Unser gesamtes Denken ist voller Aberrationen, voller Angst vor Mitmenschen – wir können kaum noch natürlich lieben, weil unser Glauben durch Jahrhunderte hindurch von Wahnsinnigen mittels Schriften, Dogmen und Völkermord beinahe ruiniert wurde.

Ja – ich hätte große Lust auf eine menschlich-liebevolle und kreative Beziehung; ich wünsche sie mir viele Jahre und habe sie bis jetzt nicht gefunden.
Für einen Mann meiner „Sorte" besteht kaum Hoffnung auf eine passende Partnerin – meist wünscht „Frau" sich finanzielle Sicherheit oder (was noch häufiger ist) sie interessiert sich aus Bequemlichkeit nicht für die wesentlichen Zusammenhänge des Lebens. Frauen sind noch mehr das Opfer der „Weltherrschaft" – ich könnte heulen vor Zorn und Scham!

– 4 –

-4-

EIN MANN MEINER „SORTE" BESITZT AUßERDEM DAS BRANDMAHL DER GLEICHGÜLTIGEN DOGMATIKER. DAS HEIßT, ICH FALLE AUS DER MIR VON DER GESELLSCHAFT ZUGEWIESENEN ROLLE; WERDE VON IHR ALS SONDERLING BEZEICHNET – UND WAS NICHT DER HERKÖMMLICHEN NORM ENTSPRICHT, KANN NUR GEGEN JEDE ORDNUNG UND MORAL SEIN. DIES WURDE BESONDERS ERSICHTLICH, ALS ICH VOR EINIGEN JAHREN GEWISSE „UNSTIMMIGKEITEN" IN DER DRITT=WELTHILFE IN AFRIKA AUFZUDECKEN VERSUCHTE. ICH BEFAND MICH AUS ZUFALL IN SENEGAL AUF URLAUB BEI EINEM SENEGA=LESISCHEN FREUND, DEN ICH AUS DEUTSCHLAND KANNTE. ER ZEIGTE MIR DEPOTS VON HILFSORGANISATIONEN – ABER AUCH, WAS IN WIRK=LICHKEIT MIT DEN GÜTERN GESCHAH. IN MIR REGTE SICH ETWAS – ICH WOLLTE WISSEN, WOLLTE DIESE „SAUEREI" ALLEN BEKANNT MACHEN – BESONDERS DEN MENSCHEN, DIE DIESE GÜTER BENÖTIGTEN UND DENJENIGEN, DIE DAFÜR SPENDETEN. BEVOR ICH FOTO- UND VIELE ANDERE BEWEISMATERIALIEN VERÖFFENTLICHEN KONNTE, MUSSTE ICH VOR EIN KREMIUM. IM INTERESSE DER ÖFFENTLICHKEIT KONNTE ES NICHT VERANTWORTET WERDEN, DIESE AFFAIRE ZU PUBLIZIEREN – ANSEHEN UND DAS WOHL DER ENTWICKLUNGS=POLITIK SOWIE DEREN REDLICHEN BEMÜHUNGEN IM KAMPF GEGEN LEID UND UNRECHT IN DER WELT KÖNNE DARUNTER LEIDEN!
MEINE BEWEISMATERIALIEN VERSCHWANDEN – KURZ DARAUF LIEF ICH IN EINE „SIMPLE" BETRUGSAFFAIRE IN DESSEN VERLAUF MIR UNTER ANDEREM STARKE KRIMINELLE ENERGIE BESCHEINIGT WURDE. IN MEINER JUGENDZEIT HATTE ICH SCHON EINMAL MIT DEM GERICHT ZU TUN – FAHREN OHNE FÜHRERSCHEIN MIT VERKEHRSUNFALL (ICH FUHR DAMALS MIT VATERS AUTO IN DIE HECKEN DER

-5-

-5-

STÄDTISCHEN REALSCHULE) – UND DIES BEWEISE NUR ZU DEUTLICH MEINEN HANG ZUM GESETZESBRECHER.
SO WURDE ICH IN MÜNCHEN ZU HAFT VERURTEILT – FÜR EINE SACHE DIE IN KANADA GESCHAH UND MEIN NAME LEDIGLICH ALS „SUBUNTERNEHMER FÜR EINZÄUNUNGSARBEITEN" AUFTAUCHTE.
FÜR EINE DEUTSCH-KANADISCHE BAUFIRMA TÄTIGTE ICH DAMALS DIE EINZÄUNUNGSARBEITEN FÜR SPORT- UND FREIZEITANLAGEN.
EIN BIS DATO UNBENANNTER TEILHABER DIESER FIRMA UND ICH SOLLEN ILLEGALE BAUPREISABSPRACHEN GEHALTEN HABEN – DADURCH WÄREN FINANZAMT UND LETZTENDLICH AUCH ARBEITSKRÄFTE ERHEBLICH GESCHÄDIGT WORDEN. ZUSÄTZLICH BELASTEND FÜR MICH WAREN DIE AUSSAGEN MEINER FRAU UND ELTERN, SOWIE IHRE REAKTIONEN, WIE EINREICHUNG DER SCHEIDUNG USW. FRAU UND FAMILIE BEZEICHNETEN MICH (TEILS IM BEMÜHEN, IRGENDWIE ZU HELFEN – TEILS AUS UNKENNTNIS ÜBER EIGENPERSÖNLICHKEIT) ALS INTELLIGENT, FLEIßIG UND STETS BEMÜHT MITTELS TALENT UND EINFALLSREICHTUM DAS BESTE ZU WOLLEN; GELEGENTLICH NEIGE ICH JEDOCH DAZU, DEM SPIRITUELLEN ZUVIEL GEWICHT BEIZUMESSEN, WAS SICH IM ALLZU NACHDENKLICHEN VERHALTEN AUSDRÜCKE. VOR GERICHT BEDEUTETE DIES NATÜRLICH, DAß ICH SOGAR ZU SPIRITISTISCHEN PRAKTIKEN GREIFE, UM DUNKLE GESCHÄFTE VORANZUTREIBEN!
NACH DER HAFT BEGANN ICH NEU. DOCH DIE BEWÄHRUNGSAUFLAGEN BESTIMMTEN, DAß ICH NUN AUCH NOCH EINEN MATERIELLEN SCHADEN ZU BEGLEICHEN HÄTTE – STEUER- UND PROZEßSCHULDEN; STEUERN FÜR EIN NICHT ERFOLGTES GESCHÄFT, DENNOCH ABVERLANGT, DA ICH GESETZLICH VERURTEILT WURDE, DIESES GESCHÄFT GETÄTIGT

-6-

–6–

ZU HABEN! ZUDEM DURFTE ICH WEDER SELBSTSTÄNDIG NOCH IM „UNÜBERSICHTLICHEN" EINKOMMENSVERHÄLTNIS TÄTIG SEIN – ALSO NUR IM LOHNVERHÄLTNIS MIT VIERTELJÄHRLICHER ÜBERPRÜFUNG DURCH DAS AMTSGERICHT. SOMIT WÄREN MIR KNAPP 800,– DM ZUM LEBEN GEBLIEBEN – ALLERDINGS AUCH EIN LOB UND DAS WOHLWOLLEN DER BEWÄHRUNGSAUFSICHT!

IM APRIL GING ICH NACH HOLLAND – EIN FRÜHERER FREUND AUS DER „SENEGAL-RECHERCHE" SAGTE MIR, HIER KÖNNE ICH SINNVOLL UND FREI NEU BEGINNEN. ZUERST WOLLTE ER, DAß ICH IN DIE JOURNALISTIK GEHE – MAN BENÖTIGE MENSCHEN MIT IDEALISMUS UND MUT ZUR WAHRHEIT. DOCH GEFIEL MIR DIE METHODE DER REDAKTION UND DAS SYSTEM DER „THEMENAUSWAHL" NICHT. WIDERLICH, SENSATIONSGIERIG UND KAUM GEEIGNET WIRKLICH DIE WAHRHEIT SO ZU BRINGEN WIE SIE IST. ICH NAHM EINE ARBEIT IN DER AUTOMATISATION EINER GROßBÄCKEREI AN, LEBE ZUR UNTERMIETE UND MIR GEHT ES GUT. MEIN EINKOMMEN IST BESCHEIDEN – MEINE BEDÜRFNISSE SIND BESCHEIDEN UND ICH BEGINNE MITTLERWEILE KÄRGLICH ZU SPAREN. ES HAT WOHL BEIM ERSTEN HINSEHEN WENIG SINN – DENNOCH SPARE ICH MINIBETRÄGE, WEIL ICH MEINEM TRAUM DAMIT NÄHERKOMME. DIESER TRAUM HEIßT: PACHTEN EINES KLEINEN BAUERNHAUSES IRGENDWO IN NATÜRLICHER UMGEBUNG; SELBSTVERSORGUNG, KREATIVES ARBEITEN IM HANDWERK UND KUNST UND BEWUßTES LEBEN IN HARMONIE.

DU WEIßT NUN VIEL VON MIR. JA – ICH BIN 37 JAHRE ALT UND STERNZEICHEN SKORPION (ERSTE DEKADE), 180 cm, 75 KILO, DUNKELBLOND MIT GRAUGRÜNEN AUGEN UND VIEL MUT ZUM AUßERGEWÖHNLICHEN.

WIRST DU ANTWORTEN?

LIEBE GRÜßE – ALF

Danksagung

Seit ich mich entschied, die restlichen Tagebücher von Alf zu veröffentlichen, sind etwa fünf Jahre vergangen. In diesem Zeitraum wurde ich von vielen Menschen begleitet und unterstützt. All diesen Menschen danke ich von ganzem Herzen.

Ich danke dir, liebe Marie-Luise, dass du die Bücher lektoriert hast. Ich weiß, es war nicht immer einfach, weil Alf eine ganz spezielle Art sich auszudrücken hatte. Du kanntest ihn sehr gut und warst immer bemüht, nicht alles zu verbessern, was eigentlich nach unserem heutigen Deutsch verbessert gehört hätte. Du wolltest seiner Art zu sprechen und zu denken gerecht werden, was ich sehr begrüßt habe. Ich weiß, dass du immer einen Platz in Alfs Herzen hattest. Wenn Alf mal mit mir ein Problem hatte, hat er sich in den letzten Jahren immer an dich gewandt und du konntest es einschätzen und damit sicher auch einiges wieder ins rechte Lot rücken. Auch dafür danke ich dir! Du wirst mir immer eine gute Freundin sein.

Ich danke meiner Tochter Nina, die mit sehr viel Engagement die Bücher verschickt, so dass sie in die Hände der Leser gelangen. Liebe Nina, du bist voller Ideen, stehst mir bei und hast ein ganz großes Herz.

Ich danke meinem Sohn Simon, der mich einige Male auf meinen Vorträgen begleitete und mich dazu animierte, mit ihm gemeinsam Seminare durchzuführen, weil sich seine und meine Themen wunderbar ergänzen. Auch du, lieber Simon, standest mir bei, wenn es nötig war und wirst es weiterhin tun.

Ich danke allen, die für mich Vorträge organisiert haben, weil sie ebenfalls daran interessiert waren, dass die Inhalte der Bücher immer mehr Menschen erreichen. Sie waren mit viel Herz und Liebe dabei.

Ich danke all den Menschen, die mir Briefe schrieben. Ich habe mich über jeden einzelnen Brief gefreut, doch leider war ich nicht immer in der Lage, sie alle zu beantworten. Einen Brief mag ich auch nur als handgeschriebenen Brief beantworten und das schaffte ich nicht immer. Ich möchte all jene, die ich dadurch vielleicht enttäuschte, um Vergebung bitten – es war keine Absicht, ich hätte dafür nur wesentlich mehr Zeit gebraucht.
Ich danke allen, die mir E-Mails und andere persönliche Nachrichten schrieben. Aus vielen ging hervor, dass die Thalus-Bücher in ihren Herzen sehr viel bewirkten. Das gab mir stets Kraft, weiterzumachen. Ich habe, soweit es mir möglich war, alle beantwortet. Manchmal, wenn ich dagegen auf den Stapel handgeschriebener Briefe sah, kam in mir eine Wehmut auf, weil ich im Bereich der Leserbriefe gegen meine Werte handelte. Weil eine E-Mail wesentlich schneller beantwortet werden konnte, standen Briefe, die ja viel persönlicher sind, gegenüber den E-Mails meist zurück.

Ich danke Jo Conrad, Michael Vogt, Bruno Würtenberger und allen anderen, die alternative Medien betreiben und die mit mir Interviews machten. Auch sie trugen viel dazu bei, dass der Inhalt der Thalus-Bücher bekannter wurde. Mir persönlich kam es niemals auf die Faszination Innererde an, sondern viel mehr darauf, dass wir Menschen erkennen, warum die Erde derzeit so ist, wie sie ist und wie wir das ändern können. Ich wünsche mir eine Erde, auf der jeder Mensch nach seinen persönlichen Sichtweisen und Vorstellungen mit der Natur und in der Natur lebt.

Ich danke allen Menschen aus Innererde, die mir telepathisch weiterhalfen, wenn ich mich an Dinge nicht mehr erinnerte, die Alf in seinen Tagebüchern nur angedeutet hatte. Ohne die vielen Menschen in Innererde, die unermüdlich tätig sind, um allen Kontaktlern – egal, ob die Kontakte physischer oder telepathischer Natur sind –

ihr Wissen und ihre Erfahrung weiterzugeben, wären diese Bücher niemals entstanden.

Zuletzt danke ich noch Alf, der voller Fragen war, Antworten suchte und auch fand und diese in seinen Tagebüchern festhielt. Du hast mich unendlich gefordert, lieber Alf, mich damit jedoch auch um Äonen weitergebracht. Die Gespräche mit dir haben mich in Bereiche katapultiert, die ich niemals für möglich gehalten hätte. Trotz oder auch wegen deiner Ecken und Kanten, warst du ein wunderbarer Mensch. Ich wünsche dir für dein neues Leben auf Achele alles erdenklich Liebe! Du bist bei dir angekommen und viele Menschen werden das auch, woran deine Tagebücher ihren Anteil haben.

*

Wichtigste Kontakte

Nasmakrai Tha Husra (Nasmakrai vom Clan der Husra)

Ein Anderweltler reptiloider Spezifikation (sie selber sprechen von sich als von Dracos). Sie kommen von einem Planeten, den sie selbst als *Occhaichitan* bezeichnen und Alf nannte sie der Einfachheit halber *Ohai*s. Physiognomisch ähneln sie ein wenig dem Menschen – aber man sieht, dass sie eine andere Spezies sind. Sie sind dunkelhäutig, größer als wir und wirken sehr kräftig. Sie haben sehr eindringliche Augen (Nasmakrais Augen sind rötlich). Wenn sie auf unsere Oberfläche kommen, dann halten sie eine physiognomische Suggestion aufrecht, die sie als Erdenmenschen aussehen lässt (Mimikri). Sie wählen stets eine Physiognomie der Spärlichkeit, wie sie sich ausdrücken – also eine sehr unauffällige Erscheinung, damit sie nicht weiter beachtet werden. Ihr reptiloides Genom überwiegt das humanoide. Seine Spezies ist hybridal-biologisch und dazu fähig, sich innerhalb von etwa 2-3 Jahren irdischer Zeitrechnung biologisch-hormonell von einem Geschlecht zu einem anderen zu verändern. Somit ist gewährleistet, dass sich jedes Geschlecht wenigstens einmal als das Empfängnis- und Gebärgeschlecht orientieren kann. Das weibliche Geschlecht entwickelt in seinem Wandel- und Schwangerschaftszyklus außergewöhnliche Fähigkeiten diplomatischer und weiser Beratungstätigkeiten. So sind die weiblichen »Sinne« in diesen Zyklen ausgeprägter und hellsichtiger. Alle Entscheidungen ihrer Völkerschaften entstehen unter diesen Gesichtspunkten und sie bilden auch einen Bestandteil des kleinen Rates der Speziesgemeinschaften im dritten Sektor unserer Milchstraße. Sozial- und Politwesen auf ihrem Planeten entsprechen der rotierenden Clan-Autokratie auf Zeit. Es gibt neben der Familienkonstitution, auch eine Clanformierung. Jeder Planet teilt sich in bis zu 7.000 Clans auf, die im Quartalswechsel (etwa 17 Erdentage) sich die Planetenführung (was Beraten bedeutet) aufteilen. Somit ist eine Machtstreitigkeit fast unmöglich. Diese Spezies agiert seit etwa 350.000 Erdenjahren auch auf unserem Planeten.

Mordechai Tha Tonai (Mordechai vom Clan der Tonai)

Eine Artgenossin Nasmakrais, mit der Alf recht oft gesprochen hat. Sie ist die Frau von Nasmakrai Tha Husra.

Ulluer

Ein humanoider Vril (was bei ihnen Mensch bedeutet). Sie sind wie wir Homo sapiens und kommen vom Planeten Achele. Physiognomisch sind sie identisch mit uns, jedoch in ihrer Statur etwas feingliedriger. Ulluer (sprich Üllür) ähnelt in verblüffender Weise physiognomisch dem irdischen Popstar David Bowie.

Diese Spezies lebt in Symbiose mit ihren jeweiligen Planetengegebenheiten und sie besitzt eine wedische Familiensitzsoziologie und Politik. Sie kennt keine Städte und die größten Häuseransammlungen übersteigen nie ein Dutzend. Meist leben sie auf Landsitzen in Selbstversorgung und einer Technik, die wir bisher nur mit »unverständlich magisch« bezeichnen können, da uns dafür das Begriffsvermögen fehlt. Annähernd lässt sie sich quantenphysikalisch in einer Nullpunktenergetik beschreiben – doch das wäre zu vage. Wir haben vor langer Zeit einmal selbst so gelebt!

Im Grunde handelt es sich nicht um nur eine Spezies, sondern um eine Speziesvielfalt humanoider Natur, die sich im Verlaufe der Zeiten zusammen gefunden hat und eine identische Mentalität wie wir besitzt. Sie frequentieren die Erde, mit Unterbrechungen, seit nicht mehr eindeutig feststellbaren Zeiten. Ulluer war Alfs erster Kontakt und war bis zum Schluss für ihn eine Art Mentor in Sachen kosmischen Humors und Intelligenz. Ulluer lebt auf und innerhalb der Erde als Botschafter aller bekannten humanoiden Spezies und ist einer der außerirdischen Kontaktpersonen, die immer wieder bei unseren Regierungen vorsprechen. Gelegentlich vermittelt er zwischen rivalisierenden Asurafürsten. Er führte Alf in die Asura-Thematik ein, so dass er recht genaue Kenntnisse über unsere irdischen Verschleierungen erhielt.

Mara

Mara ist Ulluers Lebensgefährtin und androgyne Entsprechung. Eine feingliedrige Frau der Spezies Vril. Sie lebt in zweiter Inkarnation nun auf Achele, stammt aber ursprünglich von der Erde. Mara hat blaugraue, leicht schräggelagerte Augen und eine brünette Kurzhaarfrisur. Sie wirkt so, wie man sich elfenhafte Menschen im Allgemeinen vorstellt. Mara ist Geisteswissenschaftlerin. Sie agiert vielfach auf der Erde als psychologisch-kinesiologische Ausbilderin.

Magath

Magath ist ebenfalls ein Vril von Achele. Er hat die Funktion eines wissenschaftlichen Beraters und Exobiologen und ist vielfach zuständig, wissenschaftliche Anfragen von Kontaklern sachlich und ganzheitlich zu beantworten. Er hat einen trockenen Humor und eine eher bissig-freundliche Einstellung gegenüber unserer Spezies.

Aristide

Aristide, ein Vril-Acheler, mit dem Alf anfangs nur am Rande zu tun hatte, nahm sich seiner nun immer wieder einmal intensiver an. Aristide gehört zu jenen, die die Acheler als Androgyns bezeichnen. Ein Androgyn ist ein Mensch, bei dem alle Energien im Gleichgewicht sind – auf der geistseelischen Ebene auch die männliche und weibliche Energie. Körperlich-materiell sind und reagieren sie jedoch entweder klar männlich, oder klar weiblich. Es geht hier also ausschließlich darum, auf der geistseelischen Ebene den anderen Pol zu leben. Das bedeutet, dass auch ihre beiden Gehirnhälften im absoluten Gleichgewicht sind und beide Seiten stets gleichsam genutzt werden. Es gibt beim Denken kein entweder/oder mehr.

Harkon

Harkon ist ein Vril vom Planeten Hilam. Die Hilamiri (wie sie sich bezeichnen) haben ihren Planeten erst vor etwa 300 Jahren von einem dunklen Kollektiv befreit und sind dabei, ihren Planeten nun wieder wedisch zu gestalten. Harkon ist auf die Erde gekommen, um hier geschichtlichen Anschauungsunterricht zu nehmen. Er lebt (zumindest zu den Zeiten, wo er mit Alf Kontakt hatte) bewusst auf der Oberfläche der Erde, in einer Großstadt und in einem Hochhaus, um diese Bedingungen zu studieren. Zudem hat er als Ingenieur für einen Großbetrieb in dieser Stadt gearbeitet, bis man ihm drohte, ihm zu kündigen, weil er sich nicht den Zeitvorgaben des Betriebs unterwerfen wollte.

Starsa

Eigentlich heißt er Sshtarssha: Ein reptiloider Erdenmensch, fälschlicherweise von unseren Anthropologen als Neandertaler deklariert. Lebt mit seiner Spezies seit Jahrtausenden in Innererde und besucht gelegentlich die Oberfläche. Seine Physiognomie ähnelt ein wenig der der Ohai, er ist jedoch ein ausgeprägter Reptiloider. Die Reptos in Innererde haben eine gedrungene, aber sehr kräftige Gestalt. Müssten Homo sapiens gegen die irdischen Reptos kämpfen, hätten sie normalerweise recht wenig Chancen auf einen Sieg. Die innerirdischen Reptos reagieren empfindlich auf Kälte, wobei das bei Starsa besonders ausgeprägt ist. Die innerirdischen Reptos sind die ältere Erdenspezies, die lange vor uns Homo sapiens existiert hat. Viele der innerirdischen Reptos können mit dem Gedanken einer *Renaturierung* neben uns Homo sapiens auf der Oberfläche noch nicht warm werden. Zu stark sei noch die *genetische* Erinnerung der Kriege zwischen uns, nachdem die Asuras uns aufeinandergehetzt hatten. Starsas Prämisse dazu: »Werdet da oben endlich erwachsen, dann reden wir weiter!«

Ahan

Ahan ist ein Vertreter einer uralten Spezies. Sie sind recht klein – etwa 1,40 bis 1,60 m – haben eine weißgraue Haut und ebensolche Haare und weiße Augen mit Längspupille. Die Voltrain sind feingliedrig, aber enorm zäh. Sie werden bei uns oft fälschlicherweise als die Nephilim bezeichnet. Einer ihrer Vorfahren hat es jedoch in unsere Sagenwelt geschafft: Der sagenhafte Hirtengott Pan war ein Voltrain. Sie selbst sehen sich als galaktische Archivare. Die Voltrain sind mental und energetisch sehr mächtig. Aus diesem Grunde haben sich die Asuras an ihnen bisher die Zähne ausgebissen. Alle dunklen Spezies haben einen riesigen Respekt vor den Voltrains und lassen sie

zufrieden.
Auf Voltrainplaneten herrscht ein höherer Druck als bei uns, deshalb können sie sich auf unserem Planeten nur im Druckanzug aufhalten und das auch nur bedingt. Die Innerirdischen haben für die Abgeordneten der Voltrain ein kleines Gebiet geschaffen, wo sie entsprechend höhere Druckverhältnisse aufgebaut haben.

Seraphim - oder Saraphinen

Eine wandelbare Spezies des Anscheins. Sie sind energetischer Natur, können sich jedoch den Anschein der Körperlichkeit geben. Sie leben und existieren auf für uns unbewohnbare Welten in einer feinstofflichen Form. Seraphim sind jene Wesenheiten, die in den alten Heiligen Schriften vielfach fälschlich als Begleitwesen Gottes bezeichnet werden. Sie haben unterschiedliche Aufgaben. Zum Beispiel kommen sie immer dann in eine Anwesenheit, wenn sich eine Raumspezies zu Göttern über eine Planetenspezies erheben möchte - mehr als Warnung für diese asurischen Götter aus eigenen Gnaden! Außerdem gelten sie als Feuerwesen und kreieren nach Besiedelung eines Planeten durch Menschen, gemeinsam mit ihnen, die innerirdische Sonne. Saraphinen erklären eindeutig, keine *Erzengel* zu sein, wie es oft behauptet wird. Ebenso wenig stünden sie diesen undefinierbaren Wesenheiten bewusst nahe. Auch sie wissen nicht alles. Doch sie sind mächtig und behaupten, es gebe eine unendliche Gegenwart, die überblickbar und dennoch nicht abzusehen sei.

Asuras

Als Asuras bezeichnete man in den vedischen Schriften die Gegenspieler der *Suras,* wobei *Sura* als Engel missverstanden wurde. Suras waren lichte Spezies, die uns besuchten. Die Innerirdischen benutzen die Bezeichnung Asuras für alle Kollektivspezies. Dabei handelt es sich um alte und auch jüngere Raumvölker unterschiedlicher Spezifikationen, die sich kollektiv zusammengefunden haben, um das ihnen bekannte Universum zu vereinnahmen – egal, ob lichter oder dunkler Natur. Gemeinsames Merkmal aller ist das Kollektiv. Sie haben eine straffe Kollektivsoziologie und Imperiums-Philosophie. Sowohl Krieger- als auch Fürstenkasten bestimmen diese Spezieszusammenballung, die in der Regel pyramidaler Struktur ist.

Die lichten Asuras haben meist einen König oder eine Königin, der zugleich Gottkönig und mit seinem obersten Gott *blutsverwandt* ist, so dass er/sie als unantastbares Kind seines/ihres Gottes das jeweilige Kollektiv bestimmt. Ihre Schöpfungslegende gleicht unserer Luzifer-Legende aufs Haar, wobei sie darüber keinen Gott der Ganzheit mehr sehen. Ihre pyramidale Struktur wird von Priesterschaften aufrecht gehalten. Die dunklen Kollektive haben ebenfalls eine, durch Könige und Fürsten aufgebaute Spitze, die einer straffen militärischen Machtstruktur vorstehen, um die unterschiedlichen Rassen aller Schattierungen beherrschen zu können.

Einige dieser Asurafürsten, sowohl lichter als auch dunkler Natur, pflegen seit Jahrtausenden mit irdischen Menschen enge Kontakte. Die Dunklen sorgen konstant dafür, dass die Menschheit über eine straffe Technisierung und mittels chemischer Prozesse in eine Kollektivierung geführt werden kann. Eine dieser Spezies zeichnet sich besonders verantwortlich für kriegerische Auseinandersetzungen unter uns Erdenvölkern und sie ist immer da anwesend, wo parlamentarische Kriegsentscheidungen getroffen werden. Ihr Auftreten ist stets verbunden mit einer schwarz-uniformen Kleidung mit Goldlitzen am Stehkragen und Auszeichnungen die offen zur Schau gestellt werden (das haben unsere Militärs übernommen). Insgesamt herrscht jedoch unter den genannten Fürsten eine starke Konkurrenz und Eifersucht bestimmt ihre Entscheidungen, die oftmals schon zu Misserfolgen führten. Eine tatsächliche Einigkeit lässt sich unter diesen Kollektivspezies nicht wirklich erreichen, so

dass wir Erdenmenschen hier eine gute Ausgangsbasis für deren Überwindung finden.
In unseren irdischen Chroniken tauchen die lichten Kollektive erstmals auf, als sie in Ägypten die Gottkönige installierten, die später von den ursprünglichen Erdenmenschen nachgeahmt wurden.
Die dunklen Kollektive tauchten vor über 5.500 Jahren auf, wo sie die assyrische Kultur installierten (daher stammt auch die Bezeichnung Asura). Die Anderweltler sprechen allerdings davon, dass sie schon viel länger ihre irdischen Beeinflussungen pflegen. Die assyrische Kultur ist nur die erste Manifestation der Existenz der Asuras auf der Erde für uns Erdenmenschen. Das Wissen und die Auseinandersetzungen haben sich jedoch in den letzten Jahrtausenden kontinuierlich reduziert. Wenn wir jedoch damit beginnen, alles, was es an Sagen und Legenden in unseren Annalen zu finden gibt, einmal genauer zu betrachten, dann können wir selbst aus den kleinsten Wortfetzen eine ursprüngliche Codierung und Nachricht erkennen, die das Gesamte wieder hervorhebt. Je mehr man uns Menschen das Wissen um die asurischen Spezies *abgewöhnt* hat, desto sicherer ist es dennoch aufgehoben in unseren Urerinnerungen und Wortassoziationen, die sich weltweit verstreut in Unmengen von Schriften, Chiffren und Symbolen finden. Manche Sprachen und Schriften wurden extra geschaffen, um das Urwissen nicht zu verlieren. In der urchristlichen Symbologie finden sich Unmengen von Hinweisen, die sich durch viele sakrale Bauten, deren Pläne und Figurationen finden lassen.
Das asurische Imperium ist zwar mächtig, aber ohnmächtig gegen den freien Willen eines Individuums! Bricht man jedoch das Individuelle in einem Menschen ein, so ist er kollektiv zu fassen und diesem Kollektiv einzugliedern. Wer immer einmal in einem solchen Kollektiv ein Leben absolviert hat, wird bestätigen, in welcher Hölle solche Menschenwesen existieren.

Die kleinen Grauen
sind eine Hilfsspezies der Asuras. Sie sind geklonte Hybriden, und Vermittler zwischen der asurischen und menschlichen Spezies. Sie sind meist Erstkontaktwesenheiten, ohne eine eigenständige Meinung und sie sind Nutznießer asurischer Techniken. Die asurisch zugehörigen Grauen sind vielfach verantwortlich für Entführungen und biologische Experimente an Erdenmenschen. Sie werden auch als Ablenkungsspezies eingesetzt, um von den bereits seit langen Zeiten hier anwesenden Asurafürsten und Kriegern abzulenken. Über die kleinen Grauen gibt es hinreichende Literatur; wenngleich vielfach zu einseitig interpretiert, ist sie insgesamt jedoch zutreffend.

Die großen Grauen

Hier handelt es sich um eine ähnliche Spezies, die jedoch natürlich entstanden und nicht geklont ist. Die großen Grauen halten sich aus unseren irdischen Spielereien heraus und fungieren meist eher als Beobachter.

*

Das GartenWEden Magazin - Seit Januar 2009 werbefrei

Träume verändern die Zukunft ...

Alle Menschen träumen von einer paradiesischen Zukunft - und das zurecht. Das Paradies ist in jedem Menschen enthalten und wenn wir beginnen die Bilder von einer heilen, paradiesischen Welt zu träumen und diese Träume jeder für sich im Kleinen umsetzt, dann verändern wir die Welt.

Direktbestellung: www.gartenweden.de

Das GartenWEden-Rezeptbuch

Es enthält viele liebevoll selbst entwickelte und erprobte vegetarische/ vegane/rohköstliche Rezepte.
Eine ganz, ganz feine Geschenkidee mit Herz und Niveau.

ohne ISBN
19,80€

GartenWEden Wildpflanzen und Wildkräuterportraits

Eine Sammlung von 33 Wildpflanzen und Wildkräuterporträts – eben jenen, die sehr bekannt sind oder auch zum Bereiten von Gerichten geeignet sind.

ohne ISBN
19,80€

Direktbestellung: www.gartenweden.de

Thalus von Athos

Buch 1

»Die Offenbarung«

396 Seiten

ISBN 978-3-946504-00-9

19,80€

Alf Jasinski, selbst jahrelanges Mitglied des M.O.H.L.A.-Ordens (Mystischer Orden Hermetischer Lehren Atons - aufgelöst am 21.03.2006), wurde beauftragt, das Wissen des Ordens der Öffentlichkeit zugänglich zu machen.

Unter Zuhilfenahme der Tagebuchaufzeichnungen seines Freundes Frater Thalus von Athos klärt der Autor über irdische, innerirdische und außerirdische Zusammenhänge auf. Nicht Spekulationen, sondern Erfahrungsberichte sind Grundlage seiner Werke. Soziale, wirtschaftliche und politische Missstände werden auf verständliche und spritzige Weise erklärt.

Mysterien, wie Religionen, menschliche Evolution, außerirdische Einflussnahmen, der Mythos Innererde und konträre Ordensinhalte werden aufgeschlüsselt.

Thalus von Athos

Buch 2

»Das Portal«

404 Seiten

ISBN 978-3-946504-04-7

19,80€

Wesentlich in Buch 1 »Die Offenbarung« war es für mich, als Frater Thalus von Athos vorrangig meine eigenen Erlebnisse und die sich daraus ergießenden Erkenntnisse zu schildern, im Sinne einer Offenbarung.

Im vorliegenden Buch »Das Portal« übermittle ich die Sicht- und Denkweisen von unseren kosmischen Geschwistern und von Ordensleuten, deren Sicht des Lebens sich von unserer nur insofern wesentlich unterscheidet, indem sie Leben als nichts Abgesondertes betrachten.
Sie weihten auch mich ein in viele Zusammenhänge. Wir erhalten Einblick in die Philosophien von Anderweltlern und Lichtwesen, die sich seit undenklichen Zeiten mit unserer irdischen Menschheit befassen und wissen, was menschliches Leben bedeutet und wohin es führen wird.
Hier geht es nicht mehr alleine nur um meine Erkenntnisse, sondern um die Erkenntnisse vieler kosmischer und irdischer Menschenwesen, deren geistige Überlegenheit uns Erdenmenschen in mancher Hinsicht die Augen öffnen könnte. Ihre Überlegenheit ist keine Überheblichkeit, sondern die logische Konsequenz von Spezies, die älter sind und länger durchs Universum reisen als wir Erdenmenschen in unserer heutigen Form bestehen!

Thalus von Athos

Buch 3

»Kreuzfeldplanet«

360 Seiten

ISBN 978-3-946504-06-1

19,80€

Das Thema außerirdische Einflussnahmen beleuchtet Alf in Buch 3 mit Hilfe der Innerirdischen bis hin zu seinen Anfängen. Warum kam es überhaupt dazu und wie kommen wir da wieder heraus? Wie kommen wir vom Kreuzfeldplaneten wieder zum wedischen Planeten? Was hat es mit den genetischen Veränderungen der Menschheit auf sich? Haben Außerirdische tatsächlich mit Spritzen oder Ähnlichem unsere Genetik manipuliert?

Energien, wie die luziferische oder die satanische werden einmal völlig wertneutral betrachtet, ohne sie zu trennen und was dabei herauskommt ist erstaunlich. Antworten auf die Frage, wie wir uns den Dunklen entziehen können spielen nun in den Gesprächen eine immer größere Rolle. Und, was besonders wichtig ist: Die Erkenntnis, dass wir niemandem hilflos ausgeliefert sind.
Wir sind eine Spezies, die den Dunklen völlig überlegen ist, wenn wir uns wieder auf all unsere Fähigkeiten besinnen! Wir sind die irdischen Meister des Spirituellen und wirklicher Hochkulturen und niemals barbarisch oder primitiv gewesen. Unser einziger Fehler lag darin, uns genau das einreden zu lassen!
Niemand ist größer oder mächtiger innerhalb der Schöpfung als der Mensch – nur manche eben umfassender im Aktionsradius. Grundsätzlich dienen wir alle gemeinsam mit den Seraphim und den Engeln der einen Idee: dem Menschsein auf allen nur erdenklichen Feldebenen.

Thalus von Athos

Buch 4

»Kosmischer Mensch«

360 Seiten

ISBN 978-3-946504-07-8

19,80€

In diesem Buch geht es in erster Linie um das Wunder Mensch. Wo beginnt und endet die Wesenheit Mensch? Was ist die wahre Spezies Mensch? Worin zeichnet sich ein kosmischer Mensch aus?

Unsere Urblockade, auf der alle anderen Blockaden aufbauen, lässt sich lösen, wenn wir an unsere Wurzel und Krone gehen. Die Wurzel steht für unser Stammhirn und die Krone ist der Teil der Gehirnrinde, wo sich die Drüsenfunktionen von Zirbeldrüse, Hirnanhangdrüse und Hypothalamus befinden, deren Drüsenfunktionen die Verbindungskapillaren zu unserer Seele und unserem Geist sind.

Das persönliche Ich Bin wird zum planetaren Ich Bin, wenn ein einzelner Mensch alle planetaren Geistseeleninhalte in sich vereinigt hat.

Es sind immer die kleinen Schritte, die eine Spezies weiterbringen. So werden unsere Kinder neue Erkenntnisse zeitigen und sie in die irdische Gemeinschaft sowie in die Gemeinschaft mit anderen Spezies einfließen lassen. Niemand weiß, was unsere Kinder einmal werden. Doch auf jeden Fall werden sie etwas Besonderes – egal, auf welcher Welt sie heranreifen und wie sie physiognomisch oder mental aussehen. Letztendlich fließen wir allgemein dem Göttlich-Lichten zu.

Thalus von Athos

Buch 5

»Befreiung«

360 Seiten

ISBN 978-3-946504-08-5

19,80€

Was ist Zeit wirklich?

Das Thema Zeit und Raum nimmt in diesem Buch einen größeren Raum ein.
Wir sind die Helden der Zeit, die Vorreiter, die den Menschen lehren, wie sie wieder zu Schöpfern werden.

Wie findet interstellares Reisen statt?

Ist Jesus am Kreuz gestorben? Was ist der Gral Christi? Was hat es mit den biblischen 144.000 Gerechten auf sich?

Woher stammen die unterschiedlichen Blutgruppen auf der Erde?

Diese und viele andere spannende Themen werden in diesem Buch beantwortet.

Thalus von Athos

Buch 6

»Entfaltung«

360 Seiten

ISBN 978-3-946504-11-5

19,80€

Als Alf dieses Tagebuch schrieb, war für uns eine sehr schwere Zeit. Alfs erstes Buch »Offenbarung« bekam Aufmerksamkeit von asurischer Seite und wir spürten die Auswirkungen davon in starkem Maße.

Ein Hauptthema der Einfahrten war deshalb, wie wir damit umgehen können, ohne aus unserer Mitte zu kommen. Dieser Themenbereich ist, obwohl sehr persönlicher Natur, sicher für viele Menschen eine Hilfe.

Wer will wissen, was Orbs sind? Die Antworten dazu sind spannend.

Ein Kapitel des Buches lautet: »Genussfähigkeit und Liebe sind Geschwister Gottes« und Lebenslust zieht sich wie ein Faden durch das gesamte Buch.

Harkon, ein Vril, sagt dazu: »Es genügt zu erkennen, ein geistseelisches Menschenwesen in einem physischen Körper zu sein, um das Physische im All in all seinen Spektralmomenten auskosten zu dürfen.«

Thalus von Athos

Buch 7

»Wandel«

356 Seiten

ISBN 978-3-946504-13-9

19,80€

Alles ist im Wandel - wir wandeln uns und die Erde wandelt sich.

Viele Menschen sprechen von einem Aufstieg in die fünfte Dimension.

Doch was bedeutet das überhaupt? Wie geht so etwas vor sich?
Macht es etwa Plopp und alles ist anders?
Was bedeutet eine »Wedische Welt«?

Diese und andere Fragen werden in diesem Buch in den Gesprächen mit Innererde behandelt.

Der Mensch ist ein Gigant in göttlicher Natürlichkeit und die Natur gibt uns dazu die Antworten auf allen Ebenen. Wir dürfen sie anfordern – einfach so! Das gesamte physische Leben ist eine Metapher Gottes, der wir alles entnehmen können wonach uns ist. Und von dem Augenblick an, wo das Ich-Bin mit dem Urvertrauen eins ist, beginnt ein Wir im Du und im Ich-sein zu wachsen. In all dem liegt die Eintrittskarte für eine gewandelte Erde innerhalb der 5. Dimension.

Thalus von Athos

Buch 8

»Seelenentscheidung«

372 Seiten

ISBN 978-3-946504-15-3

19,80€

Das Denken des Verstandes ist nur ein minimaler Teil eines insgesamt individuell freien Denkens durch alle Zellen. Das freie Denken gewährt uns die Symphonien des Universums, den Gesang der Schöpferwesen und des Urgrundes aller Schwingungen. Das ist der musische Tanz des Geistes, der in uns Menschen den göttlichen Genius erweckt und leitet.

Seelenwege sind so individuell wie die Menschen, wobei nichts vor einer Inkarnation verabredet wird. Jede unbewusste Inkarnation geschieht durch Programmierungen, die wir uns im Jetzt setzen! Jeder Mensch ist ein individuelles Unikat und kann nicht innerhalb einer vorgegebenen Norm auf seinem Seelenweg gestoßen werden.

Manche aus den geistigen Welten schmunzeln darüber, dass wir sie für nichtphysisch erachten. Stellt euch vor, da gibt euch jemand einen Geistesblitz, der euch persönlich weiterbringt und er erhält die Impulsmeldung zurück, dass ihr ihn für ein höheres Wesen haltet. Telepathie läuft stets von physischem Wesen zu physischem Wesen!

Der Wede lehnt eine Begrenzung ab, weil er innerhalb seiner dynamischen Grenzenlosigkeit im Universum die Macht und das Glanzlicht Maters (Gottes) darstellt, vor dem selbst die Saraphinen sich verneigen.

Wir sind zu zwei Dritteln geistseelisch und nur zu einem Drittel Grobstofflichkeit. Die Fürsten der Dunkelgesichtigen haben uns auf unser letztes Drittel konzentriert, wobei sie uns über Satan aus dem Feinstofflichen heraus manipulieren. Würden wir wieder zu zwei Dritteln an Macht gewinnen, indem wir uns unserer feinstofflichen und geistigen Fähigkeiten besännen, wären alle Asurischen völlig machtlos und selbst Ahriman könnte uns nicht anrühren!
Bewusste Menschen stehen mittels ihres Unterbewusstseins in ständiger Kommunikation mit ihrem feinstofflichen Umfeld, egal, ob es Naturwesenheiten sind, Elementarwesen oder auch Elementale. So ist es ihnen möglich, mit Fauna und Flora zu sprechen, sich mit Devas auszutauschen und diesen feinstofflichen Welten auch ihre Vorstellungen und Wünsche mitzuteilen. Die feinstofflichen Ebenen bekommen so von den Menschen ihre mentale Aufmerksamkeit und die Menschen erhalten von ihnen die Früchte ihres Tuns. Wir dürfen niemals die Auswirkungen, die wir auf die feinstofflichen und geistigen Felder haben, unterschätzen!
Im Grunde ist es ein Segen, dass alle Unterdrücker keine Ahnung davon haben, was man mit Naturwesen gemeinsam schafft und mit welchen Mitteln diese die Menschen unterstützen, wenn ihr Ansinnen lauter ist.

Mutter Erde steht hinter uns!

Alfs Engelbuch

»Protokolle der Menschen
über die Engel«

Kommentierte Kurzgeschichten

ISBN 978-3-946504-09-2

24,80€

Protokolle der Menschen über die Engel

Glauben Sie an Engel oder sind Sie schonmal einem begegnet?
Sind Engel Boten Gottes oder eine nicht-irdische positive Energie?
Tragen sie strahlend weiße Gewänder mit Flügeln verziert?
Oder wandeln sie unerkannt unter uns?

Alf Jasinski sammelte Aussagen von Menschen mit den verschiedensten Hintergründen über das Faszinosum »Engel«, die in diesem Büchlein zum Nachdenken und Hinterfragen, Hinschauen und Hinspüren, Träumen und Sinnieren anregen.

Fester Einband
Fadenheftung mit Lesebändchen
42 Engelskizzen
260 Seiten

Amalia

»Die letzten Schritte sind Flügelschläge«

»Jedes schwerkranke Kind stellt mit seinem Sein die göttlichste aller Fragen: die Frage der Liebe!«

ISBN 978-3-946504-10-8

24,80€

Dieses Buch erzählt die Geschichte von Amalia, einem Kind, das sensibel, fröhlich, immer zuerst an andere denkend die Welt mit ihrer Freude und Weisheit beschenkt. Mit gerademal acht Jahren muss sie ihren „Heimweg" antreten:

Sie hat einen tödlichen Tumor im Gehirn. Ihre Mutter Katja begleitet sie auf diesem Weg unter den größten seelischen Schmerzen, doch mit Hoffnung, Einfühlungsvermögen, Mut, Kampfesgeist und – Liebe! Dabei erlebt sie, wie unser Gesundheitssystem, das zur Heilung dienen sollte, selbst erkrankt ist und wie die Ärzte und ihre Mitarbeiter in der wahren Ausübung ihres Berufes behindert werden. Dennoch vermag Katja es, den Weg zum Loslassen für Amalia so würdevoll und geschützt wie möglich zu bereiten und erfährt dadurch das Wunder des in unserer Gesellschaft tabuisierten, „totgeschwiegenen" Aktes des Sterbens. Durch alles Erlebte hindurch schimmern die unendliche Liebe und Kraft der Seele des Mädchens Amalia. Ihre Botschaft leuchtet in den Herzen derer, die ein Stück weit auf ihre Geschichte zugehen können.

Fester Einband
Fadenheftung mit Lesebändchen
232 Seiten

Affentheater

»Der ganz normale Wahnsinn«

»Geschichten mit viel Humor und Tiefgang!«

ISBN 978-3-946504-14-6

16,80€

Wahnsinn treibt viele Blüten – wir erleben sie täglich und die beste Möglichkeit ist jene, diesen Wahnsinn einfach nicht mehr so tierisch ernst zu nehmen. In diesem Buch wird nichts wirklich ernst genommen, obwohl alle Geschichten zum Denken anregen. Nichts ist einfach oberflächlich.

Unsere verrückte Gesellschaft fordert ein wahnsinniges Verhalten regelrecht heraus. Nur wer selber weiterdenkt, erkennt all die Fallstricke, die uns völlig irrwitzige Dinge sagen und tun lassen. Das Wort irrwitzig enthält lustigerweise schon den Witz. Und der wird in diesem „Affentheater" großgeschrieben. Die Wirklichkeit ist – auch wenn manches etwas überzogen ist – nicht allzu weit davon entfernt.

Vergessen Sie ihren Alltag, der sicherlich vergleichbaren Irrwitz besitzt, lachen Sie stattdessen über diese verrückte Welt und entdecken Sie, wie die Autoren den ganz normalen Wahnsinn bewusst überziehen.

Fester Einband
Fadenheftung mit Lesebändchen
240 Seiten

Jörg Lehmann: Kunst ist ein Lebensmittel.

Das, was wir sehen und wahrnehmen, bestimmt wesentlich, was wir fühlen, denken und tun, bestimmt positiv wie negativ unser Leben. Früher, als Journalist und etwas später als Verlagsleiter, nutzte ich diese Erkenntnis, um Leser zum Kauf zu animieren. Mit meinem Ausstieg aus der Medienbranche Ende 2013 habe ich mir die Frage gestellt: Was wäre, wenn ich Bilder so gestalten würde, dass sie Menschen genau die Eindrücke geben, damit sie ihre großartigen Projekte verwirklichen, sich zum Wohl für ihr Umfeld weiterentwickeln, damit sie aufblühen? Das war die Geburtsstunde von Motivation Art, aus dem sich jetzt als ganz spezieller Zweig das entwickelt hat, was ich Personal Art nenne: persönliche Kunst für Menschen mit Unternehmergeist.
Zu diesem Kunst-Ansatz gesellt sich seit 2016 eine neue, aus Russland stammende Methode, mit der sich beliebige Lebensthemen grafisch bearbeiten und lösen lassen: die Neurographik. Für mich und für viele Menschen ein absoluter Glücksfall! Als erster im deutschsprachigen Raum darf ich diese Transformationsmethode lehren, was ich hauptsächlich in Online-Kursen tue. Die meisten Menschen haben im Kopf, dass sie nicht zeichnen können und sie ahnen gar nicht, welche Macht, welches Potenzial sie dadurch ungenutzt lassen…

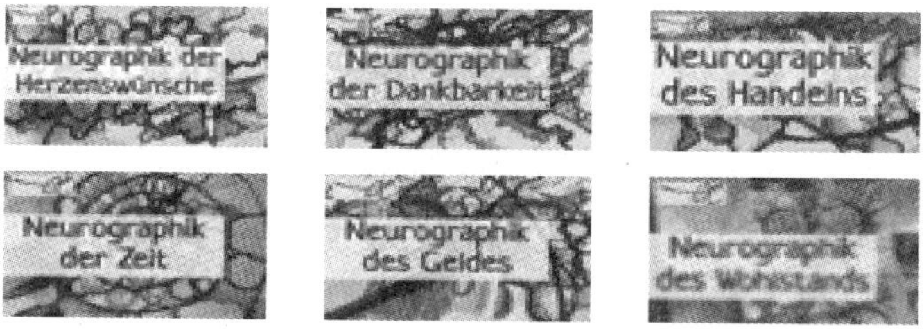

Ich lade dich herzlich ein, selbst einmal diese Erfahrung zu machen. Hier findest du zahlreiche kostenlose Webinaraufzeichnungen:
www.motivation-art.de/kostenlose-neurographik-webinare/

Jörg Lehmann (Autor des Titelbildes)
Personal Artist & Neurographik Master-Trainer
www.motivation-art.de | www.jörg-lehmann.de

Notizen

Notizen